Johannes Schumann

MITTELSTUFE
DEUTSCH

aktualisiert und mit
neuer Rechtschreibung

Max Hueber Verlag

Materialübersicht

Textbuch „Mittelstufe Deutsch"

2 Kassetten mit Texten und Übungen

Lehrerhandbuch

Arbeitsbuch mit Prüfungsvorbereitung

2 Kassetten

Schlüssel zum Arbeitsbuch mit Prüfungsvorbereitung

 Dieses Werk folgt der seit dem 1.August 1998 gültigen Rechtschreibreform. Ausnahmen bilden Texte, bei denen künstlerische, philologische
oder lizenzrechtliche Gründe einer Änderung entgegenstehen.

€   4.   3.   2.   Die letzten Ziffern
2006   05   04   03   02   bezeichnen Zahl und Jahr des Druckes.
Alle Drucke dieser Auflage können, da unverändert,
nebeneinander benutzt werden.
1. Auflage
© 2000 Max Hueber Verlag, D-85737 Ismaning
Zeichnungen: Erhard Dietl, Ottobrunn
Satz: Typo-Service Urban GmbH, München
und Fotosatz Völkl, Puchheim
Druck und Bindung: Druckerei Ludwig Auer GmbH, Donauwörth
Printed in Germany
ISBN 3–19–007240–X (früher erschienen im Verlag für Deutsch, ISBN 3-88532-365-6)

Inhalt

Kleiner grammatischer Einstufungstest

Quer durch den Garten

Wenn Sie dieses Buch benutzen wollen, sollten Sie bei dem folgenden grammatischen Test
mehr als die Hälfte der Aufgaben richtig lösen können.

1. Das Bild hängt ____ ____ Wand.

2. Sie wohnt ____ ihrer Tante.

3. Herr Schneider? Der ist noch nicht ____ Hause. Er kommt erst nach der Arbeit ____ Haus.

4. Du hast ja ein Loch in der Tasche! ____ hast du das Geld verloren.

5. Ich habe zwei Freunde: Der ____ ist Deutscher, der ____ Amerikaner.

6. Wo ist mein Schlüssel? – Den habe ich dort drüben auf den Tisch ____ .

7. Meine Tochter war ____ krank, dass sie ins Krankenhaus musste.

8. ____ wir Hochzeit feierten, kamen alle unsere Freunde.

9. Jedes Mal, ____ sie zu Besuch kam, brachte sie den Kindern Schokolade mit.

10. Ich fahre gern an die See, aber noch ____ ins Gebirge.

11. So eine schwere Tasche! Kannst du mir vielleicht tragen ____ ?

12. Ich ____ gern kommen, wenn ich ____ . Aber ich hab' nun mal keine Zeit.

13. Wäre es möglich, heute früher nach Haus ____ gehen?

14. Denkt er noch oft an den Unfall? – Ja, er muss immer ____ denken.

15. ____ reicher man ist, ____ mehr Freunde hat man.

16. Ich komme nach Deutschland, ____ die Sprache ____ lernen.

17. Wasch dir bitte die Hände, ____ du zum Essen kommst!

18. Der Dieb ____ gestern von der Polizei gefasst.

19. Wenn ich mehr Geld ____ , ____ ich eine Weltreise machen.

20. Bonn ist nicht ____ groß ____ Berlin.

21. Bitte die Türen _____ der Fahrt geschlossen lassen!

22. Er fährt ein teures Auto, _____ er kein Geld hat.

23. Die Schüler warten schon lange _____ den Anfang der Ferien.

24. Es ist ganz plötzlich kalt _____ und es hat geschneit.

25. Die Alpen sind das _____ (hoch) Gebirge Europas.

26. Können Sie mir sagen, _____ dies der richtige Weg zum Bahnhof ist?

27. Ach, Sie kommen aus Japan. Und _____-_____ kommen Sie? – Ich komme _____ _____ Schweiz.

28. Hier auf dem Foto: Das sind unsere Bekannten, _____ _____ wir zusammen Urlaub gemacht haben.

29. Wir gehen heute schon bald ins Bett, _____ morgen müssen wir früher aufstehen.

30. _____ Sonntag kann ich meistens länger schlafen.

31. _____ Sommer essen wir auf der Veranda.

32. Wir würden _____ freuen, euch bald wieder zu sehen.

33. Das Frühstück ist mir ans Bett gebracht _____ .

34. _____ sechs Jahren habe ich meine Frau kennen gelernt.

35. _____ Hose ziehst du heute an, die blaue oder die schwarze?

36. Zum Geburtstag wünschen wir dir _____ Gute!

37. Ich lese während der Reise, _____ es mir nicht langweilig wird.

38. Wir warten seit einer halben Stunde, aber er kommt nicht. Wenn er doch bloß _____ !

39. Haben Sie vielleicht ein Wörterbuch dabei? – Nein, ich habe auch _____ mitgebracht.

40. Wo wohnt er denn? – Ich _____ auch nicht, _____ er wohnt.

41. Hier im Kino _____ nicht geraucht werden.

42. Wissen Sie, _____ er Geburtstag hat?

43. Wenn er weiter so stark raucht, _____ er nicht alt.

44. Gefällt dir etwa mein Kleid nicht? – _____ , ich finde es sogar sehr hübsch.

45. Was _____ einen Hund haben Sie? – Einen Schäferhund.

46. Freust du dich schon _____ das nächste Wochenende?

47. Sie mag kein Bier. _____ Bier habe ich für sie Cola bestellt.

48. Mach bitte das Fenster zu! – Aber das hab' ich doch schon _____ !

49. Er steht drinnen am Fenster und schaut _____ .

50. Du, die Kinder schlafen! _____ also bitte leise!

51. Köln liegt _____ Rhein.

52. Er hat mich um eine Zigarette _____ .

53. Im Herbst fliegen viele Vögel _____ Süden.

54. Ich bin 14 und mein Bruder ist 20 Jahre alt. Er ist also sechs Jahre _____ ich.

55. Der Januar ist der erste und der März der _____ Monat des Jahres.

56. Das ist gefährlich! _____ Sie bitte vorsichtig!

57. Was? Das wusstest du nicht? Das hätte ich aber _____ .

58. Die deutsche Grammatik ist schwerer, _____ ich dachte.

59. Diese Übung ist nun _____ Ende.

60. Hören Sie bitte _____ der Arbeit auf.

Lösungen

1. an der 2. bei 3. zu; nach 4. Deshalb (Darum, Deswegen, Daher, Also) 5. eine; andere (erste; zweite) 6. gelegt 7. so 8. Als 9. wenn 10. lieber 11. helfen 12. würde; könnte 13. zu 14. daran 15. Je; desto (umso, je) 16. um; zu 17. bevor (ehe) 18. wurde 19. hätte (besäße); würde 20. so; wie 21. während (bei) 22. obwohl (obgleich, obschon) 23. auf 24. geworden 25. höchste 26. ob 27. woher; aus der 28. mit denen 29. denn 30. Am 31. Im 32. uns 33. worden 34. Vor 35. Welche 36. alles 37. damit (so dass) 38. käme (kommen würde) 39. keins 40. weiß; wo 41. darf 42. wann 43. wird 44. Doch (Natürlich) 45. für 46. auf 47. (An)statt 48. zugemacht 49. hinaus, (he)raus, nach draußen 50. Sei 51. am 52. gebeten (angebettet) 53. nach 54. älter als 55. dritte 56. Seien 57. gewusst 58. als 59. zu 60. mit

1

Die Liebe und die liebe Familie

Grammatik: *Wortbildung, Präteritum, Präpositionen*

**Weniger Kinder –
mehr Alte –
mehr Ausländer**

Nach Berechnungen des
Deutschen Instituts für Wirt-
schaftsforschung (DIW) wird
die Zahl der deutschen
Einwohner in den nächsten
40 Jahren immer schneller
abnehmen.

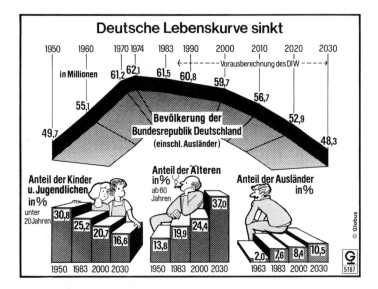

Hilfen zum nachfolgenden Text

Erklären Sie die Nomen. Setzen Sie ein:

| bezogen auf – für – für – gegenüber – im
– in – innerhalb – mit – nach – um – um –
zum – zur |
|---|

die Bevölkerungspolitik
die Politik _____ die Einwoh-
nerzahl eines Landes

die Wohlstandsländer
die Länder _____ hohem Lebensstandard

die Geburtenrate
die Anzahl der Geburten in der Bevölkerung _____ eines Jahres

die Bestandserhaltungsquote
die Zahl der Geburten, die _____ den Fort-
bestand der Bevölkerungszahl notwendig
ist

die Altersrente
die Geldzahlungen, die man _____ Alter
erhält

der Sozialstaat
ein Staat, der sich _____ die sozialen Probleme seiner Bürger kümmert

die Kinderfeindlichkeit
das negative Verhalten _____
Kindern

die *Meinungsumfrage*

die Fragen _____ den Meinungen der Bürger

der *Weltenbummler*

jemand, der ____ die ganze Welt reist

der *„Häuslebauer"*

jemand, der _____ sich und seine Familie ein Häuschen baut

die *Geldgesellschaft*

eine Gesellschaft, ____ welcher das Geld die größte Rolle spielt

das *Realeinkommen*

die Einkünfte, die man wirklich _____ Verfügung hat und die man nach ihrer Kaufkraft beurteilt

der *Wohnraum*

die Fläche, die man _____ Wohnen braucht

Kinderwünsche

Geben Sie zwei mögliche Bedeutungen an:

1. _____

2. _____

Sterben die Deutschen aus?

Bevölkerungspolitik ist eine schwierige Sache. Wirtschaftliche Gründe spielen gewiss eine große Rolle bei der Verwirklichung von *Kinderwünschen*, aber dass gerade in den *Wohlstandsländern* die *Geburtenrate* unter die *Bestandserhaltungsquote* einer Bevölkerung sinkt, beweist die übermächtige Wirkung anderer Faktoren, die den „Willen zum Kind" dämpfen: Freizeitgenuss, Berufstätigkeit der Frauen, ein allgemeines Gefühl von Lebensunsicherheit, die *Altersrente* durch den *Sozialstaat*, die rapide Verwandlung der Welt nach den Wünschen der Erwachsenen zuungunsten von Kindern, Erfahrungen von *Kinderfeindlichkeit*, das Gefühl, dass es schon genug Menschen auf der Welt und besonders in unserem Land gibt. Es muss nicht immer Egoismus sein, was Menschen auf Kinder verzichten lässt.

Selbstverständlich fanden *Meinungsumfragen* statt. Vom Psychologischen Institut der Universität München wurden 700 Paare befragt. Das Ergebnis ist nicht überraschend.

– 30 Prozent der Paare sehen Wohlstand und Kinder als gleichrangige Werte an und wollen ein oder zwei Kinder haben.

– Die Gruppe der „dynamischen *Weltenbummler*" will mehr Freiheit als Wohlstand, kann deshalb aber auch nur ein Kind brauchen.

– Die „prestigebewussten Konsumierer" wollen im Durchschnitt 1,4 Kinder, aber auch nicht sofort. Sie legen mehr Wert auf Reisen und haben überdurchschnittlich große Autos.

– Und dann gibt es nach dieser Untersuchung noch die *„Häuslebauer"*, die ein erstes Kind zwar eher als die anderen möchten, dann aber erst das Haus und ob es später noch zu weiteren Kindern reicht, muss sich zeigen.

– Nur 10 Prozent der Befragten waren „familienorientiert" und halten Kinder für wichtiger als Konsum oder Karriere.

Wird gefragt, warum jemand keine Kinder oder keine weiteren will, so lautet die Antwort bei 53 Prozent: Können wir uns finanziell nicht leisten. Bei 35 Prozent: Die Wohnung ist zu klein. Bei den übrigen: Angst vor Schulschwierigkeiten, gesundheitlicher Belastung der Frau und anderes. In der *Geldgesellschaft* ist das finanzielle Argument immer plausibel. Dennoch ist es verblüffend, dass seit Mitte der sechziger Jahre die *Realeinkommen* sich verdoppelt und der *Wohnraum* sich ebenfalls vergrößert haben, für Kinder aber immer weniger Geld und Platz da ist.

(Aus: *Süddeutsche Zeitung*)

Fragen zum Text

1. Welches Bild wird von den Deutschen gezeichnet? Trifft es auch für andere Länder zu?

2. Welche Argumente gegen Kinderreichtum werden im Text genannt?

3. Wie viele Kinder möchten Sie selbst gern haben? Warum?

4. In der Volksrepublik China wird die Ein-Kind-Familie propagiert. In Zukunft wird es also dort kaum mehr Brüder oder Schwestern, Onkel oder Tanten, Neffen oder Nichten geben. Was halten Sie angesichts der weltweiten Bevölkerungsexplosion von einer solchen Politik?

5. Man schätzt, dass in der Bundesrepublik jährlich etwa 150 000 Frauen eine Schwangerschaft abbrechen. Wie steht man zum Problem der Abtreibung in Ihrem Land?

Ist man mit Kindern „arm dran"? Was meinen Sie?

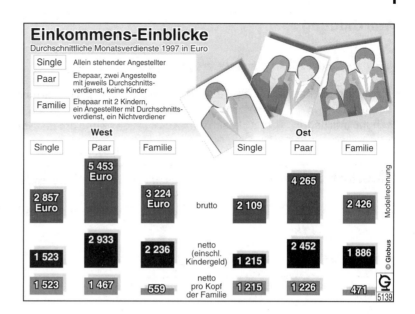

Einkommens-Einblicke
Durchschnittliche Monatsverdienste 1997 in Euro

Single	Allein stehender Angestellter
Paar	Ehepaar, zwei Angestellte mit jeweils Durchschnittsverdienst, keine Kinder
Familie	Ehepaar mit 2 Kindern, ein Angestellter mit Durchschnittsverdienst, ein Nichtverdiener

West / **Ost**

	Single	Paar	Familie		Single	Paar	Familie
brutto	2 857 Euro	5 453 Euro	3 224 Euro		2 109	4 265	2 426
netto (einschl. Kindergeld)	1 523	2 933	2 236		1 215	2 452	1 886
netto pro Kopf der Familie	1 523	1 467	559		1 215	1 226	471

Modellrechnung

© Globus
5139

Lückendiktat

Seit _____ hat sich die Bevölkerung auf dem Gebiet der heutigen Bundesrepublik _____

_____, von _____ Millionen auf 79,7 _____ (1991).

Bis _____ übertraf die Zahl der Lebendgeborenen die der Todesfälle zu allen Zeiten mit

Ausnahme der Jahre _____ und 1944/45. Seit _____ sank die Säuglingssterblichkeit

dramatisch von _____ (1900) auf 10 Prozent (_____) und 5 Prozent (_____). Heute

liegt sie bei _____. In derselben Zeit verlängerte sich die durchschnittliche

Lebenserwartung eines Neugeborenen von _____ Jahren (1900) auf 50 Jahre (_____) und

_____ Jahre (1939). Jetzt beträgt sie für Frauen _____, für Männer _____ Jahre. Beide Tenden-

zen haben dazu beigetragen, dass heute auf einem _____ der Bundesre-

publik _____ Menschen leben, um _____ waren es _____.

(Aus: *Süddeutsche Zeitung*)

Richtig oder falsch?

Wurde das im Diktattext gesagt?

	Richtig	Falsch
1. Die Bevölkerung auf dem Gebiet der Bundesrepublik ist heute doppelt so groß wie vor 100 Jahren.	O	O
2. Am Ende des Ersten und Zweiten Weltkrieges war die Zahl der Geburten niedriger als die Zahl der Todesfälle.	O	O
3. Um die Jahrhundertwende überlebten nur drei von vier Säuglingen.	O	O
4. Frauen werden in der Bundesrepublik wegen der Doppelbelastung in Familie und Beruf statistisch gesehen nicht so alt wie die Männer.	O	O

1

Wortbildung

I. Bilden Sie ein zusammengesetztes Nomen:

1. die Tüte aus Plastik   2. die Decke des Zimmers   3. das Regal für die Bücher   4. die Maschine zum Bügeln   5. die Warnung vor dem Sturm   6. die Pfanne zum Braten   7. die Handschuhe aus Leder   8. das Fleisch vom Kalb   9. das Zentrum der Stadt   10. die Luft an der See

---

Merken Sie sich: Nach *-heit, -ing, -ion, -keit, -ling, -schaft, -tät* und *-ung* wird ein *s*
eingefügt (Fugen-*s*):
die Dichte der Bevölkerung – die Bevölkerungsdichte

II. Finden Sie ein passendes Grundwort zum Bestimmungswort:

Beispiel: Häftling + Kleidung → die Häftlingskleidung

Bestimmungswort	– Grundwort	Bestimmungswort	– Grundwort
1. Kindheit	– Lichter	8. Flüchtling	– Erzeugnis
2. Anwesenheit	– Anzug	9. Wirtschaft	– Wasser
3. Training	– Pflege	10. Verwandtschaft	– Lager
4. Säugling	– Zug	11. Qualität	– Lektüre
5. Demonstration	– Pflicht	12. Elektrizität	– Krise
6. Position	– Speise	13. Leitung	– Grad
7. Liebling	– Erinnerung	14. Zeitung	– Werk

Merken Sie sich: Feminine Bestimmungswörter können ein *e* am Wortende
verlieren:
die Anziehung der *Erde* – die *Erd*anziehung

III. Finden Sie (evtl. mit dem Wörterbuch) mindestens ein Grundwort zu nachfolgenden Bestimmungswörtern:

Beispiel: Farbe → der Farbton

1. Miete   2. Schule   3. Sprache   4. Kirsche   5. Ecke   6. Kontrolle   7. Bremse   8. Grenze
9. Strafe   10. Lehre   11. Stimme

IV. Hören Sie die Kassette und bilden Sie zusammengesetzte Nomen.

Wie sagen Sie kürzer?

> *Beispiel:* eine besondere Regelung – eine Sonderregelung

1. das einzelne Kind   2. das vordere Teil   3. die höchste Geschwindigkeit   4. das mindeste Alter   5. der hintere Ausgang   6. der innere Hof   7. die äußere Welt   8. die gesamte Zahl   9. das halbe Jahr   10. die kleine Stadt   11. die private Adresse   12. roter Wein   13. der runde Bogen   14. das hohe Haus   15. ein doppeltes Fenster   16. eine besondere Prämie   17. das hintere Rad

Wie heißt das Gegenteil?

> *Beispiel:* Ist das nicht eine Nebensache? – Nein, das ist die Hauptsache.

1. Ist das der Haupteingang?   2. Wollen Sie ein Doppelzimmer?   3. Bedeutet das blaue Schild eine Höchstgeschwindigkeit von 50 km/h?   4. Haben wir heute Halbmond?   5. Gehen wir durch die Vordertür?   6. Befinden Sie sich auf dem Hinflug?   7. Kommt jetzt eine Rechtskurve?   8. Lieben Sie Norddeutschland?   9. Ist der Hinterreifen platt?   10. Ist die Außentemperatur höher?   11. Studieren Sie Deutsch als Hauptfach?   12. Ist er Rechtsextremist?   13. Schlafen Sie lieber im Einzelbett?   14. Ist das der Innenminister?

Bilden Sie das Präteritum

Wer war Kästner?

Erich Kästner _wurde_ in Dresden geboren. Er _____ lange Zeit in Berlin und _____ viele Kinderbücher, wie z. B. „Emil und die Detektive" und „Das doppelte Lottchen". Die Nazis _____ seine Bücher bei den propagandistischen Bücherverbrennungen. Während des Krieges _____ Kästner nicht ins Ausland, sondern er _____ in Berlin. Nach dem Krieg _____ er den Büchner-Preis; das ist der angesehenste deutsche Literaturpreis.

1

**Hören
und verstehen**

I. Hören Sie sich das folgende Gedicht von Erich Kästner zweimal an. Notieren Sie anschließend, wovon das Gedicht handelt.

II. Setzen Sie das Präteritum folgender Verben an den passenden Stellen ein:

> (sich) ansehen – gehen – kennen – kommen – können –
> rühren – sagen – sein – sitzen – sprechen – stehen –
> üben – versuchen – weinen – wissen

Erich Kästner

Sachliche Romanze

Als sie einander acht Jahre _____
(und man darf sagen: sie kannten sich gut),
_____ ihre Liebe plötzlich abhanden.
Wie andern Leuten ein Stock oder Hut.

Sie _____ traurig, betrugen sich heiter,
_____ Küsse, als ob nichts sei,
und _____ sich an und _____ nicht weiter.
Da _____ sie schließlich. Und er _____ dabei.

Vom Fenster aus konnte man Schiffen winken.
Er _____, es wäre schon Viertel nach vier
und Zeit, irgendwo Kaffee zu trinken.
Nebenan _____ ein Mensch Klavier.

Sie _____ ins kleinste Café am Ort
und _____ in ihren Tassen.
Am Abend _____ sie immer noch dort.
Sie saßen allein, und sie _____ kein Wort
und _____ es einfach nicht fassen.

Für Poeten

Sie waren doch auch schon mal so richtig verliebt und sind es hoffentlich noch oder wieder! Versuchen Sie einmal, selbst ein kleines Liebesgedicht zu schreiben. Benutzen Sie dabei das Präteritum!

Elemente

Bilden Sie das Präteritum der trennbaren Verben.

1. Unsere Liebe / anfangen / 8 Jahre.
2. Erich / sehr gut / aussehen / und / er / mir / nachlaufen.
3. Anfangs / wir / häufig / ausgehen.
4. Ich / sich anziehen / chic / und / er / abholen / mich.
5. Er / gewöhnlich / mir / mitbringen / Blumen.
6. Es / oft / vorkommen / dass / wir / erst spät / nach Hause / zurückkehren.
7. Manchmal / ich / aufwachen / nachts / und / lange / unsere Beziehung / nachdenken.
8. Aber / Diskussionen / er / mir / nicht mehr / zuhören / und / immer / sofort / einschlafen.
9. Eines Tages / ich / zurückbringen / ihm / alle Geschenke.
10. Ich / nicht mehr / ihm / aufmachen / die Tür.
11. In dieser Zeit / ich / abnehmen / 6 Kilo.
12. Ich / sich vornehmen / nie mehr / sich verlieben.
13. Schließlich / er / allein / für einige Wochen / wegfahren.

Erzählen Sie die Geschichte schriftlich weiter. Können Sie sie vielleicht doch noch zu einem glücklichen Ende bringen?

Sortieren Sie die Verben

In welche Spalte gehört das Präteritum?

beweisen, blasen, braten, fallen, gehen, gleichen, greifen, halten, hängen, heißen, lassen, laufen, leiden, leihen, meiden, raten, reiben, reißen, reiten, rufen, scheinen, schlafen, schneiden, schreiben, schreien, schweigen, steigen, stoßen, streichen, streiten, unterscheiden, vergleichen, verzeihen

Lang (*ie*)
z. B. bl*ie*b

oder kurz (*i*)?
z. B. f*i*ng

_____ _____ _____
_____ _____ _____
_____ _____ _____
_____ _____ _____
_____ _____ _____
_____ _____ _____
_____ _____ _____
_____ _____ _____

Joachim Ringelnatz

Ich habe dich so lieb

Ich habe dich so lieb!
Ich würde dir ohne Bedenken
Eine Kachel aus meinem Ofen
Schenken.

Ich habe dir nichts getan.
Nun ist mir traurig zu Mut.
An den Hängen der Eisenbahn
Leuchtet der Ginster so gut.

Vorbei – verjährt –
Doch nimmer vergessen.
Ich reise.
Alles, was lange währt,
Ist leise.

Die Zeit entstellt
Alle Lebewesen.
Ein Hund bellt.
Er kann nicht lesen.
Er kann nicht schreiben.
Wir können nicht bleiben.

Ich lache.
Die Löcher sind die Hauptsache
An einem Sieb.

Ich habe dich so lieb.

ohne Bedenken: ohne Zögern
die Kacheln: Platten auf der Oberfläche
des Ofens
die Hänge der Eisenbahn: die abfallen-
den Flächen neben den Schienen
leuchten: strahlen
der Ginster: Busch mit gelben Blüten
verjährt: ungültig, weil etwas schon zu
lange zurückliegt
nimmer: nie
währen: dauern
entstellen: fremd machen;
zum Schlechten verändern
das Sieb: z. B. Teesieb

Erich Fried

Was es ist

Es ist Unsinn
sagt die Vernunft
Es ist was es ist
sagt die Liebe

Es ist Unglück
sagt die Berechnung
Es ist nichts als Schmerz
sagt die Angst
Es ist aussichtslos
sagt die Einsicht
Es ist was es ist
sagt die Liebe

Es ist lächerlich
sagt der Stolz
Es ist leichtsinnig
sagt die Vorsicht
Es ist unmöglich
sagt die Erfahrung
Es ist was es ist
sagt die Liebe

Joachim Ringelnatz

Ein männlicher Briefmark erlebte
Was Schönes, bevor er klebte.
Er war von einer Prinzessin beleckt.
Da war die Liebe in ihm erweckt.

Er wollte sie wieder küssen,
Da hat er verreisen müssen.
So liebte er sie vergebens.
Das ist die Tragik des Lebens!

Finden Sie ein Nomen mit „i"

bitten	*die Bitte*	reiten	
beginnen		schneiden	
gewinnen		schreiten	
greifen		sitzen	
helfen		stechen	
reißen		streichen	
beißen		treten	

Partnervermittlung

Sie haben für jemand aus dem Kurs einen passenden Partner / eine passende Partnerin gefunden. Beschreiben Sie sein / ihr Äußeres, schwärmen Sie von den positiven Eigenschaften und den Fähigkeiten dieses Menschen. Der andere zweifelt, ob der- oder diejenige der / die Richtige ist, und stellt Rückfragen.

Hören und verstehen

Hören Sie einen Bericht von der Kassette und erzählen Sie, was passiert ist.

Freie Sprechübung

Vervollständigen Sie die Sätze und benutzen Sie das passende Tempus. Achten Sie auf die Position des Verbs im Satz!

Beispiel:
In einer Woche … (Ferien)
In einer Woche *haben* wir endlich Ferien.

1. Letztes Jahr … (Schnee)
2. Hier auf dem Tisch … (Schlüssel)
3. Bei meiner Tante … (Schwarzwälder Kirschtorte)
4. Ohne grammatische Kenntnisse … (Deutsch)
5. Vor ein paar Tagen … (Bekannter)
6. In der nächsten Woche … (Wetter)
7. Dort drüben … (Schloss Herrenchiemsee)
8. Im Golf-Krieg ... (Alliierte)
9. Durch den Sturm ... (Bäume)
10. Von meiner Reise ... (Andenken)
11. Innerhalb kurzer Zeit ... (Karriere)
12. Nach seinem Besuch ... (Kühlschrank)
13. Schon nach ein paar Minuten ... (Feuer)
14. In die Bundesrepublik ... (Gastarbeiter)

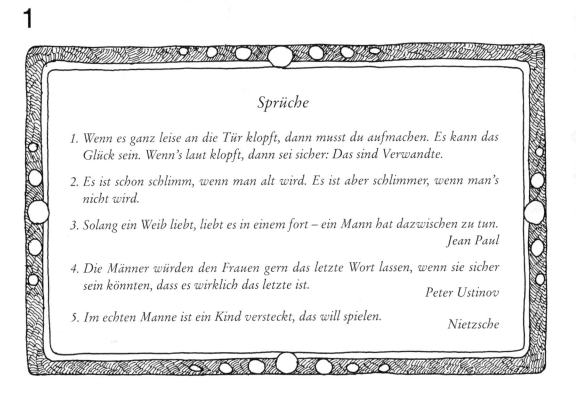

Sprüche

1. Wenn es ganz leise an die Tür klopft, dann musst du aufmachen. Es kann das Glück sein. Wenn's laut klopft, dann sei sicher: Das sind Verwandte.

2. Es ist schon schlimm, wenn man alt wird. Es ist aber schlimmer, wenn man's nicht wird.

3. Solang ein Weib liebt, liebt es in einem fort – ein Mann hat dazwischen zu tun.
Jean Paul

4. Die Männer würden den Frauen gern das letzte Wort lassen, wenn sie sicher sein könnten, dass es wirklich das letzte ist.
Peter Ustinov

5. Im echten Manne ist ein Kind versteckt, das will spielen.
Nietzsche

Bilden Sie das Präteritum

Gemischte Verben und Gefühle

Ich hatte eine Tante,
die mich sehr gut _kannte_ (kennen)
und mich Liebling _____. (nennen)

Und sie war die Tante,
an die ich mich _____ (wenden)
und ihr Briefe _____ (senden)
oder zu ihr _____, (rennen)
wenn es mal _____. (brennen)

Sie _____, was ich _____. (wissen/denken)
Ich nahm gern, was sie _____, (bringen)
und weiß noch, wie sie lachte.
Was sie wohl später machte?

Sortieren Sie die Verben

In welche Spalte gehört das Präteritum?

> beginnen, biegen, bieten, binden, brechen, empfehlen, essen, finden, fliegen, fliehen, fließen, frieren, gelten, genießen, gießen, graben, heben, helfen, laden, lesen, liegen, lügen, messen, schieben, schlagen, schließen, schwimmen, schwingen, singen, sinken, sitzen, stechen, stehen, sterben, tragen, verlieren, wachsen, waschen, wiegen, ziehen, zwingen

A	O	U
z.B. kam	z.B. roch	z.b. fuhr

Bilden Sie Adjektive

Hören Sie zuerst die Nomen von der Kassette.

Platonische Liebe

Schreiben Sie einen Liebesbrief an irgendjemand aus Ihrem Kurs. Die Gruppe muss nun erraten, wer der Empfänger sein soll. Der schönste und gefühlvollste Liebesbrief wird prämiert.

1

Spiel

Wer hätte je daran gedacht, dass man eines Tages einen Apparat erfinden könnte, der imstande ist, aus einem Familienkreis einen Halbkreis zu machen.

W. Hiddens

In immer weniger Ehen und Familien wird miteinander gespielt. Liegt es am Fernsehen? Was meinen Sie?

Hier ist ein Ratespiel, zu dem man Phantasie und gute Deutschkenntnisse braucht: Einer wird zum Schiedsrichter gewählt. Er nennt die untenstehenden Aufgaben.

Sie spielen entweder schriftlich: Jeder schreibt rasch so viele Lösungen auf, wie ihm in einer Minute einfallen. Wer die meisten richtigen hat, erhält den Punkt.

… oder mündlich: Der Schiedsrichter nennt einen bestimmten Buchstaben, mit dem die Lösung beginnen muss. Wer zuerst eine richtige Antwort weiß, bekommt einen Punkt.

Was ist grün? – Was macht die Hausfrau? – Welches Gefühl kann man haben? – Ein Körperteil. – Ein abstrakter Begriff. – Wo bist du nicht gern? – Was ist schwer? – Was ärgert dich? – Ein Fluss. – Ein Schmuckstück. – Was sieht man am Bahnhof? – Was braucht man zum Bauen? – Eine Blume. – Ein Beruf. – Ein männlicher deutscher Vorname. – Ein Teil des Kopfes. – Ein Fisch. – Was kann man sammeln? – Was gibt es in einer Bank? – Was macht glücklich? – Ein Begriff aus der Landwirtschaft. – Ein deutscher Maler, Dichter oder Komponist. – Ein Märchen oder Sprichwort. – Eine Gemüseart. – Eine Sportart. – Etwas aus diesem Zimmer. – Was sieht man beim Spaziergang? – Ein Wort mit der Endung -schaft. – Was bedeutet Liebe? – Ein Wort aus der Mathematik. – Ein Metall. – Ein Begriff aus der Literatur oder aus der Sprache. – Ein Verkehrsmittel. – Was gibt es im Postamt? – Wovor fürchtest du dich? – Was möchtest du werden? – Eine Farbe. – Ein Kleidungsstück. – Ein Land. – Ein Naturprodukt. – Ein Baum. – Wie sieht deine Freundin aus? – Etwas aus der Apotheke. – Eine Frucht. – Ein Teil vom Auto. – Ein Insekt. – Ein Verwandter. – Was isst du sehr gern? – Ein Haustier. – Teil eines Hauses. – Ein See. – Was gibt es beim Militär? – Ein Gerät in der Küche. – Ein schönes Hobby. – Ein Werkzeug. – Was wünschst du deinem Lehrer? – Was machst du am Wochenende? – Etwas Unsichtbares. – Ein Wort mit der Endung -heit. – Ein Spiel. – Ein Geburtstagswunsch. – Eine deutsche Stadt. – Was kann fliegen? – Ein Berg oder ein Gebirge. – Welchen Namen gibst du deiner Tochter? – Wie sieht dein Chef aus? – Eine Sprache. – Was trinkst du gern? – Ein Schimpfwort. – Was erlebt man auf einer Reise? – Ein Musikinstrument. – Eine Tugend. – Ein Tier, das nicht in Deutschland lebt.

Hören und verstehen

Hören Sie jeweils vier Wörter von der Kassette und nennen Sie den Oberbegriff.

Typisch Mann – typisch Frau

Männliche und weibliche Kursteilnehmer bilden je eine Gruppe. Sie stellen zusammen, was „typisch" männlich oder weiblich ist. Sprechen Sie dann z. B. über folgende Unterscheidungsmerkmale:

Körperbau   Kleidung   Berufswahl   Tugenden   Charakterschwächen

Temperamente

Choleriker:
wütend, leidenschaftlich, jähzornig, unbeherrscht

Melancholiker:
schwermütig, pessimistisch, langsam, trübsinnig

Phlegmatiker:
behäbig, gleichgültig, gemütlich, schwerfällig

Sanguiniker:
beweglich, lebhaft, leichtblütig, optimistisch

Finden Sie (evtl. mit Wörterbuch) Nomen zu diesen Adjektiven. Zu welcher Kategorie passen Sie oder Ihr Nachbar? Warum?

1

Mann und Frau

Nach Meinung der Psychologen sind Mann und Frau seelisch verschieden:

Mann:	*Frau:*
Tatendrang	Passi__ität
Wortkargheit	W__ __tgewandtheit
S__chen, Werben	Empfangen
Ve__stand	Eingebung
Pflich__	Liebe
G__ __st	Seele
Wil__e	Gefühl
Beweglichkeit	S__sshaftigkeit

Lesen Sie die fehlenden Buchstaben der Reihe nach. Dann wissen Sie: Das sind nichts als __ __ __ __ __ __ __ __ __ __ __!

Oder sind Sie da ganz anderer Meinung?!

Adjektive

Mit den folgenden Adjektiven wird etwas ganz Bestimmtes charakterisiert. Woran denken Sie?

> artig, duftig, edel, elegant, gefällig, harmonisch, herzhaft, kernig, körperreich, kräftig, lieblich, mild, rassig, reif, rund, spritzig, voll, wuchtig, würzig

Finden Sie ein maskulines Nomen mit „u"

betrügen	*der Betrug*	genießen	_____	schwingen	_____
brechen	_____	gießen	_____	sprechen	_____
finden	_____	riechen	_____	verlieren	_____
fliegen	_____	rufen	_____	wachsen	_____
fließen	_____	schwinden	_____	ziehen	_____

Dialog zum Nachspielen

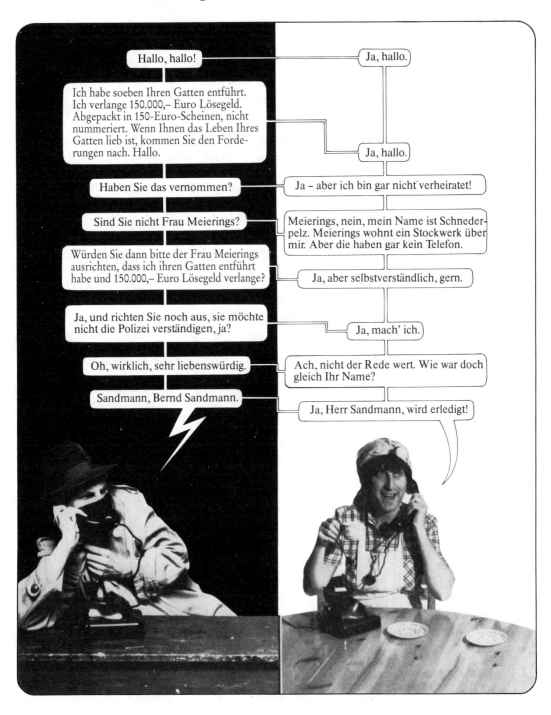

Hallo, hallo!

Ja, hallo.

Ich habe soeben Ihren Gatten entführt. Ich verlange 150.000,– Euro Lösegeld. Abgepackt in 150-Euro-Scheinen, nicht nummeriert. Wenn Ihnen das Leben Ihres Gatten lieb ist, kommen Sie den Forderungen nach. Hallo.

Ja, hallo.

Haben Sie das vernommen?

Ja – aber ich bin gar nicht verheiratet!

Sind Sie nicht Frau Meierings?

Meierings, nein, mein Name ist Schnederpelz. Meierings wohnt ein Stockwerk über mir. Aber die haben gar kein Telefon.

Würden Sie dann bitte der Frau Meierings ausrichten, dass ich ihren Gatten entführt habe und 150.000,– Euro Lösegeld verlange?

Ja, aber selbstverständlich, gern.

Ja, und richten Sie noch aus, sie möchte nicht die Polizei verständigen, ja?

Ja, mach' ich.

Oh, wirklich, sehr liebenswürdig.

Ach, nicht der Rede wert. Wie war doch gleich Ihr Name?

Sandmann, Bernd Sandmann.

Ja, Herr Sandmann, wird erledigt!

1

Finden Sie Wortpaare

Setzen Sie ein:

> fertig – Galle – Gloria – Gut – Haar – Hof – Hölle – klein – Kegel – Kragen – Kunz – Laune – Pack – Ruh – Tor

1. Er fällt mit Glanz und _____ durch die Prüfung.
2. Der Wolf fraß die Geißlein mit Haut und _____.
3. Wer furchtbar flucht, der spuckt Gift und _____.
4. Wer mit der ganzen Familie in den Urlaub fährt, verreist mit Kind und _____.
5. Wer alles mitbringt, was er hat, kommt mit Sack und _____.
6. Wer sich kaputt und entnervt fühlt, ist fix und _____.
7. Wer vor Wut die Möbel zerschlägt, haut alles kurz und _____.
8. Wer sich waghalsig benimmt, der riskiert Kopf und _____.
9. Wer alles verspielt, was er besitzt, verliert Geld und _____ und Haus und _____.
10. Wer nur nach Lust und _____ arbeitet, der bringt es zu nichts.
11. Wer viele Leute kennt, der ist bekannt mit Hinz und _____.
12. Wem viele Möglichkeiten gegeben werden, dem sind Tür und _____ geöffnet.
13. Wer unermüdlich arbeitet, der arbeitet ohne Rast und _____.
14. Wer alles tut, um etwas Bestimmtes zu erreichen, der setzt Himmel und _____ in Bewegung.

Was bedeutet ...?

1. einen Spitznamen haben
2. einen Korb bekommen
3. seinen Mann stehen
4. treu wie Gold sein
5. einen Seitensprung machen
6. die Frau hat die Hosen an

Finden Sie die Nomen

Hören Sie die Kassette und finden Sie die Nomen mit „a", „o" und „e".

Sprichwörter

Ergänzen Sie den zweiten Teil des Sprichworts.

1. Wer andern eine Grube gräbt, _____
2. Besser den Spatz in der Hand _____
3. Morgenstund hat _____
4. Vögel, die am Morgen singen, _____
5. Wo gehobelt wird, _____

6. Wer nicht wagt, _____

7. Der Krug geht so lange zum Brunnen, _____

8. Einem geschenkten Gaul _____

9. Was ich nicht weiß, _____

10. Wer Sorgen hat, _____

11. Wo kein Kläger ist, _____

12. Was du nicht willst, das man dir tu', _____

Gold im Mund – das füg auch keinem andern zu – da fallen Späne – der nicht gewinnt – ist auch kein Richter – macht mich nicht heiß – fängt am Abend die Katz' – hat auch Likör – als die Taube auf dem Dach – fällt selbst hinein – guckt man nicht ins Maul – bis er bricht

I. Auch in Ihrer Muttersprache gibt es ganz sicher viele Sprichwörter. Übersetzen Sie einige ins Deutsche und erklären Sie die tiefere Bedeutung.

II. Antworten Sie und sagen Sie dann das Sprichwort.

1. Wer hat die größten Kartoffeln?
2. Wen beißen die Hunde?
3. Was frisst der Teufel in der Not?
4. Was soll man nicht nach Athen tragen?
5. Was rostet nicht?
6. Was hat kurze Beine?
7. Was ist Macht?
8. Was soll man nicht im Sack kaufen?
9. Was fällt nicht weit vom Stamm?
10. Was macht blind?
11. Womit fängt man Mäuse?
12. Was ist menschlich?

Wissen – Liebe – Irren – alte Liebe – Lügen – der dümmste Bauer – Fliegen – mit Speck – die Katze – den letzten – der Apfel – Eulen

„Da du gerade am Raten bist – rate mal, was heute vor zwanzig Jahren war…".

1

Liebe

Die Liebe ist gütig.
Sie ist nicht eifersüchtig,
sie prahlt nicht
und bläht sich nicht auf.
Sie handelt nicht unschicklich,
sucht nicht ihren Vorteil,
sie lässt sich nicht herausfordern
und trägt das Böse nicht nach.
Sie freut sich nicht über das Unrecht,
sondern freut sich mit der Wahrheit.
Sie erträgt alles, glaubt alles,
hofft alles, hält allem stand.

Als ich ein Kind war,
redete ich wie ein Kind.

dachte wie ein Kind
und urteilte wie ein Kind.
Als ich ein Mann wurde,
legte ich alles Kindliche ab.

Jetzt schauen wir in einen Spiegel
und sehen nur rätselhafte Umrisse,
dann aber schauen wir
von Angesicht zu Angesicht.
Jetzt erkenne ich unvollkommen,
dann aber werde ich ganz erkennen,
so wie auch ich ganz erkannt bin.
Also bleiben Glaube, Hoffnung, Liebe,
diese drei;
am größten unter ihnen ist die Liebe.

(Aus: *Das Hohelied der Liebe*, Die Bibel, 1. Korinther 13)

Situative Sprechübungen

I. Sagen Sie etwas Nettes zu Ihrem Partner.

1. Er hat den Führerschein gemacht. Gratulieren Sie ihm!
2. Er hat Zahnschmerzen. Fragen Sie, was Sie für ihn tun können!
3. Sie verabschieden sich nach einer Party, die er gegeben hat.
4. Fragen Sie nach seinen Zukunftsplänen.
5. Er hat sich mit dem Hammer auf den Daumen geschlagen.
6. Erinnern Sie ihn an Ihren Urlaub.
7. Sagen Sie ihm, was Ihnen besonders an seinem Äußeren gefällt.
8. Er ist völlig niedergeschlagen. Fragen Sie, warum, und trösten Sie ihn.
9. Machen Sie ihm einen Heiratsantrag.

II. Ihr Partner geht Ihnen auf die Nerven.

1. Sie sind mit seiner Arbeit im Haushalt unzufrieden.
2. Er hat sich wieder mal nicht rasiert.
3. Er hat vergessen, rechtzeitig zu tanken.
4. Sein Chef hat ihm das Gehalt gekürzt.
5. Er flirtet mit anderen Frauen.
6. Er schlägt die Kinder, trinkt und raucht viel zu viel.
7. Er vergisst Ihren Hochzeitstag.

Bilden Sie das Präteritum

Wer war Kurt Tucholsky?

Kurt Tucholsky *lebte* von 1890 bis 1935. Er _____ im Alter von nur 45 Jahren in Schweden durch Freitod. Tucholsky _____ gegen nationale Vorurteile, die Unmenschlichkeit des wachsenden Nationalsozialismus und gegen die Schwächen der Weimarer Republik. Er _____ zu den linken Autoren und gab zusammen mit Carl von Ossietzky, der später im KZ ermordet _____, „Die Weltbühne" heraus. Zu Tucholskys Werken gehören u. a. „Rheinsberg", „Deutschland, Deutschland, über alles", „Schloß Gripsholm". Er war ein scharfsinniger Satiriker und Gesellschaftskritiker.

Kurt Tucholsky

Frauen von Freunden

Frauen von Freunden zerstören die Freundschaft.
Schüchtern erst besetzen sie einen Teil des Freundes,
nisten sich in ihm ein,
warten,
beobachten,
und nehmen scheinbar teil am Freundesbund.

Dies Stück des Freundes hat uns nie gehört –
wir merken nichts.
Aber bald ändert sich das:
Sie nehmen einen Hausflügel nach dem andern,
dringen tiefer ein,
haben bald den ganzen Freund.

Der ist verändert;
es ist, als schäme er sich seiner Freundschaft.
So, wie er sich früher der Liebe vor uns geschämt hat,
schämt er sich jetzt der Freundschaft vor ihr.
Er gehört uns nicht mehr.
Sie steht nicht zwischen uns – sie hat ihn weggezogen.

Er ist nicht mehr unser Freund:
er ist ihr Mann.

Eine leise Verletzlichkeit bleibt übrig.
Traurig blicken wir ihm nach.

Die im Bett behält immer recht.

Spruch

*Eifersucht
ist eine Leidenschaft,
die mit Eifer sucht,
was Leiden schafft!*

1

**Fragen
zum Gedicht**

1. Kann Freundschaft mehr als Liebe bedeuten?
2. Kann man trotz einer neuen Partnerschaft die alten Freunde behalten?
3. Auf welche Weise kann sich nach Tucholskys Meinung die Trennung von Freunden vollziehen?

Redensarten

In vielen Redensarten kommen Körperteile vor. Welche?

Fuß (Füße), Hand (Hände), Arm (Arme), Finger

1. Etwas ablehnen, verwerfen: Etwas von _____ _____ weisen.
2. Üppig und kostspielig leben: Auf großem _____ leben.
3. Einen Heiratsantrag machen: Um _____ _____ einer Frau anhalten.
4. Begierig auf etwas sein: Sich die _____ danach lecken.
5. Sich für etwas verbürgen: Seine _____ dafür ins Feuer legen.
6. Frei sein: Auf freiem _____ sein.
7. Gemeinsam gut arbeiten: _____ in _____ arbeiten.
8. Ungeschickt sein: Zwei linke _____ haben.
9. Das Tun eines Menschen kontrollieren: Jemand auf die _____ sehen.
10. Angst kriegen und sich zurückziehen: Kalte _____ kriegen.
11. Man hindert mich, etwas daran zu ändern: Mir sind die _____ gebunden.
12. Jemand, der leicht beeinflussbar ist, in seinem Sinn lenken: Jemand um den _____ wickeln.
13. Er kommt immer wieder zurecht: Er fällt immer auf die _____ .
14. Eine Sache ist gut durchdacht: Die Sache hat _____ und _____ .
15. Jemand aus einer Verlegenheit helfen: Jemand unter _____ _____ greifen.
16. Das Recht schwer verletzen: Das Recht mit _____ treten.
17. Morgens schlechte Laune haben: Mit dem linken _____ aufgestanden sein.
18. Etwas langfristig planen: Etwas von langer _____ vorbereiten.
19. Eine Tätigkeit geht rasch vonstatten: Etwas geht leicht von _____ _____ .
20. Er hat keine Ersparnisse: Er lebt von der _____ in den Mund.
21. Man hilft sich gegenseitig: Eine _____ wäscht die andere.
22. Sich gekränkt fühlen: Sich auf _____ _____ getreten fühlen.
23. Jemand aufziehen, zum Narren halten: Jemand auf _____ _____ nehmen.

Redensarten

In vielen Redensarten kommen Teile des Gesichts vor. Welche?
Finden Sie die passende Zuordnung (siehe nächste Seite).

1. Unliebsames ohne Umschweife klar aussprechen.
2. Vergeblich auf jemand einreden.
3. Jemand mit einer verrückten Idee anstecken.
4. Jemand vertrauliche Dinge vorenthalten.
5. Etwas hätte schief gehen (einen schlimmen Ausgang nehmen) können.
6. Etwas passt leider gar nicht zueinander.
7. Zu zweit vertraulich miteinander reden.
8. Wer früh aufsteht, der erreicht viel im Leben.
9. Ich war entsetzt.
10. Angeben, prahlen, ungebetene Äußerungen machen.
11. Jemand betrügen, benachteiligen, um Geld prellen.
12. An vielen Dingen etwas auszusetzen haben, an allem mäkeln.
13. Er tut mehr auf den Teller, als er essen kann.
14. Ein Argument ist zu weit hergeholt und unlogisch.
15. Man tut ihm nichts zuleide; man fügt ihm keinen Schaden zu.
16. Du musst etwas Unangenehmes oder Schmerzen ertragen.
17. Mit geringem Schaden einer gefährlichen Situation entgehen.
18. Jemand mit Widerstand und Feindschaft drohen.
19. Sie weiß sich zu helfen; sie ist schlagfertig.
20. Krank sein.
21. Sie ist unnachgiebig, energisch und kompromisslos.
22. Jemand mit falschen Hoffnungen hinhalten, ihn veralbern.

Was vermuten Sie, was sagen die Beiden? Spielen Sie den Dialog.

1

a) Das passt ja wie die Faust aufs _____ .

b) Kein Blatt vor den _____ nehmen.

c) Sie hat Haare auf den _____ .

d) Das hätte ins _____ gehen können.

e) Jemand an der _____ herumführen.

f) Sich den _____ fusselig reden.

g) Mit einem blauen _____ davonkommen.

h) Unter vier _____ sprechen.

i) Jemand nicht alles auf die _____ binden.

j) Jemand das Fell über die _____ ziehen.

k) Sie ist nicht auf den _____ gefallen.

l) Ihm wird kein _____ gekrümmt.

m) Jemand einen Floh ins _____ setzen.

n) Eine große _____ riskieren.

o) Seine _____ sind größer als der Magen.

p) Jemand die _____ zeigen.

q) Mir standen die _____ zu Berge.

r) Morgenstund' hat Gold im _____ .

s) Auf der _____ liegen.

t) Du musst die _____ zusammenbeißen.

u) Überall ein _____ in der Suppe finden.

v) Das ist an den _____ herbeigezogen.

Erich Fromm

Ist Lieben eine Kunst?

Die meisten Menschen sehen das Problem der Liebe in erster Linie als das Problem, selbst geliebt zu werden, statt zu lieben und lieben zu können. Daher geht es für sie nur darum, wie man es erreicht, geliebt zu werden, wie man liebenswert wird. Um zu diesem Ziel zu gelangen, schlagen sie verschiedene Wege ein. Der eine, besonders von Männern verfolgte Weg ist der, so erfolgreich, so mächtig und reich zu sein, wie es die eigene gesellschaftliche Stellung möglich macht. Ein anderer, besonders von Frauen bevorzugter Weg ist der, durch Kosmetik, schöne Kleider und dergleichen möglichst attraktiv zu sein. Andere Mittel, die sowohl von Männern als auch von Frauen angewandt werden, sind angenehme Manieren, interessante Unterhaltung, Hilfsbereitschaft, Bescheidenheit und Gutmütigkeit. Viele dieser Mittel, sich liebenswert zu machen, sind die gleichen wie die, deren man sich bedient, um Erfolg zu haben, um „Freunde zu gewinnen". Tatsächlich verstehen ja die meisten Menschen unseres Kulturkreises unter Liebenswürdigkeit eine Mischung aus Beliebtheit und Sex-Appeal. [...]

Im Viktorianischen Zeitalter war die Liebe – wie in vielen traditionellen Kulturen – kein spontanes persönliches Erlebnis, das hinterher vielleicht zu einer Heirat führte. Ganz im Gegenteil: Ein Heiratsvertrag wurde entweder zwischen den beiden Familien oder von einem Heiratsvermittler oder auch ohne eine derartige Vermittlung abgeschlossen; der Abschluss erfolgte aufgrund gesellschaftlicher Erwägungen unter der Annahme, dass sich die Liebe nach der Heirat schon einstellen werde. In den letzten Generationen ist nun aber die Vorstellung von der romantischen Liebe in der westlichen Welt fast Allgemeingut geworden. […]

Unsere gesamte Kultur gründet sich auf die Lust am Kaufen, auf die Idee des für beide Seiten günstigen Tauschgeschäfts. Schaufenster anzusehen und sich alles, was man sich leisten kann, gegen bares Geld oder auf Raten kaufen zu können – in diesem Nervenkitzel liegt das Glück des modernen Menschen. Er (oder sie) sieht sich die Mitmenschen auf ähnliche Weise an. Der Mann ist hinter einem attraktiven jungen Mädchen und die Frau ist hinter einem attraktiven Mann her. Dabei wird unter „attraktiv" ein Bündel netter Eigenschaften verstanden, die gerade beliebt und auf dem Personalmarkt gefragt sind. […]

Jedenfalls entwickelt sich das Gefühl der Verliebtheit gewöhnlich nur in Bezug auf solche menschlichen Werte, für die man selbst entsprechende Tauschobjekte zur Verfügung hat. Man will ein Geschäft machen; der erwünschte Gegenstand sollte vom Standpunkt seines gesellschaftlichen Wertes aus begehrenswert sein und gleichzeitig auch mich aufgrund meiner offenen und verborgenen Pluspunkte und Möglichkeiten begehrenswert finden. So verlieben sich zwei Menschen ineinander, wenn sie das Gefühl haben, das beste Objekt gefunden zu haben, das für sie in Anbetracht des eigenen Tauschwerts auf dem Markt erschwinglich ist. […]

Die Auffassung, nichts sei einfacher als zu lieben, herrscht noch immer vor, trotz der geradezu überwältigenden Gegenbeweise. Es gibt kaum eine Aktivität, kaum ein Unterfangen, das mit so ungeheuren Hoffnungen und Erwartungen begonnen wird und das mit einer solchen Regelmäßigkeit fehlschlägt wie die Liebe.

(Aus: Erich Fromm, *Die Kunst des Liebens*)

Fragen zum Text

1. Auf welche Weise versuchen Männer und Frauen, liebenswert zu erscheinen?
2. Können Sie sich vorstellen, dass die Idee der romantischen Liebe wieder aus unserer industriellen Gesellschaft verschwindet und junge Paare wieder durch ihre Familien zusammengebracht werden?
3. Ist Liebe Ihrer Ansicht nach ein realistisches Tauschgeschäft oder eine unerklärliche Himmelsmacht?
4. Worin sehen Sie die Ursachen für das häufige Scheitern von Liebesbeziehungen?

1

Biographie erzählen

Sicher kannten Sie meine Oma Mathilde. Können Sie ihre Biographie im Präteritum erzählen? Beginnen Sie mit ihrer Geburt. Jeder sagt nur einen Satz. Der Inhalt darf sich nicht widersprechen. Wem nichts mehr einfällt, der kann die Oma sterben lassen, muss aber dann Oma Mathildes Lebenslauf wiederholen oder die eigene Biographie erzählen!

Schreiben Sie Ihren Lebenslauf im Präteritum.

Familienstreit

Übernehmen Sie eine Rolle.   Personen:

Vater: 51 Jahre alt, ist arbeitslos und findet keine neue Stelle. Will das kleine Reihenhaus verkaufen und in die Stadt ziehen, um Arbeit zu finden. Mag keine Rocker und keine laute Musik, liebt gutes Essen und Gastwirtschaften.

Mutter: 45 Jahre alt, Hausfrau mit Halbtagsjob als Putzhilfe. Kann nicht mit Geld umgehen. Hat Interesse an Politik, Skat, Geselligkeit und liebt ihr Häuschen, ihren Garten und die Menschen im Ort. Kandidiert für die Grünen.

Andreas: 19 Jahre, Automechaniker-Lehrling, liebt Motorräder, Rock-Musik und die 15-jährige Sonja. Will heiraten und aus der elterlichen Wohnung ausziehen. Ist gegen alles, besonders gegen Leute über 40. Will seine Lehre abbrechen und Rennfahrer werden.

Gabi: 17 Jahre, geht aufs Gymnasium, hat Probleme mit den meisten Lehrern und bleibt dieses Jahr wahrscheinlich sitzen. Sieht gut aus und will Fotomodell werden. Will allein nach Afrika trampen.

Opa Karl-Heinrich: 72 Jahre, weiß, dass früher alles anders und viel besser war. Verteidigt seine Enkel gegen die Eltern. Sagt jeden Tag, dass er bald sterben wird und das Testament noch schreiben muss. Ist geizig und hockt den ganzen Tag vorm Fernseher.

Themen:	Taschengeldkürzung	Diskothek
	Urlaubsplanung	Wohnungswechsel
	Schulnoten	Arbeitslosigkeit
	Mittagessen	

Denksportaufgabe

Christel ist Jans Schwester. Der Lehrer will wissen, wie viele Geschwister sie haben. Christel antwortet: „Jan hat ebenso viele Schwestern wie Brüder, aber ich habe nur halb so viele Schwestern wie Brüder."
„Und wie alt seid ihr jetzt?" – „Ich bin drei Jahre jünger als Christel", sagt Jan. „Aber in sechs Jahren ist Christel doppelt so alt wie ich heute."
Am nächsten Tag wusste der Lehrer, wie viele Jungen und Mädchen die Eltern haben und wie alt Christel und Jan sind. Und Sie?

1

Finden Sie das passende weibliche Gegenstück

Adam sucht Eva

der Liebhaber	*die Geliebte*	der Schwager	_____
der Onkel	_____	der Cousin	_____
der Bräutigam	_____	der Schwiegersohn	_____
der Gatte	_____	der Herr Gemahl	_____
der Neffe	_____	der Verlobte	_____
der Opa	_____	der Witwer	_____

Merken Sie sich:	sich verlieben in A	verliebt sein in A
	sich verloben mit D	verlobt sein mit D
	jmd. heiraten (oder:)	
	sich verheiraten mit D	verheiratet sein mit D
	sich trennen von D	getrennt leben von D
	sich scheiden lassen von D	geschieden sein von D
	Witwe(r) werden	verwitwet sein
	als Junggeselle leben	ledig sein

Finden Sie die entsprechenden Ergänzungen

Familienstand

Beispiel:	Ich bin verheiratet.
	Ja, ich habe geheiratet.
	Das ist meine Ehefrau.
	Ich bin ihr Ehemann.

1. Ich bin verlobt.

   Ja, wir haben _____

   Das ist meine Verlobte.

   Ich bin ihr _____

2. Ich bin _____

   Ja, ich habe meinen Mann verloren.

   Mein Mann ist tot.

   Nun bin ich _____

3. Ich bin ledig.

   Ja, ich habe nie geheiratet.

   Ich bin noch immer _____

   Aber ich habe mehrere Freundinnen.

4. Ich lebe getrennt.

   Ja, wir haben uns _____

   Was sind wir nun?

   Wieder ziemlich einsam.

5. Ich bin geschieden.

   Ja, wir _____ lassen.

   Das ist meine Ex-Frau.

   Ich bin ihr Ex-Mann.

Finden Sie ein Nomen

sich verlieben   *die Liebe*

heiraten   _____

sich verloben   _____

sich scheiden lassen _____

sich trennen   _____

Wie denken Sie darüber?

Volksweisheit

*Wo ein Mann ist und kein Weib,
da ist ein Haupt und kein Leib;
wo ein Weib ist und kein Mann,
da ist ein Leib und kein Kopf daran.*

Symbolischer Lebenslauf

*Jemand geht an die Tafel und zeichnet nur mit
Symbolen seinen Lebenslauf. Die anderen
müssen erraten, was er darstellen will.*

1

Ein Spiel für die ganze Familie

Jemand nennt ein Feld, z. B. „Länder mit 6 Buchstaben". Wer findet die meisten?
Der Gewinner nennt ein anderes Feld.

	4 Buchstaben	5 Buchstaben	6 Buchstaben	7 Buchstaben
Etwas im Zimmer	e Vase	r Tisch	r Sessel	r Schrank
Tiere				
Körper-teile				
Länder				
Lebens-mittel				
Land-schaft und Natur				

Neue Vokabeln

Nomen	Plural	Verben	Adjektive

der _____– ____

der _____– ____

der _____– ____

der _____– ____

der _____– ____

der _____– ____

der _____– ____

der _____– ____

der _____– ____

der _____– ____

die _____– ____

die _____– ____

die _____– ____

die _____– ____

die _____– ____

die _____– ____

die _____– ____

die _____– ____

die _____– ____

die _____– ____

die _____– ____

Sonstiges

das _____– ____

das _____– ____

das _____– ____

das _____– ____

das _____– ____

das _____– ____

das _____– ____

das _____– ____

das _____– ____

das _____– ____

das _____– ____

Redewendungen

I. ÜBUNGEN ZUM GESPROCHENEN DEUTSCH

1 Spielen Sie den Interviewer

Stellen Sie die passenden Fragen zu den folgenden Antworten:

Christine Schulze. – Aus der Schweiz. – Vier: Deutsch, Französisch, Italienisch und Romanisch. – In Bern. – So ungefähr 300 000, glaube ich. – Nein, Zürich ist größer, aber Bern ist die Bundeshauptstadt. – Die mittelalterliche Altstadt zum Beispiel und der Bärengraben. – Studentin. – Germanistik. – Ich bin schon im zwölften Semester. – 29 Jahre. – Ich bin Widder. – Ja, einen ziemlich alten VW Golf. – Ja, eine Schachtel pro Tag, wenn ich nervös bin. – Ja, Liebesromane zum Beispiel. – Nein, geschieden. – Ja, eins. – Ein Mädchen. – Nein, das geht noch in den Kindergarten. – Kochen, Stricken und Reisen. – Nein, dieses Jahr kann ich mir keinen leisten, aber im nächsten will ich mal allein nach Mallorca. – Nein, das bleibt dann bei den Großeltern. – Theoretisch schon, aber wo soll man den geeigneten Mann finden? Und mein Kind geht mir vor. – Ich glaube nicht an Kontaktanzeigen. Ich glaube mehr an den Zufall. – Ja, manchmal am Wochenende zum Tanzen. – Nee, da geh' ich nie hin, da wird man nur von blöden Männern angemacht! – Ja, ab und zu als Kellnerin im Restaurant. – Ja, aber wissen Sie, die meisten sind ziemlich knauserig und geben nur ein paar Pfennig. – Weil ich was dazuverdienen muss bei den Mietpreisen hier. Und Kinder kosten auch eine Menge Geld. – Politik? Interessiert mich nicht. Die Politiker machen mit uns ja doch, was sie wollen. – In zwanzig Jahren? Also, wenn ich an die Umwelt denke und die Kriege, dann bin ich eher pessimistisch. – Gleichfalls! Tschüs!

Fassen Sie kurz zusammen: Was wissen Sie über Christine?

2 Übernehmen Sie eine Rolle

a) An einem von Ihnen reservierten Tisch im Restaurant sitzt bereits ein Liebespärchen.

b) Sie hatten nur kurz die Diskothek verlassen, um zu telefonieren. Nun will man Sie nicht wieder hineinlassen.

c) Überreden Sie telefonisch eine Dame / einen Herrn, mit Ihnen abends auszugehen.

d) Bewerben Sie sich telefonisch um eine Stelle am Theater (als Statist/in, Maskenbildner/in, Schauspieler/in), an einer Sprachenschule (als Deutschlehrer/in, Sekretärin, Hilfskraft) oder bei einer Firma (als Telefonist/in, Sachbearbeiter/in, Fahrer).

e) Beraten Sie mit Ihrem Freund, was Sie für Ihre Gäste heute Abend kochen wollen und welche Vorbereitungen zu treffen sind.

f) Alle Gäste sind gegangen. Sie sind todmüde, aber ein Gast sitzt immer noch da und fragt nach etwas zum Trinken.

g) Konstruieren Sie einen Party-Dialog aus Vorstellung, Frage nach Herkunft, Dauer und Zweck des Aufenthalts im Ausland, Beruf, Hobbys, Smalltalk übers Wetter. Lassen Sie eine Einladung und eine Verabredung folgen.

h) Sie kommen mit Familie auf dem Campingplatz an. Erkundigen Sie sich an der Rezeption nach Preisen, Einkaufsmöglichkeiten, Wetterbericht, Haustieren, Trinkwasser, Duschen, Busverbindungen usw.

i) Sie haben jemand irgendwo schon einmal gesehen. Aber Sie können sich beide nicht mehr erinnern, wo und bei welcher Gelegenheit. Stellen Sie sich gegenseitig Fragen.

3 Umgangssprache

In welcher Situation wird mit welchen Worten reagiert?

1. Sie schneiden Ihrem Kind die Haare. Es kann nicht stillsitzen.
2. Sie treffen Ihren eigenen Doppelgänger auf der Straße.
3. Ihr Land wird Fußballweltmeister.
4. Jemand merkt nicht, dass er beim Spiel an der Reihe ist.
5. Jemand, der lästig ist, soll weggehen.
6. Ihr Freund will Ihren Hut ins Wasser werfen.
7. Jemand beschimpft Sie lautstark. Sie wollen, dass er schweigt.
8. Jemand droht Ihnen mit Schlägen. Was sagt er?
9. Sie zweifeln am Verstand Ihres Partners.
10. Sie hören staunend einer aufregenden Geschichte zu.
11. Ihr Chef erwartet unbezahlte Überstunden.

a) Ich glaub', mich tritt 'n Pferd. Ich glaub', mich streift 'n Bus. Ich glaub', mich laust der Affe. Ich glaub', mein Schwein pfeift.

b)* Hau ab! Verschwinde! Lass mich in Ruh! Scher dich zum Teufel! Verzieh dich! Mach, dass du fortkommst! Zieh Leine! Schleich dich!

c) Oje! Na und? Ach so. Na ja. Na so was. Also wirklich. Mein Gott! O Mann. Pfui Teufel! Hmmm. Soso. Echt wahr? Ach nee. Na wenn schon. Igittigitt. Ist ja nicht zu fassen. Genau. Was du nicht sagst. Kaum zu glauben. Stell dir mal vor. Das gibt's doch nicht! Tja, da kann man nichts machen.

d) Lass das sein! Hör auf! Was soll der Quatsch? Lass den Blödsinn!

e) Du bist dran! Schlaf nicht! Penn nicht ein!

f) Halt still! Bleib endlich mal ruhig! Zappel nicht so! Hampel nicht so rum!

g) Wahnsinn! Ist ja irre! Toll! Find' ich super! Unheimlich verrückt! Der totale Irrsinn! Einfach klasse. Spitze! Das war stark.

h) Der kann mich mal. Von wegen! Das hat er sich so gedacht!

i)* Du fängst dir gleich eine. Ich knall' dir eine. Du kriegst was hinter die Löffel. Willst du eine gescheuert?

j)* Bist du wahnsinnig? Bist du verrückt geworden? Bist du völlig übergeschnappt? Sag mal, bist du noch ganz dicht? Hast du alle Tassen im Schrank? Bei dir ist wohl 'ne Schraube locker! Tickst du noch richtig? Hast du 'ne Meise?

k)* Halt die Klappe! Halt's Maul! Halt den Rand! Schnauze! Halt die Fresse! Halt die Gosche!

Anmerkung: Die mit * gekennzeichneten Ausdrücke sind besonders grob und unhöflich!

4 Schimpfwörter

Man sollte sie nicht benutzen, aber verstehen. Welche werden für Männer, welche für Frauen gebraucht?

Blödmann, Idiot, Rindvieh, Esel, Kamel, alter Hornochse, eingebildeter Affe, arroganter Heini, Depp, mieser Typ, dämlicher Kerl, alte Sau, dumme Kuh, blöde Ziege, alte Hexe, falsche Schlange, doofe Zicke, komische Schreckschraube, blöde Tussi

5 Umgangssprache

Beispiel: Darüber spreche ich nicht. → *Da* spreche ich nicht *drüber.*

Formen Sie um.

1. Daran denkt man normalerweise nicht. 2. Darauf wartet niemand. 3. Darunter kann ich mir nichts vorstellen. 4. Da hinaus kannst du nicht gehen. 5. Davon will ich nichts wissen. 6. Damit will ich nichts zu tun haben. 7. Dafür kann er nichts. 8. Davor hat jeder Angst. 9. Da hinüber kann ich nicht schwimmen. 10. Da hinein darfst du nicht gehen. 11. Darauf muss man erst mal kommen. 12. Damit kann man jemand ärgern. 13. Daran habe ich nie geglaubt. 14. Damit kannst du nichts anfangen. 15. Da hinauf kriegen mich keine zehn Pferde. 16. Dagegen kann man nichts machen.

6 Partikel

Sie staunen oder ärgern sich über etwas. Benutzen Sie das Wörtchen „ja" in der deutschen Umgangssprache.

1. Der Kaffee ist viel zu kalt!
2. Du wirst ganz rot!
3. Die Blumen sind ganz vertrocknet!
4. Du hast ein neues Auto!
5. Schau mal, der klettert durchs Fenster!
6. Da steht dein gestohlenes Rad!
7. Das darf nicht wahr sein!
8. Es ist zum Glück nichts passiert!
9. Dein Telefon ist immer besetzt!
10. Du lügst wie gedruckt!

7 Partikel

Sie staunen oder ärgern sich darüber, wie etwas ist. Benutzen Sie das Wörtchen „vielleicht" (meist für Art, Gestalt) oder „aber" (meist für Größe, Menge) in der deutschen Umgangssprache.

1. Du bist mir ein Freund!
2. Die Reparatur war teuer!
3. Der Clown war lustig!
4. Der hat ein Pech!
5. Das Fernsehprogramm ist langweilig!
6. Du sitzt ganz schön in der Tinte!
7. Der Baum ist dick!
8. Hier in der Kneipe ist es voll!

8 Partikel

Sie stellen erstaunt eine Frage. Damit sie natürlicher klingt und mehr Nachdruck bekommt, benutzen Sie „denn" oder „eigentlich" oder „etwa".

1. Kommst du heute Abend nicht nach Hause?
2. Möchten Sie nichts essen?
3. Kannst du nicht warten, bis du an der Reihe bist?
4. Können Sie sich wirklich nicht an mich erinnern?
5. Haben Sie ihn nicht informiert?
6. Ist dein neuer Freund jünger als du?
7. Waren Sie schon einmal in Rothenburg?
8. Können Sie nicht aufpassen?
9. Haben Sie keine Visitenkarte?
10. Ist er schon wieder krank?

II. ÜBUNGEN ZUM GESCHRIEBENEN DEUTSCH

9 Brief

Schreiben Sie an einen deutschen Brieffreund. Laden Sie ihn ein, Sie zwei Wochen lang zu besuchen. Schildern Sie die Umstände, wie er untergebracht wird, beschreiben Sie Ihren Wohnort und was Sie gemeinsam unternehmen können.

10 Kurzreferat

Wird es in fünfzig Jahren noch die Ehe als Institution geben? Wird es noch Familien geben? Welche Formen werden sie in den verschiedenen Ländern annehmen? Begründen Sie Ihre Ansichten.

III. Übungen zum Wortschatz

11 Partnerübung: Präteritum

Bereiten Sie sich zu Hause vor, indem Sie sich Verben mit gegenteiliger Bedeutung (Antonyme) notieren, z. B.: schreien – flüstern; tadeln – loben; nehmen – geben usw.

Jemand nennt einen Satz mit einem der nachfolgenden Verben: Er begann mit der Arbeit. Ein anderer antwortet und behauptet das Gegenteil: Er hörte mit der Arbeit auf. (Oder: Er beendete die Arbeit.)

VERB	∓	ANTONYM	VERB	∓	ANTONYM
abfahren		ablehnen	belohnen		einschalten
abkühlen		abnehmen	beruhigen		einsteigen
ablehnen		absteigen	beweisen		empfangen
abmelden		anfangen	bewilligen		erwärmen
abrüsten		ankommen	bitten		faulenzen
achten		anmelden	bringen		gefrieren
angreifen		annehmen	einschlafen		gehorchen
anmachen		antworten	einstellen		holen
anziehen		aufrüsten	entladen		kündigen
arbeiten		aufwachen	erlauben		säen
aufbauen		ausgeben	ernten		schließen
aufhören		ausmachen	finden		suchen
aufmachen		ausziehen	fragen		verachten
aufsteigen		beginnen	halbieren		verbieten
auftauen		bejahen	öffnen		verdoppeln
auspacken		beladen	senden		verteidigen
ausschalten		bestrafen	sparen		widerlegen
aussteigen		beunruhigen	verneinen		zerstören
beenden		danken	zunehmen		zumachen
befehlen		einpacken			

Finden Sie die Nomen zu einigen Verben.

Beispiel: abfahren / die Abfahrt; anziehen / der Anzug

Schreiben Sie die starken Verben heraus, z. B.:
abfahren, er fährt ab, fuhr ab, ist abgefahren
anziehen, er zieht an, zog an, hat angezogen
usw.

12 Schreiben Sie vier davon auf

Badezimmergegenstände, Teile des Beines, Erdteile, Bootstypen, elektrische Geräte, Festtage, Fahrradteile, Dinge im Kino, Teile der Fotoausrüstung, Dinge aus Glas, Haushaltsgeräte,
Teile der Hand, Schachfiguren, Dinge beim Friseur, Nagetiere, Dinge in der Luft, Teile des Mun-
des, Waffen, Raucherartikel, Schuhe, Dinge zum Saubermachen, Brettspiele, Studienfächer,
geometrische Figuren

13 Umformung Nomen → Verb

Was tun Sie, ...?

Beispiel: Was tun Sie bei einer ungerechten *Beurteilung*? – Wenn ich ungerecht *beurteilt werde,* (dann) versuche ich, mich nicht zu ärgern.

1. ... bei Kopfschmerzen? 2. ... bei einem Gewitter? 3. ... bei einer frühzeitigen Pensionierung? 4. ... bei einer Trennung von Ihrem Partner? 5. ... bei einer Mieterhöhung? 6. ... bei einem Lottogewinn? 7. ... bei einem Anruf von einem Vertreter? 8. ... beim Angriff eines Tigers? 9. ... bei Stromausfall? 10. ... bei einer Einladung in die Oper? 11. ... bei einem Verkehrsstau? 12. ... bei einem Wespenstich? 13. ... bei der Entlassung aus Ihrer Firma?

14 Finden Sie ein passendes Verb mit der Vorsilbe „ent-"

1. Das Meerwasser wird für die Bewässerung der Wüste _____ (Salz).
2. Bei der Einnahme der Stadt wurden die Truppen _____ (Waffen).
3. Der Untersuchungshäftling ist aus der Klinik _____ (Flucht).
4. Der Fallschirm hatte sich nicht rechtzeitig _____ (Falte).
5. Die Kämpfe sind während des Waffenstillstands neu _____ (Flamme).
6. Der Orkan hat viele Bäume _____ (Wurzel).
7. In einer Sauna kann ich mich wunderbar _____ (Spannung).
8. Der LKW wird von einem Kran _____ (Ladung).
9. Die Großgrundbesitzer wurden von den Kommunisten _____ (Eigentum).
10. Das Moor wird durch Kanäle _____ (Wasser).
11. Ein Blindgänger wurde durch Sprengstoffspezialisten _____ (Schärfe).
12. Das Monument wurde vom Bürgermeister _____ (Hülle).

IV. ÜBUNGEN ZUM GEBRAUCH DES PRÄTERITUMS

15 Gruppenarbeit

Bilden Sie Gruppen mit drei Personen. Jede Person schreibt einen Satz auf ein Blatt Papier, z. B.:

1. Person: Ich ging einmal zum Hafen.
2. Person: Ich saß einmal im Flugzeug.
3. Person: Ich beobachtete einmal einen Mann.

(Sie können natürlich auch anders beginnen.) Jeder gibt dann sein Papier an den linken Nachbarn weiter, der einen Satz im Präteritum hinzufügt. Dann werden die Papiere im Kreis herum an die nächste Person weitergegeben, die die phantastische Geschichte wieder um einen Satz erweitert. Wählen Sie die schönste der drei Geschichten aus und lesen Sie sie allen vor. Wie wär's mit einer Prämie für die spannendste Geschichte?

16 Früher – heute

Bilden Sie den ersten Satz.

> *Beispiel:* Früher *konnte* man hier angeln. Heute sind die Fische vergiftet.

1. Heute steht an dieser Stelle ein Hochhaus.
2. Heute fährt man mit dem Auto eine Stunde ins Zentrum.
3. Heute schlagen die Lehrer nicht mehr.
4. Heute leben viele ältere Menschen in einem Seniorenheim.
5. Heute sieht man mehrere Stunden täglich fern.
6. Heute erfährt man alles aus den Medien.
7. Heute trägt man zu vielen Gelegenheiten Freizeitkleidung.

17 Übertragen Sie die Sätze ins Präteritum

1. Sie denkt nicht mal im Traum daran.
2. Er bringt sie nach der Theatervorstellung nach Haus.
3. Niemand kennt seine Pläne.
4. Er wendet sich schriftlich an die Behörde.

5. Er nennt seinen Namen nicht.
6. Sie rennt um ihr Leben.
7. Sie senden ihm Weihnachtsgrüße.
8. Die Ölquellen brennen.

18 Stark oder schwach?

Zu welcher Ziffer gehören die folgenden Erklärungen?

1. schaffen, schuf, geschaffen
2. schaffen, schaffte, geschafft

3. schleifen, schliff, geschliffen
4. schleifen, schleifte, geschleift

5. senden, sandte, gesandt
6. senden, sendete, gesendet

7. wiegen, wog, gewogen
8. wiegen, wiegte, gewiegt

9. sich wenden, wandte sich, hat sich gewandt
10. wenden, wendete, gewendet

a) mit Mühe etwas über den Boden ziehen
b) mit etwas fertig werden, etwas bewältigen
c) etwas auf die andere Seite drehen; den Kurs um 180 Grad ändern
d) durch gleichmäßiges Reiben z. B. ein Messer schärfen
e) eine Nachricht über Rundfunk/Fernsehen ausstrahlen
f) sanft schwingend hin und her bewegen
g) etwas schöpferisch gestalten
h) eine Frage oder Bitte an jemand richten
i) etwas schicken
j) ein bestimmtes Gewicht haben oder feststellen

19 Setzen Sie die Verben aus Nr. 18 im Präteritum ein

1. Der Bildhauer _____ eine moderne Skulptur.
2. Nach dem Tod des Präsidenten _____ alle Rundfunksender Trauermusik.
3. Er _____ das Paket, bevor er es frankierte.
4. Die Mutter _____ das Baby in den Schlaf.
5. Früher _____ ich 100 m in 11,3 Sekunden.
6. Der zu lange Mantel _____ am Boden.
7. Das Fluchtauto _____ plötzlich, als die Polizei es verfolgte.
8. Wir _____ uns mit dem Problem an den Vorgesetzten.
9. Er _____ an alle Kunden einen Serienbrief.
10. Der Bauer _____ die Axt, bevor er den Baum fällte.

20 Deutsche Geschichte

Schreiben Sie alle folgenden Sätze in der zeitlich richtigen Reihenfolge und im Präteritum.
Stellen Sie die richtige Jahreszahl voran.

> *Beispiel:*
> Sieg von Arminius dem Cherusker über die Römer in der Schlacht im Teutoburger Wald
> 9 v. Chr. *siegte* Arminius der Cherusker ...

> Jahreszahlen: 814, 1517, 1648, 1789, 1914, 1933, 1939, 1944, 1945, 1949, 1953, 1957,
> 1961, 1963, 1989, 1990

a) Fall der Berliner Mauer
b) Tod Karls des Großen
c) Beginn der Französischen Revolution
d) Gründung der Bundesrepublik Deutschland
e) Ende des Dreißigjährigen Krieges
f) Ausbruch des Ersten Weltkrieges
g) Auftreten Martin Luthers und Ausbreitung der Reformation
h) Bedingungslose Kapitulation des Dritten Reiches
i) Beitritt der DDR zur Bundesrepublik
j) Unterzeichnung des Freundschaftsvertrages zwischen
   Frankreich und der Bundesrepublik durch de Gaulle und Adenauer
k) Scheitern eines Bombenattentates auf Hitler
l) Entstehung der Europäischen Gemeinschaft
m) Überfall der deutschen Truppen auf Polen
n) Niederschlagung eines Aufstandes in der DDR durch sowjetische Truppen
o) Hitlers Machtergreifung
p) Errichtung der Berliner Mauer

1

21 Übertragen Sie den ersten Satz ins Präteritum

Setzen Sie die fehlenden Nomen ein.

1. Unsere Firma hat bisher Software in Skandinavien vertrieben. Wir übernehmen nun auch den _____ für ganz Europa.
2. Sie sind meist morgens zusammen ausgeritten. Bei ihrem gestrigen _____ verunglückte einer von ihnen.
3. Beim Tango ist meine Hosennaht gerissen. Der _____ war leider zu sehen.
4. Eine Kobra hat sie in den Fuß gebissen. Der _____ dieser Schlange ist lebensgefährlich.
5. Die Maler haben die Wand zweimal (an)gestrichen. Der erste _____ war zur Isolierung nötig.
6. Vor dem Rennen hat er die Schlittschuhe sorgfältig geschliffen. Ein guter _____ erhöht die Geschwindigkeit beim Eislaufen.
7. Die Indianer haben von allen Seiten angegriffen. Die Siedler konnten dem _____ nicht widerstehen.
8. Mit dem Zwillingskinderwagen ist sie nicht in den Bus eingestiegen. Der _____ war einfach zu schmal.
9. Die Fußballmannschaft Bayern München ist aus der Bundesliga abgestiegen. Vielleicht hat sie diesen _____ verdient.
10. Die Bergsteiger sind nicht aufgestiegen. Der _____ auf den Gipfel war zu schwierig.

22 Kaum zu glauben

1. In Kanada _____ (werden) 1987 ein Kind geboren, das nur 624 g _____ (wiegen). Die Schwangerschaft _____ (dauern) nur 128 Tage. Das Kind ist heute gesund und kräftig.
2. Den längsten Schluckauf _____ (müssen) ein Amerikaner 68 Jahre lang ertragen. Er _____ (finden) bis heute kein Gegenmittel, _____ (führen) aber dennoch ein normales Leben. Er bedauerte jedoch, dass ihm sein künstliches Gebiss ständig aus dem Mund _____ (fallen).
3. Die meisten neugeborenen Mädchen in der Bundesrepublik _____ (heißen) im letzten Jahrzehnt Katharina, Sarah, Anna und Julia; die häufigsten Jungennamen _____ (lauten) Christian, Daniel, Alexander und Jan. Der am weitesten verbreitete Nachname in Deutschland _____ (sein) der Name „Müller".

4. Ungefähr 635 kg _____ (bringen) der bisher dickste Mann der Welt auf die Waage. Auch der größte Mann war ein Amerikaner. Seine Größe _____ (betragen) 2,72 m.

5. Mehr als 15 000 Telefonnummern aus dem Telefonbuch _____ (können) ein 26 Jahre alter Chinese auswendig wiederholen.

Welche besondere Eigenschaft oder Fähigkeit hätten Sie gern?

23 Berühmte Deutsche

Erraten Sie den Namen und den Beruf.

1.

Er _____ (leben) von 1749–1832. In Leipzig _____ (studieren) er die Rechte. Er _____ (sich verlieben) in viele Frauen. Der Herzog Karl August _____ (berufen) ihn nach Weimar. Er _____ (unternehmen) Reisen nach Rom, Neapel und Sizilien. Mit Friedrich von Schiller _____ (verbinden) ihn eine enge Freundschaft. Sein bekanntestes Werk ist das Drama „Faust". Nach seinem Namen _____ (benennen) man ein deutsches Kulturinstitut.

2.

Er _____ (werden) 1770 in Bonn geboren und _____ (sterben) 1827 in Wien. Er _____ (erwerben) sein Können u. a. bei Joseph Haydn in der Tradition der Wiener Klassik, _____ (komponieren) in seinem Leben 9 Sinfonien, Ouvertüren, Klavierkonzerte, Kammermusik und die Oper „Fidelio". In seiner Neunten Sinfonie _____ (vertonen) er Schillers „Ode an die Freude".

3.

Er _____ (erhalten) 1921 den Nobelpreis für Physik und _____ (schaffen) die Relativitätstheorie, die auf zahlreichen Gebieten der Physik bahnbrechend _____ (wirken). 1939 _____ (verfassen) er einen Brief an den amerikanischen Präsidenten Roosevelt, in dem er die Notwendigkeit _____ (unterstreichen), Experimente zur Herstellung einer Atombombe zu beginnen. Unter dem Eindruck der späteren nuklearen Katastrophe _____ (aufrufen) er alle Wissenschaftler _____ , nach besten Kräften zu verhindern, dass diese Waffen zu den brutalen Zwecken gebraucht werden, für die man sie _____ hatte (erfinden).

24 Hausarbeit

Schreiben Sie ein paar Sätze über das Leben von zwei oder drei Personen im Präteritum. Benutzen Sie nach Möglichkeit ein deutsches Lexikon. Lassen Sie den Namen erraten.

Z. B. Otto von Bismarck, Adolf Hitler, Heinrich Böll, Thomas Mann, Konrad Adenauer, Johann Sebastian Bach, Bertolt Brecht, Albrecht Dürer, Heinrich Heine, Hermann Hesse, Immanuel Kant, Otto Lilienthal, Martin Luther, Rosa Luxemburg, Karl May, Heinrich Schliemann, Albert Schweitzer, Karl Valentin, Kurt Tucholsky, Käthe Kollwitz, Wolfgang Amadeus Mozart, Arthur Schopenhauer, Friedrich der Große, Alexander von Humboldt, Jacob Grimm, Franz Kafka, Richard Wagner, Max Liebermann

25 Bilden Sie das Präsens mit „er" und „ihr"

Beispiel: er lief → er läuft → ihr lauft

er buk, er befahl, er blies, er briet, er empfahl, er erschrak, er aß, er fuhr, er fiel, er fing, er fraß, er gab, er galt, er grub, er hielt, er half, er lud, er ließ, er las, er maß, er mochte, er nahm, er riet, er schlief, er schlug, er sah, er sprach, er stach, er stahl, er starb, er stieß, er trug, er traf, er trat, er verdarb, er vergaß, er wuchs, er wusch, er warb, er warf, er wusste.

V. ÜBUNGEN ZUM GEBRAUCH DER PRÄPOSITIONEN

26 Ergänzen Sie die fehlenden Präpositionen

1. Ich kenne den Maler nur dem Namen _____ .
2. Die Premiere war _____ den letzten Platz ausverkauft.
3. _____ Tränen erzählte sie _____ dem Unglück.
4. Alle Flugzeuginsassen waren _____ der Stelle tot.
5. Er wurde Ehrenmitglied der Akademie _____ Lebenszeit.
6. Meine Frau hat _____ mein Wissen einen Pelzmantel gekauft.
7. Ich schreibe Dir diese Zeilen _____ großer Eile.
8. Er war _____ dem Unfall _____ keinen Fall schuld, aber sie war _____ Wut _____ den Totalschaden _____ sich.
9. _____ so einem Krach kann man sein eigenes Wort nicht verstehen!
10. Muss denn der Fernseher den ganzen Tag _____ laufen?
11. _____ Himmel kann man eine Sonnenfinsternis beobachten.
12. Ein Porsche erreicht eine Geschwindigkeit _____ zu 260 km/h.
13. _____ Jahr _____ Jahr nimmt der Verkehr zu.
14. _____ meiner Zeit gab es noch keine Verkehrsprobleme.
15. Nach der Kautionszahlung wurde er _____ dem Untersuchungsgefängnis entlassen und befand sich wieder _____ freiem Fuß.

Weitere Übungen

27 Präpositionen mit dem Genitiv

Setzen Sie eine passende Präposition ein:

> abseits, angesichts, anlässlich, anstelle, aufgrund, hinsichtlich, infolge, innerhalb, jenseits, kraft, mangels, mittels, oberhalb, samt, trotz, um … willen, ungeachtet, zugunsten

1. _____ ihrer Kenntnisse in Textverarbeitung erhielt sie die Stelle als Sekretärin.
2. Er hielt eine Rede _____ des 100. Todestages des Dichters.
3. _____ der Sturmwarnung segelte er weiter.
4. Die Band spielte _____ der Unterstützung AIDS-kranker Kinder.
5. _____ eines technischen Defekts wurde der Reaktor nicht abgeschaltet.
6. Er hat _____ eines Jahres vier Zusammenstöße verursacht.
7. Sie wird _____ gesicherter Schuldbeweise freigesprochen.
8. Er kann seine Entscheidung _____ seines Amtes durchsetzen.
9. _____ des Tals spricht man einen ganz anderen Dialekt.
10. Er konnte den Tresor _____ eines Nachschlüssels öffnen.
11. Sie übernachtete _____ ihrer Kinder, einem Hund und einer Katze im Hotel.
12. Ich mache am liebsten _____ der lauten Touristenzentren Urlaub.
13. Früher duellierte man sich _____ seiner Ehre _____ .
14. _____ des herannahenden Todes machte sie ihr Testament.
15. Ein Vormund trifft _____ der Eltern wichtige Entscheidungen für das Kind.
16. Die Ozonbelastung der Luft steigt bei Sonnenschein _____ der Abgasbelastung durch den Autoverkehr.
17. _____ der Atmosphäre ist kaum mehr Sauerstoff vorhanden.
18. Er kann _____ seiner gestiegenen Leistungen doch noch versetzt werden.

28 Präpositionen in Verbindung mit Zeitbegriffen

1. _____ Weihnachten verreise ich diesmal, um dem Rummel zu entgehen.
2. _____ 21. Jahrhundert wird der Flugverkehr weiter zunehmen.
3. _____ Beginn der Sommerferien rollt eine Blechlawine nach Süden.
4. _____ unserem Hochzeitstag fahren wir nach Venedig.
5. _____ der Frühe noch _____ Sonnenaufgang begannen wir den Gipfelaufstieg.
6. _____ Neujahrstag _____ Jahr 2000 werde ich erst mal ausschlafen.
7. _____ Einbruch der Nacht suchten wir das Lager auf.
8. _____ nächsten Jahrzehnt wird die Gentechnologie gewaltige Fortschritte machen.
9. _____ Mitternacht schlägt die Kirchturmuhr.
10. _____ der Nacht sind alle Katzen grau.

Weitere Übungen

29 Setzen Sie ein: an/am, bei, in/im, um, zu

_____ Pfingsten, _____ der Nacht, _____ Beginn des Jahres 1993, _____ Tagesanbruch, _____ 19. Jahrhundert, _____ Nachmittag, _____ 24. Dezember, _____ der Mitte des Monats, _____ Wochenende, _____ diesem Jahr, _____ Silvester, _____ Montag, _____ der übernächsten Woche, _____ Spätherbst, _____ Todestag des Dichters, _____ 12.30 Uhr, _____ Mitternacht, _____ jüngster Zeit, alles _____ seiner Zeit, _____ der Zwischenzeit, _____ meiner Zeit, _____ letzter Zeit

30 Kaum zu glauben

Kurze Geschichten als Diktat, Nacherzählung oder zur Diskussion

Der verschwundene Anhalter

An einem trüben Herbstmorgen fuhr ich auf der Bundesstraße 2 von Nürnberg nach Bayreuth. Unterwegs habe ich angehalten, um einen Anhalter mitzunehmen. Ich war froh, einen Begleiter zu haben, weil ich noch etwas müde war. Wir haben uns angeregt unterhalten. Er erzählte mir, dass er von Beruf Lehrer an der Hauptschule sei und den Zug verpasst habe. Plötzlich war der Platz neben mir leer. Auf dem Rücksitz lag noch seine Aktentasche. Das war mir unerklärlich. Ich fuhr weiter bis zu dem Ort, den er mir genannt hatte, und konnte ohne Mühe die Schule finden. Der Direktor staunte nicht schlecht. Er erklärte mir, dass jener Lehrer vor genau einem Jahr auf dieser Bundesstraße mit seinem Auto tödlich verunglückt war.

Blinde Passagiere

Meine Freundin ist Stewardess. Auf einem Langstreckenflug von Rio nach Paris kümmerte sie sich um einen kleinen Jungen, der einen kleinen Pappkarton fest an seine Brust drückte. Neugierig erkundigte sie sich nach dem Inhalt. „Da sind Goldi und Micki drin", erklärte der Junge stolz. Die Stewardess glaubte, dass es sich um ein Spielzeug handeln würde, und wollte gern einen Blick in die Schachtel werfen. Kaum hatte der Junge den Deckel einen Spalt angehoben, sprangen zwei Mäuse heraus und verschwanden unter den Sitzen. Nun gab es eine große Aufregung unter den Passagieren. Der Kapitän ordnete an, aus Sicherheitsgründen den Jumbojet durch das Personal durchsuchen zu lassen, denn Nagetiere zerbeißen gerne Kabelverbindungen. Die Mäuse wurden nicht gefunden. Das Flugzeug wurde am Boden mehrere Tage erfolglos durchsucht. Auf diese Weise entstand ein hoher Schaden durch den Ausfall des Großraumflugzeugs. Die Mäuse wurden so die teuersten Passagiere der Luftfahrtgesellschaft.

Medien: Buch, Presse, Rundfunk und Fernsehen

Grammatik: Perfekt, Konjunktiv I, Genusregeln, Adjektive

Spaß muss sein

Ein Mann geht in eine Buchhandlung und verlangt ein Buch von Goethe.
– „Was für eine Ausgabe?!" möchte der Buchhändler wissen.
– „Da haben Sie eigentlich Recht!" antwortet der Kunde und geht.

(Wenn Sie die Pointe nicht verstehen, schauen Sie die Bedeutungen von *Ausgabe* im Wörterbuch nach.)

Assoziationen

Jeder schreibt ein Wort an die Tafel, das ihm spontan zu den Bereichen Buch, Presse, Rundfunk oder Fernsehen einfällt. Oder: Einer schreibt an, die anderen rufen ihm zu. Versuchen Sie anschließend, gemeinsam zu klären, was Sie mit diesen Wörtern verbinden.

Notieren Sie sich die Nomen, Verben und Adjektive, die Ihnen wichtig erscheinen und die Sie lernen wollen.

Lückentest

Setzen Sie passende Verben ein.

In der Bundesrepublik **existieren** über 2000 Verlage. Täglich werden über 100 neue Titel

_____ . Als Produzent von Büchern _____ die Bundesrepublik in der Welt

nach Russland und den USA auf dem dritten Platz. Eine Vielzahl von Büchern _____-

_____ in jedem Herbst zur Frankfurter Buchmesse. Dort wird auch der Friedenspreis des

Deutschen Buchhandels an eine Persönlichkeit oder Institution _____ , die „durch

Werk und menschliches Verhalten einen Beitrag zum Frieden _____ hat". Die zentrale Bibliothek ist die „Deutsche Bibliothek" in Frankfurt. Hier _____ man nicht nur alle in der Bundesrepublik erscheinenden Veröffentlichungen, sondern auch alle wichtigen deutschsprachigen Schriften des Auslands.

Fragen an Sie

1. Welche Bedeutung haben Bücher und Bibliotheken für Sie?
2. Bücher sind in vielen Buchhandlungen in Plastikfolie eingeschweißt. Finden Sie das gut?
3. Was sind Analphabeten?

4. Welche Probleme bringt der Analphabetismus weltweit mit sich?
5. Sie möchten vielleicht selbst ein Buch schreiben. Worüber würden Sie schreiben?

In den Industriestaaten werden immer mehr Piktogramme verwendet, um Ausländern das Verständnis zu erleichtern. Wie interpretieren Sie diese Piktogramme?

Synonyme

Finden Sie Wortpaare, die eine ähnliche Bedeutung haben:

die Anzeige – die Illustrierte – der Autor – der Verleger – der Buchladen – der Poet – der Verfasser – die Zeitschrift – der Verlagsleiter – die Überschrift – die Einleitung – der Abschnitt – der Dichter – der Titel – die Buchhandlung – die Einführung – das Kapitel – das Inserat

1. *die Anzeige* – *das Inserat*
2. _____ – _____
3. _____ – _____
4. _____ – _____
5. _____ – _____
6. _____ – _____

7. _____ _____ – _____ _____

8. _____ _____ · – _____ _____

9. _____ _____ – _____ _____

Denksportaufgaben

Welches Wort kann man mit all den folgenden verbinden?

Tage-, Lehr-, Märchen-, Koch-, Haushalts-, Spar-, Fahrten-, Wörter-, Lese-, Kinder-, Taschen-, Fach-, Hand-, Dreh-, Gäste-, Scheck-.

Kennen Sie die Bedeutungen?

Ein Buchhändler, ein Verleger und ein Bibliothekar verabreden sich gelegentlich, um über ihre Lieblingsbücher zu diskutieren. Sie treffen sich abends um zehn beim Wein und haben bis Mitternacht Zeit.

Die drei sind aber nicht nur „Leseratten", sondern auch richtige „Quatschtanten". Jeder von ihnen will möglichst lange und oft zu Wort kommen. Der Buchhändler macht einen Vorschlag: Jeder darf so oft sprechen, wie er möchte, aber immer nur halb so lang wie sein Vorredner.

Alle sind damit einverstanden. Der Buchhändler beginnt und redet eine halbe Stunde lang. Schon um elf verlassen der Verleger und der Bibliothekar ärgerlich das Lokal. Warum?

Bilden Sie kleine Arbeitsgruppen. Diskutieren Sie den Fall gemeinsam und schreiben Sie die Lösung auf ein Blatt Papier. Tragen Sie Ihre Lösung anschließend vor.

Vokabeltraining

Hören Sie die Nomen von der Kassette, ergänzen Sie den Artikel und sagen Sie ein zum Nomen passendes Verb.

Bertolt Brecht

Die Bücherverbrennung

Als das Regime befahl
Bücher mit schädlichem Wissen
Öffentlich zu verbrennen und allenthalben
Ochsen gezwungen wurden, Karren mit Büchern
zu den Scheiterhaufen zu ziehen, entdeckte
ein verjagter Dichter, einer der besten
die Liste der Verbrannten studierend, entsetzt,
daß seine Bücher vergessen waren.
Er eilte zum Schreibtisch, zornbeflügelt,
und schrieb einen Brief an die Machthaber.
Verbrennt mich! schrieb er mit fliegender Feder.
Verbrennt mich! Tut mir das nicht an!
Laßt mich nicht übrig! Habe ich nicht immer
die Wahrheit berichtet in meinen Büchern?
Und jetzt werd ich von Euch wie ein Lügner
behandelt! Ich befehle euch:
Verbrennt mich!

Interpretieren Sie die Zitate

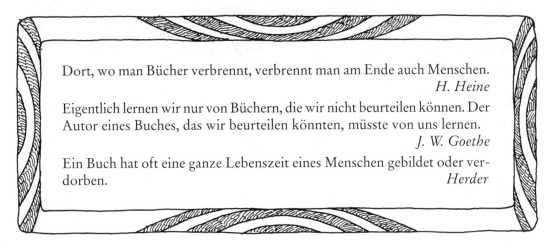

Dort, wo man Bücher verbrennt, verbrennt man am Ende auch Menschen.

H. Heine

Eigentlich lernen wir nur von Büchern, die wir nicht beurteilen können. Der Autor eines Buches, das wir beurteilen könnten, müsste von uns lernen.

J. W. Goethe

Ein Buch hat oft eine ganze Lebenszeit eines Menschen gebildet oder verdorben.

Herder

Gedicht

von P. W. Hensler

Bei mir kann gar kein Buch veralten.
Kaum hab' ich eins, so muß ich's schon verleihen.
Und so fällt's oft den Leuten ein,
daß es viel leichter sei, die Bücher zu behalten
als das, was sie enthalten.

Geben Sie den Inhalt des Gedichts mit Ihren eigenen Worten wieder.

Konjunktiv I

Merken Sie sich:

1. Der Konjunktiv I ist das Merkmal der indirekten Rede. Er steht in Berichten, in denen wiedergegeben wird, was jemand gelesen oder gehört hat.

Das sagt der Richter: „Der Angeklagte **hat**…"	Das schreibt der Journalist in der Zeitung: Der Richter sagte, der Angeklagte **habe**…

2. In der gesprochenen indirekten Rede wird der Konjunktiv I oft durch den Konjunktiv II
ersetzt:

Mein Freund erzählte mir, er **habe** jetzt eine Wohnung gefunden.	Mein Freund erzählte mir, er **hätte** jetzt eine Wohnung gefunden.

3. Das ist besonders dann der Fall, wenn Konjunktiv I und Indikativ Präsens dieselbe Form
haben:

Er fragte, ob ich mir das gut überlegt **habe**.	Er fragte, ob ich mir das gut überlegt **hätte**.

Bildung des Konjunktivs I:

Sie nehmen den Verbstamm und die Konjunktiv-Endung.

Die Konjunktiv-Endungen sind:

ich	-e	wir	-en
du	**-est**	ihr	**-et**
er	**-e**	sie	-en

Beispiel:		*Ausnahme:*	
ich müss**e**	wir müss**en**	ich **sei**	wir **seien**
du müss**est**	ihr müss**et**	du **seiest**	ihr **seiet**
er müss**e**	sie müss**en**	er **sei**	sie **seien**

Aufgaben

1. Entscheiden Sie: Steht das Verb im Konjunktiv I oder im Indikativ?

er möge, er spiele, sie dürfe, du willst, es bleibe, ihr seiet, du könnest, es soll, er kenne,
er könne, er wisse, er mag, Sie seien, er esse, du nimmst, er solle, es regne

2. Konjugieren Sie einige Verben im Konjunktiv I, wenn Sie sich noch nicht sicher genug
fühlen:

können, wissen, kennen, haben, sein, mögen, helfen

3. Alternativ hierzu: Ihr Nachbar sagt Ihnen irgendeine Verbform im Indikativ. Sie bilden den Konjunktiv I:

> *Beispiel:* es ist – es *sei*
> er darf – er *dürfe*
> usw.

4. Warum wird der Konjunktiv I oft in der Presse, im Rundfunk oder im Fernsehen benutzt?

Setzen Sie passende Verben im Konjunktiv I ein

Zeitungsumfrage

Eine Tageszeitung wollte wissen, welche Bücher für ihre Leser im täglichen Leben am nützlichsten *seien*. Eine Leserin antwortete, das eine _____ das Kochbuch ihrer Mutter, das andere _____ das Scheckbuch ihres Vaters.

Wahrheit

Ein Freund sagte mir neulich, er _____ (wollen) ein Buch über das Problem der Wahrheit schreiben. Er _____ (müssen) aber noch etwas darüber nachdenken. Am nächsten Tag fragte ich ihn, wie weit er denn gekommen _____ (sein). Das Buch _____ (sein) schon fertig, antwortete er, ich _____ (können) es schon lesen. Und dann erklärte er mir, sein Buch _____ (bestehen) nur aus einem Blatt Papier. Auf der ersten Seite stehe, der Satz auf der zweiten Seite _____ (sein) richtig. Auf der zweiten Seite _____ (stehen) nur, der Satz auf der ersten Seite sei falsch. Er _____ (haben) lange nachgedacht und _____ (wissen) nun nicht mehr, ob man in Büchern immer die Wahrheit _____ (lesen).

1. Kennen Sie die Namen dieser Tageszeitungen?

2. Schreiben Sie den Bericht für die Bild-Zeitung: „Münchner stürzte beim Küssen – Intensivstation."

Widerruf

Ein Journalist ärgerte sich wieder einmal über die Politiker und schrieb in einem Kommentar, die Hälfte aller Bundestags-abgeordneten _____ Idioten. Die Politiker waren empört und verlangten, ein Widerruf _____ schnellstens in der-selben Zeitung abgedruckt werden. Am nächsten Tag schrieb der Journalist, die Bemerkung _____ ihm Leid, denn die Hälfte aller Bundestagsabgeordneten _____ natürlich keine Idioten.

Alltägliche und nichtalltägliche Situationen

Übernehmen Sie eine Rolle.

1. Erinnern Sie einen Bekannten daran, Ihnen ein geliehenes Buch zurückzugeben.
2. Sie wollen in einer Buchhandlung ein bestimmtes Deutschbuch kaufen, es ist aber nicht vorrätig. Lassen Sie es bestellen!
3. Ein Vertreter klingelt an Ihrer Wohnungstür und versucht, Sie zu einem Abonnement einer Frauenzeitschrift zu überreden.
4. Sie lesen in Ihrer Tageszeitung eine Todesanzeige mit Ihrem Namen und Ihrer Adresse. Rufen Sie bei der Zeitung an!
5. Fast täglich wird die Morgenzeitung von jemandem geklaut, der früher aufsteht als Sie. Sie vermuten, dass es Ihr Nachbar ist. Reden Sie mit ihm.
6. Sie sitzen in der U-Bahn und lesen. Ihr Nachbar starrt auf Ihre Zeitung. Sie empfinden das als unangenehm. Was tun Sie?

Erklären Sie

Was liest man in diesen Zeitungsrubriken?

1. Außenpolitik

_____

_____

_____

2. Wirtschaft

_____

_____

_____

3. Feuilleton

_____

_____

_____

4. Kleinanzeigen

_____

_____

_____

5. Lokales

_____

_____

_____

6. Sport

_____

_____

_____

2

Wir machen eine Zeitung

Lesen Sie jeden Tag die ganze Zeitung? Nicht? Natürlich, das meiste ist uninteressant. Machen wir doch unsere eigene Zeitung!

Arbeitsschritte:

1. Wir überlegen uns, was für eine Zeitung das sein soll: Eine alternative Zeitung, eine Wandzeitung, eine Lokalzeitung, eine Kurszeitung oder vielleicht nur ein Flugblatt zu einem aktuellen Problem ...?

2. Denken Sie daran, welche Rubriken es in Zeitungen gibt. Wer interessiert sich für welche Themen? Wer kann welche Aufgaben übernehmen?

3. Wir schreiben kurze Artikel über ...

4. Welcher Artikel ist am interessantesten?

Begriffe erraten

Tragen Sie die fehlenden Begriffe ein. Ihre Anfangsbuchstaben ergeben – von oben nach unten gelesen – den Begriff für eine Spezialliteratur.

1. Zettel, auf dem politische Meinungsäußerungen stehen.
2. Sie ist aktueller als die Morgenausgabe.
3. Dazu zählt man Mickymaus, Asterix, Donald Duck usw.
4. Die Zeitung kaufe ich beim _____.
5. Der _____ bringt mir morgens die Zeitung.
6. Ganz wichtige Ereignisse erscheinen in einem _____.
7. Eine Zeitschrift, die bunt bebildert ist.
8. Wichtige bundesdeutsche Nachrichtensendung im Fernsehen.
9. Der fettgedruckte Titel auf der ersten Zeitungsseite.
10. Ein wichtiges Medium im Zeitalter moderner Kommunikation.
11. Zum Rundfunk zählt man _____ und Fernsehen.
12. Journalistischer Beruf.
13. Fragen und Antworten.
14. Wichtigstes Medium in deutschen Wohnzimmern.
15. Medium zur Tonaufzeichnung.

1. das __lug__l__tt
2. die __b_n_z_ __tu_g
3. das __omi__heft
4. der __ändl_r
5. der __ __itu__gsb__te
6. das __xtr_b__ __tt
7. die __ll_s_r__ __rt__
8. die __ __g__ss__hau
9. die __ch__ag__eile
10. der __omp_t__r
11. der __örfu__k
12. der __ed__kteur
13. das __ __terv__ew
14. der __ __rns__h__r
15. das __onb__ __d

Die Lösung

von Bertolt Brecht

Nach dem Aufstand des 17. Juni
Ließ der Sekretär des Schriftstellerverbands
In der Stalinallee Flugblätter verteilen
Auf denen zu lesen war, daß das Volk
Das Vertrauen der Regierung verscherzt habe
Und es nur durch verdoppelte Arbeit
Zurückerobern könne. Wäre es da
Nicht doch einfacher, die Regierung
Löste das Volk auf und
Wählte ein anderes?

**Fragen
zum Gedicht**

1. Was passierte am 17. Juni 1953?

2. Was will Brecht ausdrücken?

3. Unterstreichen Sie die Konjunktivformen.

2
Meinungsfreiheit

Jeder hat das Recht, seine Meinung in Wort, Schrift und Bild frei zu äußern und zu verbreiten und sich aus allgemein zugänglichen Quellen ungehindert zu unterrichten. Die Pressefreiheit und die Freiheit der Berichterstattung durch Rundfunk und Film werden gewährleistet. Eine Zensur findet nicht statt. (Aus dem Grundgesetz)

Fragen

1. Was ist das Grundgesetz?
2. Sehen Sie einen Widerspruch zwischen Pressekonzentration und Meinungsfreiheit?
3. Welche Bedeutung hat die Pressefreiheit in Ihrem Land?

Übertragen Sie die folgenden Verse in den Indikativ:

Deutsche Richtungen

Man sagt mir, im Norden sei's grün.
Da liege unsere Hauptstadt, die heiße Berlin.

Der Osten – früher rot – hat heute seine Not.
Und golden sei's im Westen.
Da lebe man am besten.

Der Süden sei schwarz.
Ach, da wiege der Himmel so schwer.
Für Grüne sei man da weniger.

Und hier und da ein brauner Fleck.
Na, das müsse weg!

Nur SCHWARZ und ROT und GOLD,
so hätten sie's gewollt!

J. Sch.

Aufgaben

I. Welche Bedeutungen können diese Farben im politischen Sprachgebrauch oder in der Umgangssprache haben?

schwarz   gold   braun

rot   grün   blau

II. Geben Sie den Inhalt der folgenden Sätze mit anderen Worten wieder:

1. Er kommt öfters blau nach Hause.
2. Der Junge ist noch grün hinter den Ohren.
3. Vielleicht haben wir bald eine rot-grüne Koalition.
4. Einige Bundesländer haben schwarze Regierungen.
5. Ich sehe in dieser Sache schwarz.
6. Uns geht's ja noch gold.
7. Die Kleine ist wirklich goldig.
8. Manche Politiker hatten eine braune Vergangenheit.
9. Heute machen wir in der Firma blau.
10. Man hat ihn grün und blau geschlagen.
11. Er hat sich über ihn schwarz geärgert.
12. Er ist zwar arbeitslos, aber ich weiß, dass er schwarz arbeitet.
13. Schwarzfahrer müssen 30,– Euro bezahlen.

Was halten diese Leute von Journalisten?

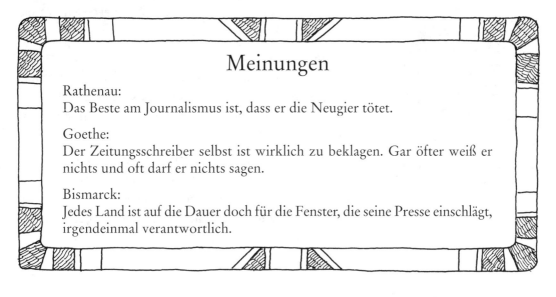

Meinungen

Rathenau:
Das Beste am Journalismus ist, dass er die Neugier tötet.

Goethe:
Der Zeitungsschreiber selbst ist wirklich zu beklagen. Gar öfter weiß er nichts und oft darf er nichts sagen.

Bismarck:
Jedes Land ist auf die Dauer doch für die Fenster, die seine Presse einschlägt, irgendeinmal verantwortlich.

Setzen Sie den Konjunktiv I ein

Rathenau war der Meinung, das Beste am Journalismus _sei_ , dass er die Neugier _____ .

Goethe schrieb, der Zeitungsschreiber _____ wirklich zu beklagen. Öfter _____ er nichts und oft _____ er nichts sagen.

Bismarck glaubte, dass jedes Land auf die Dauer doch für die Fenster, die seine Presse _____ , irgendeinmal verantwortlich _____ .

Denksportaufgabe

Setzen Sie den Konjunktiv I ein.
Einem Detektiv wird folgende Geschichte aus der Zeitung berichtet:

Herr A. _sei_ an den Folgen eines Kinobesuchs gestorben. Er _____ sich noch am Abend diesen schrecklich aufregenden Krimi angesehen und _____ danach ins Bett gegangen.

Er _____ davon geträumt, dass er einen Geldtransport *bewachen* _____ . Er _____ dann im Schlaf geschrien, als die Gangster auf ihn geschossen hätten.

Seine Frau _____ davon *aufgewacht* und _____ versucht, ihren Mann *aufzuwecken*. Kaum _____ der aber *wach geworden,* habe auch noch der *Wecker* geklingelt und Herr A. _____ im selben Moment vor Schreck einen Herzschlag bekommen.

Der Detektiv hört sich alles nachdenklich an und meint, man _____ bloß nicht alles glauben, was in der Zeitung _____ . Denn diese Geschichte stimme auf keinen Fall. Die Polizei _____ die Ehefrau lieber auf die *Wache* bringen und verhören. (Warum?)

Vokabeltraining

Kannten Sie diese Vokabeln? Bilden Sie Sätze.

aufwachen	_____	wach werden	_____
aufwecken	_____	die Wache	_____
bewachen	_____	der Wecker	_____

Die einsame Insel

Ein Fernsehmoderator wurde gefragt, welche drei Bücher er auf eine einsame Insel mitnehmen würde. Er antwortete, dass ihm diese drei Bücher wichtig seien:

1. Eine Sammlung deutscher Gedichte, damit er sie in Ruhe lesen, lernen und aufsagen könne.

2. Die Bibel. Er wolle endlich einmal Zeile für Zeile das „Buch der Bücher" selbst durchdenken, nachdem es 2000 Jahre lang von Zuständigen wie Unzuständigen durch Anpreisung und Auslegung zerpflückt worden sei.

3. Ein Tagebuch. Er müsse seine Beobachtungen und Empfindungen aufschreiben.

Welche drei Bücher würden Sie selbst auf eine einsame Insel mitnehmen, und warum?

Interviewen Sie Ihren Tischnachbarn. Schrei- *ben Sie dann einen kurzen Bericht im Konjunktiv I:*

Mein Tischnachbar sagte, er wolle folgende Bücher mitnehmen, _____

Das Genus

In Zeitungstexten findet sich häufig der „Nominalstil". (Was ist das?)
Das Genus vieler Nomen lässt sich oft bereits an der Endung erkennen.

> *Merken Sie sich diese Faustregeln:*
>
> maskulin sind: **-el, -er, -ich, -ig, -ismus, -ling**
>
> feminin sind: **-heit, -keit, -schaft, -ung, -enz, -ei, -ie, -ik, -ion, -tät, -e, -ur, -itis**
>
> neutrum sind: **-ium, -um, -ment, -chen, -lein**
>
> (Ausnahmen sind möglich)

Spiel

1. Es geht der Reihe nach. Einer sagt ein Wort mit einer bestimmten Endung, z. B. die Nationali**tät**. Der Nachbar sagt ein weiteres mit derselben Endung. Wer keins mehr weiß, muss ausscheiden. Vergessen Sie nicht den Artikel!

2. Alternativ hierzu kann man auch Folgendes spielen: Jemand sagt ein Nomen mit einer bestimmten Endung, z. B. der Kommun**ismus**. Jeder schreibt so viele Nomen mit derselben Endung auf ein Blatt Papier, wie ihm einfallen. Wer die meisten gefunden hat, hat gewonnen.

Vokabeltraining

Wie heißen hier die Artikel?

Aktion	Fräulein	Mannschaft	Schwierigkeit
Appartement	Garantie	Menschheit	Slowakei
Argument	Gerechtigkeit	Mongolei	Studium
Bundesrepublik	Gesellschaft	Museum	Temperament
Beschäftigung	Glasur	Musik	Temperatur
Bronchitis	Grafik	Naivität	Teppich
Datum	Gymnasium	Natrium	Tätigkeit
Deckel	Helium	Pfennig	Türkei
ehemalige DDR	Hoffnung	Position	Ukraine
Dummheit	Hypnose	Produktion	Wache
Einzelheit	Häschen	Qualität	Wagen
Empfehlung	Inflation	Realität	Wecker
Entschuldigung	Konstruktion	Russische Föderation	Wirkung
Experiment	Korrespondenz	Schaden	Zeitung
Fotografie	Kreativität	Schilling	Zentrum

2

Einige Ausnahmen

Kennen Sie die richtigen Artikel?

_____ Käse _____ Gedanke _____ Reichtum _____ Friede(n)

_____ Ende _____ Gebirge _____ Name _____ Irrtum

_____ Funke(n)

Tonbandübung: Wörter mit schwieriger Aussprache

Hören Sie die folgenden Wörter von der Kassette. Achten Sie auf die Aussprache. Lesen Sie anschließend die Wörter mit ihrem Artikel:

Abonnement	Curry	Grapefruit	Professor
Akademie	Copyright	Gymnasium	Regisseur
Allee	Diktator	Harmonie	Renaissance
Amateur	Drogerie	Journalist	Service (Tafelgeschirr)
Beton	Energie	Kakao	Service (Kundendienst)
Bronzemedaille	Etage	Mannequin	Taille
Bungalow	Fotografie	Museum	
Champignon	Friseur	Orange	
Couch	Garage	Pension	

Nomen mit verschiedenem Genus

Bei manchen Nomen kann man verschiedene Artikel benutzen. Wenn Sie einen Deutschen danach fragen, wird er vielleicht auch nicht so recht wissen, was richtig ist ...

der	die	das	
X		X	Bonbon
			Eidotter
			Filter
			Gulasch
			Gummi
			Joghurt
			Lasso

der	die	das	
X		X	Liter
			Meter
			Radar
			Sakko
			Teil
			Virus

Finden Sie das passende Nomen

Manche Nomen haben mit einem anderen Artikel auch eine andere Bedeutung, z. B.:

das Band (Beziehung, Fessel)   *der* Band (Buch)

Setzen Sie ein:

Bauer – Bund – Ekel – Erbe – Gehalt – Heide – Junge – Maß – Paternoster – See – Steuer – Stift – Verdienst – Weise

1. die   (bayerisch: 1 Liter Bier)
   das ___*Maß*___   (richtige Menge, Größe)

2. der   (Bündnis)
   das _____   (Bündel)

3. der   (jemand, der erbt)
   das _____   (das, was geerbt wird)

4. der   (Aufzug)
   das _____   (Vaterunser)

5. der   (Abscheu)
   das _____   (widerlicher Typ)

6. der   (Binnengewässer)
   die _____   (Meer)

7. die   (finanzielle Abgabe)
   das _____   (Lenkrad)

8. der   (Lehrling)
   das _____   (Kloster, Stiftung)

9. der   (Einkommen)
   das _____   (anerkennenswerte Leistung)

10. der   (Inhalt, Wert)
    das _____   (Arbeitsentgelt)

11. der   (Knabe)
    das _____   (junges Tier)

12. der   (Landwirt)
    das _____   (Vogelkäfig)

13. die   (Art, Melodie)
    der _____   (kluger alter Mann)

14. die   (Gras- und Buschlandschaft)
    der _____   (Nichtchrist)

2

Vokabeltraining

Kennen Sie zwei Artikel und die Bedeutungen von ...?

1. Harz   2. Kiefer   3. Laster   4. Leiter   5. Mangel   6. Mark   7. Mast   8. Tau   9. Taube
10. Tor

Ähnliche Wörter

Finden Sie den Artikel (mit Wörterbuch).

1. *der* Ritz – *die* Ritze
2. _____ Röhre – _____ Rohr
3. _____ Socke – _____ Socken
4. _____ Ecke – _____ Eck

5. _____ Karre – _____ Karren
6. _____ Spalt – _____ Spalte
7. _____ Typ – _____ Type
8. _____ Zeh – _____ Zehe

Kleinanzeigen

Formulieren Sie zu jedem Bild eine Anzeige.

Kleinanzeigen

Mitfahrer,

Kinderwagen,

Schwarze Kater,

Freizeitsportler,

Kleiderschränke,

Waschmaschinen,

Kegelbrüder

und so weiter und so weiter.

Aus der Zeitung

Lesen Sie laut!

Wer hat Lust, mit mir in meinem Segelboot eine Weltreise zu machen? Schreiben Sie an ZS...

Sofort Bargeld! Für Antiquit. aller Art, Gold, Silb., Gemälde, Münzen, alt. Schmuck, Tel. ....

Zauberkünstler verzaub. Ihre Gäste auf Partys und Kinderfest., Tel. ...

Ital.-Dtsch., Dtsch.-Ital. Übers., zuverl. und preisw., Tel. ...

Paar (Akad.) m. 11 Mon. Baby su. f. Skiurlaub Paar zum gegenseit. Babysitting (ca. Ende Feb.), Zuschr. u. ZS...

Hannover-Messe, 5 Zi. zu verm., Tel. ...

Yoga-Anfängerkurs, Beginn: Di, 1.2. 17.30 Uhr, Tel. ...

Au-pair-Mädchen f. meine 2 Kinder gesucht, leichte Hausarb. erforderlich, kl. Taschengeld mögl., eig. Zimmer vorh., Tel. ...

Grün. Wellensittich entflogen. Hört auf d. Namen „Putzi". Geg. hoh. Belohn. abzugeb. bei Tel. ...

Eva, 37, gesch., charm., sportl., unternehmungsl., häusl. möchte nicht mehr all. im eig. Haus leben, sond. m. einem verständnisvollen, lieben u. ehrl. Partner gemeins. in d. Zukunft gehen. Schreiben Sie an Fa. Happy End, Tel. ...

Fotokopierer, autom. Anrufbeantw., Fernschr. gebr. zu verk., Fa. Meyer & Co., Tel. ....

Zu verschenken ist mein neuw. Pelzmantel nicht, aber preisw. abzugeb., Tel. ...

Peter! Ich liebe Dich noch immer! Bitte melde Dich bei mir. Wir wollen alles vergessen. Dein Schatz.

Nachhilfeunterr. in Dtsch. f. Ausl. gibt German.-Stud., Tel. ...

Ein Mann f. alle Fälle übernimmt noch schwierige und diskrete Spezialaufträge. Eig. Flugzeug vorhanden. Zuschriften an Süddtsch. Zeit., ZS...

Vermiete 1-Zi-Aptm., Du., WC, kl. Kü., Nähe U-Bahn, auch an Ausl., geg. Hilfe im Gart. u. im Hs., Tel. ...

Engländer, 23 J., wü. während Semesterferien Unterkunft m. Familienanschl. in dt. Fam. Bin tier- und kinderlieb. Tel. ...

Hilfe bei seel. Problemen. Astro-psychologische Beratung von promov. Psychologen, Tel. ...

Can-Ti-Shan kocht f. Sie u. Ihre Gäste bei Ihnen asiat. Gerichte. Tel. ...

Studentin su. im Okt. Job, Sprachkenntn. Dtsch., Franz., Span., Engl. Zuschrift u. AS...

Thema Drogen: Wir suchen einen Jugendlichen, d. Erfahr. m. drogensüchtigen Freunden hat. Wir sind eine gr. Jugendzeitschr. u. sichern gut. Honorar zu. Zuschriften u. ZS...

Endlich die richtigen Socken! Beste Wollqual. Enorm haltb. und waschmaschinenfest. Riesenauswahl, Schuhgr. 35–53. Prospekt anford. bei ...

Priv. Automarkt, jeden Sonntag im Autokino von 9–17 U., Eintritt f. Käufer frei.

Mitfahrgelegenheit von Berl. nach Hamb. gesucht. Tel. ...

Kindertisch u. -stühle, alt. Schlafzi. preisw. abzugeb., Tel. ...

Aufgaben

1. Einige Anzeigen könnten Sie vielleicht interessieren. Rufen Sie doch mal an oder schreiben Sie kurze Briefantworten.

2. Nennen Sie Rubriken, in die einige der Anzeigen gehören: (z.B. Automarkt, Bekanntschaften, Bekleidung, Büro, Heirat, Kunsthandel, Mietgesuch, Möbel, Wohnungsangebot, Reise, Stellengesuche, Stellenangebote, Tiermarkt, Unterhaltung, Verkäufe, Verschiedenes).

Situationen

Übernehmen Sie und ein Partner eine Rolle.

1. Sie wollen gern den Western im Fernsehen sehen, aber Ihre Frau lieber die Sportschau. Wer setzt sich durch?

2. Das Fernsehprogramm ist einfach nicht zu finden. Wer hat es bloß?

3. In der Woche der Fußball-Weltmeisterschaft geht Ihnen der Fernseher zum dritten Mal kaputt. Reklamieren Sie bei der Reparaturfirma!

4. Diskutieren Sie, was Sie an einem fernsehfreien Abend in der Familie machen wollen!

5. Opa ist wieder bei der Tagesschau eingeschlafen. Er schnarcht so laut, dass man den Nachrichtensprecher nicht versteht.

6. Aus dem Fernseher kommt plötzlich Rauch.

7. Ihre kleine Tochter verbringt ihre Freizeit immer vor dem Fernseher, während die anderen Kinder draußen spielen.

E. Hürlimann

Tagesschau

Eine ausgewogene Berichterstattung…

(Nicht ganz ernst zu nehmen.)

In der Diskussion meinte der Wortführer der Opposition, in dieser Frage gebe es keine Kompromisse, denn wer wolle bestreiten – das sei klar – wenn es dazu komme, und das könne doch niemand behaupten. Dies müsse nun einmal in aller Deutlichkeit gesagt werden, denn wer habe denn in den letzten Jahren, und das stehe auch nicht im Widerspruch dazu, wie jedermann wisse. Außerdem solle man bedenken, wer denn hier die Unwahrheit sage, man werde ja sehen, wohin man mit diesen Methoden komme, die ja hinreichend bekannt seien. Hier liege doch das Hauptproblem, da gebe es keinen Zweifel. Trotz alledem, er bleibe dabei, wenn überhaupt, so doch hier und heute, er wolle dies noch einmal unterstreichen.

Darauf entgegnete der Regierungssprecher, man solle doch vor der eigenen Türe kehren, schließlich und endlich sei das eine böswillige Unterstellung. Er räumte ein, es gehe nicht an, was auch immer geschehen sei – aber niemand wolle ernsthaft behaupten, was außer Frage stehe. Man solle vielmehr bedenken, hier seien alle aufgerufen, draußen im Lande, man denke auch an die Brüder und Schwestern in den neuen Bundesländern. Er bekräftigte, seine Partei setze sich dafür ein, dementsprechende Maßnahmen, und zwar sofort an Ort und Stelle gemäß den politischen Erfordernissen, und das habe man ja schon immer gesagt.

Aufgaben

1. Wie sollten Ihrer Meinung nach Nachrichten im Fernsehen gestaltet werden?
2. Welche Rolle spielen die Massenmedien in einer Demokratie und in einer Diktatur?
3. Unterstreichen Sie alle Verbformen im Konjunktiv I.

Redemittel

Spielen Sie Politiker und beenden Sie die Sätze.

1. Wer will bestreiten, dass …
2. Es ist klar, dass …
3. Niemand kann ernsthaft behaupten, dass …
4. Es muss in aller Deutlichkeit gesagt werden, dass …
5. Es steht nicht in Widerspruch zu …, dass …
6. Jedermann weiß, dass …
7. Man soll bedenken, dass …
8. Man wird ja sehen, dass …
9. Es ist hinreichend bekannt, dass …
10. Das Hauptproblem liegt darin, dass …
11. Es gibt keinen Zweifel, dass …
12. Ich bleibe dabei, dass …
13. Ich möchte unterstreichen, dass …
14. Es ist eine Unterstellung, dass …
15. Wir räumen ein, dass …
16. Es steht außer Frage, dass …
17. Ich möchte bekräftigen, dass …
18. Ich setze mich dafür ein, dass …
19. Wir haben ja schon immer gesagt, dass …

Vokabeltraining

Welche der Folgesätze sind logisch?

1. Das Fernsehprogramm ist heute mal wieder stinklangweilig; …

a) mach den Kasten endlich aus!
b) stell den Fernseher an!
c) schalt doch bitte den Apparat ein!
d) mach mal das Fernsehgerät an!
e) stell die Kiste ab!
f) schalt die Glotze doch einfach aus!

2

2. Unser Nachbar hat sich schon beschwert; ...

a) du möchtest das Radio leiser drehen.
b) mach doch die Stereoanlage etwas lauter!
c) deine Musik sei ganz schön laut.

d) kannst du den Apparat etwas lauter stellen?
e) dreh mal voll auf!
f) ob es nicht ein bisschen leiser gehe.

Finden Sie Synonyme

1. der Fernseher

_____
_____
_____

2. aus/schalten

_____
_____
_____

3. ein/schalten

_____
_____
_____

Hören und verstehen

Das Telefon ist zu einem wichtigen Kommunikationsmittel geworden. Hören Sie zweimal einige Telefonansagen der Deutschen Telekom. Notieren Sie sich einige Stichpunkte. Geben Sie mündlich oder schriftlich den Inhalt wieder.

	Klassenlotterien	01 16 07		Verkehrsservice	01 16 9
	Küchenrezepte	01 16 7		Theater- und Konzertveranstaltungen	01 15 17
	Pferdetoto und Rennsportergebnisse	01 15 2		Verbraucher- und Einkauftips	01 16 06
	Reisevorschläge	01 15 39		Wettervorhersage	01 16 4
	Sportnachrichten	01 16 3		Wohin heute? Kabarett, Varieté und sonstige Veranstaltungen	01 15 18
	Stellenangebote des Arbeitsamtes	01 15 01		Zeitansage	01 11 9

Vokabeltraining

Der offizielle Sprachgebrauch und das Umgangsdeutsch unterscheiden sich oft voneinander. So heißt es im Amtsdeutsch der Deutschen Post „Briefzusteller", während man gewöhnlich „Briefträger" oder „Postbote" sagt. Übersetzen Sie ins Umgangsdeutsch.

Wertzeichen   – _ _ie_ma_ke

fernmündlich   – _el_f_n_ _ch

öffentlicher

Fernsprecher   – _ _le_o_z_l_e

Branchen-

Fernsprechbuch – ge_ _e S_ _te_

freimachen   – f_an_ie_en

gebührenfrei   – kos_ _n_os

Kurzes Diktat

Die Deutsche Welle

Im Ausland ist die Deutsche Welle der bekannteste deutsche Sender. Er strahlt nämlich seine Programme für Hörer auf allen fünf Kontinenten aus und dies in über 30 Fremdsprachen und natürlich auch in Deutsch. Der Sender ist eine Stimme Deutschlands, aber kein Regierungssender. Die Kurzwelle ist das Medium, das den Empfang in den entferntesten Gegenden unseres Globus möglich macht; in zunehmendem Maße wird auch die Satellitentechnik eingesetzt.

Information steht an erster Stelle. Zu jeder vollen Stunde werden Nachrichten gesendet. Dazu kommen Wirtschaftsinformationen, Börsenkurse. Aber natürlich auch Aktuelles aus Kultur und Gesellschaft. Und nicht zuletzt der Sport, besonders samstags, z. B. mit Berichten von der Bundesliga.

Für den Empfang in Übersee stehen zahlreiche Frequenzen zur Verfügung. Ein kleines Programmheft, das den Namen „Ihre Welle" trägt, wird auf Anfrage gern kostenlos verschickt.

Brief schreiben

Fordern Sie das Programmheft „Ihre Welle" unter folgender Adresse an:

Deutsche Welle
Hörerpost
D-50588 Köln
E-Mail: online@dwelle.de

Deutsche Welle

Rundfunk für 5 Kontinente

2

Hören und verstehen

Hören Sie den Text zum Thema „Medien" zweimal von der Kassette. Markieren Sie dabei durch Pfeile die Zusammenhänge, die Sie verstehen. Formulieren Sie anschließend alles selbst noch einmal frei.

verschlingen, zurück/bringen   weg/werfen, weg/legen

spannend   langweilig

Leihgebühr, Frist   Preis

(aus)leihen   kaufen   abonnieren

Bibliothek   Buchhandlung   Kiosk   Zeitungsbote

Literatur, Lektüre

Roman, Kurzgeschichte, Krimi   Anzeige, Kommentar, Bericht

Autor, Verfasser   lesen   Journalist

verfassen   auf/schlagen   schreiben

BUCH   ZEITUNG

MASSENMEDIEN

RADIO   FERNSEHEN

ein/schalten

hören   fern/sehen

Sendung   Sender

Rundfunkgebühr zahlen   schwarz/sehen / schwarz/hören

Unterhaltung, Information   ARD, ZDF, Regionalprogramm

Piratensender   Privatsender, Video

Propaganda, Berieselung, Diskussion, Nachrichten, Schulsendung

Familienleben

Sex, Gewalt   Langeweile   Werbespots

Kinder   Augen, Sessel, Kalorien   Geld aus/geben

ab/schalten, aus/machen, ab/stellen

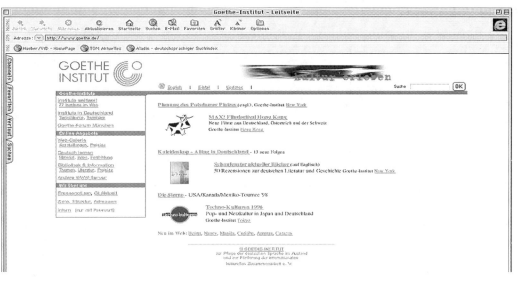

Spiel

Vorwärts – Rückwärts

Schreiben Sie ein Wort einmal vor-
wärts und einmal rückwärts unter-
einander, z. B. den FERNSEHER in
dieser Form:

```
F _E_R_N_R_O_H_ R
E __N__D__ E
R __E__I__C_ H
N __A__S__ E
S ONNENFINSTERNI S
E _L_T_E_R_ N
H Ä_N_D_L_E_ R
E __H__ E
R _O_H_S_T_O_F_ F
```

Füllen Sie dann die Lücken zwischen
den Anfangs- und Endbuchstaben
mit Wörtern aus. Wer zuerst fertig
wird, hat gewonnen und denkt sich
einen neuen Begriff aus.

Adressen

Bücher:

Verband Deutscher
Schriftsteller in der
IG Medien
Schwanthaler Str. 64
80336 München

Deutsches PEN-Zentrum
Sandstr. 10
63283 Darmstadt

Deutsche Bibliothek
Adickesallee 1
60322 Frankfurt

Rundfunk und Fernsehen:

ARD
Kantstr. 71–73
04275 Leipzig

ZDF
ZDF-Str. 1
55127 Mainz

Deutsche Welle
Raderberggürtel 50
50968 Köln

Deutschlandfunk
Raderberggürtel 40
50968 Köln

Zeitungen und
Zeitschriften:

Presse- und
Informationsamt der
Bundesregierung
Welckerstr. 11
53113 Bonn

Süddeutsche Zeitung
Sendlinger Str. 8
80331 München

Frankfurter Allgemeine
Zeitung
Hellerhofstr. 2
60327 Frankfurt

Der Spiegel
Brandstwiete 19
20457 Hamburg

Die Zeit
Speersort 1
20095 Hamburg

2

Neue Vokabeln

Nomen	Plural	Verben	Adjektive

Nomen   Plural   *Verben*   *Adjektive*

der _____ – ____
der _____ – ____
der _____ – ____
der _____ – ____
der _____ – ____
der _____ – ____
der _____ – ____
der _____ – ____
der _____ – ____
der _____ – ____

Sonstiges

die _____ – ____
die _____ – ____
die _____ – ____
die _____ – ____
die _____ – ____
die _____ – ____
die _____ – ____
die _____ – ____
die _____ – ____
die _____ – ____
die _____ – ____

Redewendungen

das _____ – ____
das _____ – ____
das _____ – ____
das _____ – ____
das _____ – ____
das _____ – ____
das _____ – ____
das _____ – ____
das _____ – ____
das _____ – ____
das _____ – ____

I. ÜBUNGEN ZUM GESPROCHENEN DEUTSCH

1 Am Telefon

Was antworten Sie?

1. Grüß Gott, mein Name ist Hutmacher. Ich rufe an wegen Ihrer Stellenanzeige in der Süddeutschen.
2. Hallo, Schatz, ich bin's. Wollt' mal hören, wie's heut' Abend mit uns ausschaut.
3. Bertrams, guten Tag! Könnten Sie mich mit Frau Obermeier verbinden?
4. Oh, tut mir leid, da hab' ich mich verwählt.
5. Professor Krause am Apparat. Ich hätte gern den Herrn Generalsekretär.
6. Schuster. Guten Tag, Frau Heilmann! Ich wollte Sie einmal ganz unverbindlich über Steuereinsparungen durch unsere Bausparmöglichkeiten und Lebensversicherungen informieren. Hätten Sie vielleicht einen Moment Zeit?
7. Hier ist der automatische Anrufbeantworter Rechtsanwaltskanzlei Dr. Schneider und Partner. Unsere Kanzlei ist zur Zeit nicht besetzt. Bitte hinterlassen Sie eine Nachricht nach dem Signalton.
8. Ja, Peter hier. Sag mal, bei dir ist ja ewig besetzt!
9. Frau Geiger? Die ist krank. Kann ich ihr etwas ausrichten?

2 Übernehmen Sie eine Rolle

a) Erkundigen Sie sich telefonisch beim Verkehrsamt in Garmisch nach den Wintersportmöglichkeiten und nach Unterkünften.
b) Erzählen Sie Ihrem Bekannten, wie der Autounfall, den Sie nicht verschuldet haben, passiert ist und was die Folgen waren.
c) Ihr Auto steht nicht mehr an der Stelle, wo Sie meinen, es abgestellt zu haben. Eine Dame mit einem dicken Hund beobachtet Sie schadenfroh aus einem geöffneten Fenster.
d) Sie haben vor einer Stunde jemand zum Flughafen gebracht und hören im Radio, dass es dort ein Attentat gegeben haben soll. Rufen Sie bei der Lufthansa an.

3 Wie sagt man das kürzer?

Beispiel: Er will über die Grenze. Er will nach *drüben*. Er will *rüber*.

1. Die Katze will auf den Baum. Sie will nach _____ . Sie will _____ .
2. Sie will zurück auf den Boden. Sie will nach _____ . Sie will _____ .
3. Er will über den Fluss. Er will nach _____ . Er will _____ .
4. Den Kindern wird es drinnen im Haus zu langweilig. Sie wollen nach _____ . Sie wollen _____ .
5. Ihr wird es draußen zu kühl. Sie will hin _____ . Sie will _____ .

4 Umgangssprache

Die Schriftsprache unterscheidet sich vom gesprochenen Deutsch. Wie würden Sie sagen? Benutzen Sie „rein", „raus", „rauf", „runter", „rüber".

1. Er sieht zum Fenster hinaus. 2. Komm herein! Schön, dass du da bist! 3. Ich bringe eben die Kiste in den Keller hinunter. 4. Er lässt mich nicht zur Türe hinein. 5. Klettere mal zu mir herauf! 6. Wollen wir da hinüber schwimmen? 7. Traust du dich, da hinunter zu springen? 8. Er geht ins Tal hinunter. 9. Geh mal zu ihm hinein und rede mit ihm.

5 Dialog spielen

Denken Sie sich ein Gespräch zwischen einem Kellner und Ihnen aus. Andere spielen Ihre Familienangehörigen.

Tischreservierung hat nicht geklappt – Speisekarte – besondere Empfehlung – Kellner vergisst Bestellung – Lippenstift auf Weinglas – Wein zu süß – Essen verwechselt – Fliege in der Suppe – Bierglas umgestoßen, Hose nass – Kinderteller – Maßkrug schlecht eingeschenkt – Essen fade – Hund muss raus – Auto wird abgeschleppt – unfreundlicher Kellner – Kind schreit – Tischnachbar beschwert sich – Hände fettig – zähes Fleisch – kalter Kaffee – Cognac – Rechnung stimmt nicht – Trinkgeld – Führerschein

6 Gesprächsanlässe

Versuchen Sie, Ihre Ansicht gegenüber der Gesprächspartnerin/dem Gesprächspartner durchzusetzen.

Ihr Partner findet, dass Kinder heute nicht streng genug erzogen werden. Überzeugen Sie ihn davon, dass eine strenge Erziehung schädlich ist.

Ihr Partner glaubt, dass er zu viel Geld ausgibt. Er möchte anfangen, regelmäßig Geld zu sparen, weiß aber nicht genau, wie er das am besten tun soll. Machen Sie ihm Vorschläge.

Ihr Partner spricht Ihre Sprache nicht, möchte aber demnächst in Ihr Land reisen. Überreden Sie ihn, Ihre Muttersprache zu lernen.

(Aus: *Zentrale Mittelstufenprüfung.* Prüfungsbeispiele zum mündlichen Ausdruck)

7 Umgangssprache

Vermeiden Sie in der Umgangssprache den Genitiv! Benutzen Sie ruhig häufiger in der gesprochenen Sprache den Dativ. Die Deutschen tun's ja auch.

> *Beispiel:* das Dach des Hauses → das Dach *von dem Haus*

1. die Hochzeit meiner Schwester 2. die Antenne des Empfängers 3. das Schloss des Königs Ludwig 4. das Grundstück meiner Eltern 5. die Windeln des Kindes 6. die Computertastatur 7. die Mitte des Kulis 8. die Bibliothek des Klosters 9. das Haar des Mädchens

8 Umgangssprache

Beispiel: Das ist Manfreds Buch. → Das ist *dem Manfred sein Buch* (umgangssprachlich).
– Das ist *das Buch von Manfred.*

1. Das sind Inges Kinder. 2. Das ist Peters Hobby. 3. Das ist Michaels Schokolade. 4. Das sind Tanjas Freundinnen. 5. Gibst du mir mal Helgas Autoschlüssel? 6. Leihst du mir mal Jans Bademütze?

9 Partikel

Benutzen Sie „wohl" (Vermutung) oder „ja wohl" / „doch wohl" (Selbstverständlichkeit) oder „schon" (Zuversicht).

1. Lass ihn ruhig allein; es wird ihm nichts passieren!
2. Er wird sich nicht betrunken ans Steuer setzen!
3. Der Computer ist gestohlen, aber Sie haben die Daten gesichert!
4. Er wird den Unfall überleben!
5. Sie wird gegen neun hier eintreffen.
6. Es wird heute Abend etwas später werden.
7. Es ist dir klar, dass du einen Fehler gemacht hast!
8. Sie wird wieder ihre Migräne haben.
9. Es wird wieder alles besser werden.
10. Sein Benehmen ist unmöglich!
11. Sie wird den letzten Zug verpasst haben.

10 Partikel

Wenn Sie Einwände haben, benutzen Sie in der Umgangssprache „doch". Widersprechen Sie den folgenden Behauptungen:

1. Frauen fahren nicht besser als Männer.
2. Die Donau ist nicht der längste Fluss Europas.
3. Schweinefleisch ist nicht schädlich.
4. Er hatte keine Schuld an dem Unfall.
5. Das Weltall ist nicht unendlich groß.
6. Die Streiks haben nichts bewirkt.
7. Er war noch nie in Südamerika.
8. Wir haben kein Mineralwasser mehr.
9. Auf sein Versprechen können wir uns nicht verlassen.

11 Partikel

Warnen Sie jemand. Benutzen Sie „bloß" oder „ja" oder „nur".

> *Beispiel:* Er spielt mit einem Messer. → Schneide dich ja / bloß / nur nicht damit!

1. Er ist meistens unpünktlich.
2. Er schließt oft die Haustür nicht ab.
3. Er denkt, er könnte die Prüfung mit links schaffen.
4. Er bildet sich ein, dass ich ihn liebe.
5. Er glaubt, man erwischt ihn nie beim Schwarzfahren.
6. Er kauft an der Haustüre Teppiche.
7. Er kann seinen Mund nicht halten.
8. Er will einen Kredit aufnehmen.
9. Er spielt mit Streichhölzern.

12 Partikel

Sie wollen ausdrücken, dass Sie etwas nicht ändern können. Benutzen Sie „eben" (norddeutsch) oder „halt" (süddeutsch) oder „nun mal" oder „einfach".

1. Mathematik werde ich nie begreifen.
2. Bei einer richtigen Grippe muss man im Bett bleiben.
3. Den Wahlversprechen der Politiker darf man nie glauben.
4. Er ist ein richtiger Pechvogel.
5. Das Rad der Geschichte lässt sich nicht zurückdrehen.
6. Ein Medizinstudium ist anstrengend.
7. Man glaubte, der Mensch sei kein Vogel und könne deshalb nicht fliegen.
8. Das Beste ist, wenn du schweigst.
9. Das Fleisch ist verbrannt, da gibt es heute keins.
10. Er ist nicht mehr der Jüngste.
11. Ich bin ein Morgenmuffel, da kann man nichts machen.

II. ÜBUNGEN ZUM GESCHRIEBENEN DEUTSCH

13 Brief schreiben

Haben Sie Phantasie?

Sie haben ein Studium in einer deutschen Universitätsstadt aufgenommen. Schildern Sie einem Freund/einer Freundin Ihre anfänglichen Probleme und wie Sie sie gelöst haben. Welche positiven und negativen Erfahrungen haben Sie gemacht?
(Zimmersuche, Wohnungseinrichtung, Stipendium, Job, Studienfach, Immatrikulation, Bibliothek, Deutschkurse, Mensa, Kontakte und Beziehungen, erste Eindrücke, Prüfungen, Freizeit)

14 Wohnungssuche

Sie haben in der Zeitung unter Chiffre ein interessantes Wohnungsangebot gelesen. Rufen Sie Ihren Freund an und erzählen Sie ihm, was in der Annonce steht. Bewerben Sie sich dann schriftlich um die Wohnung. Sie dürfen sich dabei ruhig ein bisschen loben.

15 Schadensmeldung

Berichten Sie dem Versicherungsagenten, wie der Brandschaden in Ihrer Wohnung entstanden ist.

16 Erinnerungen

Notieren Sie zehn politische oder persönliche Ereignisse aus dem letzten Jahrzehnt.

17 Kurzreferat

Berichten Sie über die Medienlandschaft (Presse, Funk und Fernsehen) in Ihrem Land.

III. ÜBUNGEN ZUM WORTSCHATZ

18 Schriftliche Übung

Finden Sie zu den Wörtern

bequem
dick
dumm
fest
frei
ganz
gerade
giftig
klar
klug
laut
privat
süß
teuer
traurig

dreimal ein Gegenteil unter den folgenden Wörtern:

Beispiel: gut ↔ schlecht, böse, schlimm

abhängig, besetzt, billig, bitter, blöde, doof, dumm, dunstig, dünn, dürr, essbar, fröhlich, gebogen, gefangen, gekrümmt, genießbar, gescheit, geschäftlich, glücklich, halb, heiter, intelligent, kaputt, klug, leise, locker, lose, lästig, mager, mühsam, öffentlich, preisgünstig, preiswert, ruhig, salzig, sauer, schief, staatlich, still, teilweise, trübe, unbequem, undeutlich, ungiftig, weich

19 „-heit" oder „-keit"?

Wie endet das Nomen?

Beispiel: bequem – Bequemlichkeit

dumm, fest, frei, klar, klug, neu, süß, traurig, böse, fröhlich, öffentlich, undeutlich, abhängig, gewohnt, bitter, heiter, genießbar

20 Nennen Sie vier davon

Himmelsrichtungen, Teile eines Autos, Teile eines Baums, Behörden, akademische Berufe, handwerkliche Berufe, Blumen, grammatische Fälle, Schreibgeräte, Fische, Besteckteile, Sportarten, Hobbys, Gefühle, Währungen, Gemüsesorten, osteuropäische Sprachen, nordeuropäische Länder, südeuropäische Frauen, westeuropäische Männer, Personen beim Gericht, alkoholische Getränke, Fruchtsäfte, Beeren

21 Drücken Sie die Verben durch Nomen aus

Beispiel: Die Frist lief ab. → der Ablauf der Frist
Die Arbeit lohnte sich. → der Lohn für die Arbeit

1. Das Visum galt für einen Monat. 2. Die Opfer wurden begraben. 3. Das Hotel lag günstig. 4. Der Vesuv brach aus. 5. Man führte Getreide ein. 6. Ein Sohn wurde geboren. 7. Die Hälfte der Belegschaft wurde entlassen. 8. Der Fahrschüler verhielt sich falsch. 9. Die Elektrizität fiel aus. 10. Der Taucher fand ein Wrack. 11. Die Gefängnisinsassen flohen. 12. Der Arzt empfahl salzarme Kost. 13. Das Ultimatum lief ab. 14. Er handelte mit Drogen. 15. Die Biene stach ihn. 16. Der Erpresser gestand. 17. Das Passagierflugzeug wurde abgeschossen. 18. Das Brot roch frisch. 19. Die Lage wurde besprochen. 20. Die Autobahn wurde gesperrt.

Formen Sie die Sätze ins Perfekt um.

22 Umformung Nomen → Verb

Wissen Sie sich zu helfen? Was tun Sie ...?
Beginnen Sie Ihre Antwort mit „Wenn ..., dann ..."

1. bei einem Hotelbrand 2. bei einem plötzlichen Besuch der Schwiegermutter 3. bei Haarausfall 4. bei einem Streit mit dem Chef 5. bei einem Schnitt in den Finger 6. bei Ausfall des Computers 7. bei einem Einbruch in Ihre Wohnung 8. beim Läuten der Alarmglocke 9. bei Verspätung des Zuges 10. bei einer Störung Ihrer Nachtruhe 11. bei einem Diebstahl Ihres Wagens 12. beim Versagen der Bremse 13. beim Start oder bei der Landung des Flugzeugs 14. bei Verlust Ihres Reisepasses 15. bei Sturm und Hagel 16. bei einem unerwarteten Kuss

IV. VERMISCHTE ÜBUNGEN ZUR GRAMMATIK

23 Präpositionen

Wann kommst du endlich? – Ich komme _____ Ostern, nächst _____ Jahr, _____ einem Jahr, _____ ein _____ knapp _____ Stunde, übernächst _____ Wochenende, _____ Donnerstagabend, _____ kommend _____ Mittwoch, _____ der Nacht, _____ Mitternacht, _____ dein_____ Geburtstag, _____ Pfingsten, _____ erst_____ Mai, _____ ein_____ paar Sekunde_____, _____ Ende _____ Woche, _____ 7.30 Uhr, _____ Ablauf _____ Frist, _____ mein_____ Urlaub, _____ Wochenbeginn, _____ ein paar Stunden, _____ der nächst_____ Stunde, _____ Karneval, _____ Spätsommer, dies _____ Wochenende, _____ vier Tagen, _____ Mai, _____ Mitte Juli, _____ Silvester, _____ Heilig_____ Abend, _____ Frühe, innerhalb _____ nächst_____ Woche, wenig_____ Stunde_____, _____ zwei Jahr_____, _____ Jahr 1999, _____ dritte_____ Aprilwoche, _____ Tagesanbruch, _____ Einbruch der Nacht, _____ Sonnenuntergang

Manchmal kann man die Präposition auch weglassen. Stellen Sie fest, wo.

24 Stellen Sie eine Rückfrage mit „Welch-?" oder „Was für ...?"

1. Ich hätte am liebsten Möbel aus der Renaissance. 2. Geben Sie mir die Grapefruit da! 3. Mein Sohn geht auf ein altsprachliches Gymnasium. 4. Dieses Mannequin da drüben sieht hinreißend aus! 5. Ich mag Schäferhunde. 6. Die Pension in der Maistraße hat Betriebsferien. 7. Er holte sich die Bronzemedaille. 8. Die obere Etage ist vermietet. 9. Er besitzt einen modernen Bungalow mit Swimmingpool. 10. Das rechte Garagentor klemmt. 11. Als Gewürze nehme ich Curry, Salz und Pfeffer. 12. Manchmal nehme ich auch besonders starken Senf.

25 Bilden Sie Sätze

Beispiel: Schau dir den Film an!
Du *solltest* dir den Film *anschauen.*
Du *brauchst* dir den Film *nicht anzuschauen.*

2

1. Trockne das Geschirr ab!
2. Bind dir eine Krawatte um, wenn wir ausgehen!
3. Iß deinen Teller leer!
4. Entschuldige dich bei ihr!
5. Kauf nur biologische Lebensmittel!
6. Merk dir die Telefonnummer!
7. Ruf die Auskunft an!
8. Wirf eine Münze in die Parkuhr ein!
9. Bieg nach links ab!
10. Bestell die Zeitung ab!

26 Nebensätze

Bilden Sie Temporalsätze mit „bevor", „während" oder „nachdem". Benutzen Sie nach „nachdem" das Plusquamperfekt.

1. Beim Flugzeugstart platzte ein Reifen. 2. Vor der Veröffentlichung hatte ich das Manuskript gelesen. 3. Nach dem Ende des Streiks kam es zu neuen Unruhen. 4. Vor seiner Abreise ins Krisengebiet hatte ich ihn noch gewarnt. 5. Beim Fernsehen ist sie eingenickt. 6. Nach dem Besuch bei meinem kranken Schwiegervater war ich erleichtert. 7. Mitten in seiner Rede fing es furchtbar zu regnen an. 8. Vor der Bezahlung sollten Sie die Rechnung überprüfen. 9. Nach der Befreiung der Geiseln waren alle erleichtert. 10. Nach der Ankunft am Flughafen stellten wir fest, dass die Maschine überbucht war. 11. Vor dem Überfall auf die Bank habe ich eine verdächtige Frau bemerkt. 12. Vor der Unterzeichnung des Vertrags solltest du das Kleingedruckte lesen. 13. Bei der Ausweiskontrolle versuchte der Terrorist zu entkommen.

27 Temporalsätze

Formen Sie die Nebensätze um. Beginnen Sie mit „Vor", „Bei" oder „Nach".

1. Wenn die Sonne aufgeht 2. Solange es regnet 3. Nachdem er pensioniert wurde 4. Als wir gegessen hatten 5. Nachdem der Präsident geredet hatte 6. Bevor er operiert wurde 7. Bevor sie nach Berlin fuhr 8. Nachdem sich die politischen Verhältnisse gewendet hatten 9. Ehe das Taxi eintraf 10. Bevor er zusammenbrach 11. Nachdem man Erfahrungen ausgetauscht hatte 12. Während die Messe eröffnet wurde 13. Als das Flugzeug gelandet war

28 Bilden Sie Nebensätze

1. (Seitdem) Seit seiner Scheidung muss er Unterhalt zahlen. 2. (Als) Beim Staubsaugen fand sie den Ring. 3. (Wenn) Bei klarer Sicht sieht man die Zugspitze. 4. (Falls) Bei einem Streik im öffentlichen Dienst fahren die Busse nicht. 5. (Weil) Aufgrund der Steuererhöhungen verlor die Regierung die Wahlen 6. (Zumal) Er mietete das Appartement vor allem wegen der verkehrsgünstigen Lage. 7. (Wenn) Ohne Antibiotika würden mehr Menschen sterben. 8. (Obwohl) Ungeachtet der Zeugenaussagen gegen ihn wurde er freigesprochen. 9. (Solange) Während des Studiums erhielt er ein Stipendium. 10. (Sooft) Bei jedem Streit versuchte sie, Recht zu behalten. 11. (Um … zu) Zur Kontrolle der Arbeitszeiten benutzen wir eine Stechuhr. 12. (Als ob) Er rast durch die Stadt wie ein Verrückter. 13. (Soweit) Nach meiner Information hat er ein Bankkonto in der Schweiz. 14. (Indem) Durch den Einsatz von Solartechnik sparen wir Energie. 15. (Soviel) Meines Wissens ist Berlin der neue Regierungssitz. 16. (Statt dass) Anstelle einer Kündigung erhielt er eine Abmahnung.

29 Bilden Sie das Partizip Präsens

> *Beispiel:* Ein Betrag, der fehlt. → Ein *fehlender* Betrag.

1. Ein Papagei, der spricht. 2. Ein Schiff, das sinkt. 3. Milch, die kocht. 4. Kerzen, die brennen. 5. Worte, die verletzen. 6. Ausmaße, die erschrecken. 7. Eine Rede, die nicht enden will. 8. Eine Erfahrung, die enttäuscht. 9. Ein Kleid, das bezaubert. 10. Stille, die wohl tut. 11. Das Kind, das schläft. 12. Ein Schwan, der stirbt. 13. Eis, das schmilzt. 14. Die Gewalt, die zunimmt. 15. Die Sonne, die untergeht. 16. Holz, das im Wasser treibt. 17. Mädchen, die kichern. 18. Ein Gegner, den man ernst nehmen muss.

30 Doppelt gemoppelt

Bilden Sie Sätze mit dem Partizip Präsens nach folgendem Muster:

> Kurse, die steigen, sind *steigende* Kurse.

1. Fische (fliegen) 2. Wasser (fließen) 3. Schuhe (passen) 4. Einnahmen (sinken) 5. Wölfe (heulen) 6. Parteien (rivalisieren) 7. eine Kritik (vernichten) 8. Wohnungen (leer stehen) 9. Erinnerungen (bleiben) 10. ein Argument (überzeugen) 11. ein Baby (schreien) 12. das Semester (kommen) 13. Fieberanfälle (sich wiederholen) 14. Geräusch (klopfen)

31 Bilden Sie die Verneinung

noch	↔	nicht mehr
noch (ein)mal	↔	nie wieder, nie mehr
noch (et)was	↔	nichts mehr
noch jemand	↔	niemand mehr
noch nicht	↔	schon
noch nichts	↔	schon (et)was
noch niemand	↔	schon jemand
noch nie(mals)	↔	schon (ein)mal

> *Beispiel:* Habt ihr abends *noch* lange ferngesehen?
> Nein, *nicht mehr* lange.

1. War um Mitternacht noch jemand in der Hotelrezeption? – Nein, ——————— ———————.
2. Warst du schon einmal betrunken? – Nein, ——————— ———————. 3. Würdest du noch einmal heiraten? – Nein, ——————— ———————. 4. Möchten Sie noch was essen? – Nein, ——————— ———————, vielen Dank. 5. War vor Armstrong schon jemand auf dem Mond? – Nein, ——————— ———————. 6. Haben Sie schon was erfahren können? – Nein,

leider _____ _____ . 7. Hat man noch lange getagt? – Nein, _____
_____ sehr lange. 8. Haben Sie von ihm noch was Neues gehört? – Nein, überhaupt
_____ _____ . 9. Konnte er sich nach dem Unfall noch an was erinnern? – Nein,
an gar _____ _____ .

Beispiel: War *niemand mehr* in der Rezeption?
Doch, da war *noch jemand.*

---

1. Bist du noch nicht fertig? – Doch, _____ lange. 2. Wart ihr eigentlich noch nie in der
Karibik? – Doch, da waren wir _____ _____ . 3. Wirst du denn nie wieder mit
dem Fallschirm abspringen? – Doch, das mach' ich ganz sicher _____ _____ .
4. Ist denn noch niemand durch die Prüfung gefallen? – Doch, natürlich ist _____ _____
durchgefallen. 5. Kann man denn da gar nichts mehr machen? – Doch vielleicht lässt sich
_____ _____ machen. 6. Hat dir nach der Feier niemand mehr beim Aufräumen
geholfen? – Doch, zum Glück ist _____ _____ dageblieben. 7. Hast du noch
nie mit deiner Frau getanzt? – Doch, natürlich _____ _____ , bei unserer Hochzeit. 8. Hast du denn heute noch nichts gegessen? – Doch, ich hab' _____ _____
gegessen.

32 Setzen Sie ein

---

kein- mehr, noch ein-, noch welch-

Beispiele:
Haben Sie *keine* Verwandten *mehr*?   Hast du *keine* Rasierklinge *mehr*?
Doch, in Amerika, da hab' ich *noch welche.*   Doch, ich hab' *noch eine.*
Nein, ich hab' leider *keine mehr.*   Nein, ich hab' *keine mehr.*

---

1. Hast du noch Zahnpasta? – Ja, ich hab' _____ _____ . – Nein, _____
_____ . 2. Soll ich Ihnen Zigaretten mitbringen? – Das wäre nett, ich hab' _____
_____ . – Danke, ich hab' _____ _____ . 3. Magst du kein Brötchen
mehr? – Klar, natürlich mag ich _____ _____ . – Nein, ich mag _____
_____ . 4. Ist hier kein Platz mehr frei? – Doch, aber nur _____ _____ .
– Tut mir leid, _____ _____ . 5. Haben Sie keine Aprikosen mehr? – Doch, hier
haben wir _____ _____ . – Nein, wir haben _____ _____ . 6. Ist
keine Milch mehr im Kühlschrank? – Schau richtig hin, da steht _____ _____ !
– Nein, wir haben _____ _____ . 7. Hast du eigentlich kein sauberes Hemd mehr
zum Anziehen? – Doch, aber nur _____ _____ . – Nein, _____ ,

die hängen alle auf der Leine. 8. Haben Sie noch Kontakte zu Ihren ehemaligen Klassenkameraden? – Nein, fast _____ _____ . – Ja, da bestehen zum Glück _____ _____ . 9. Möchten Sie noch einen Tee? – Ja, ich hätte gern _____ _____ . – Nein, bitte _____ _____ . 10. Gibt es noch Kartoffelsalat? – Ja, da drüben steht _____ _____ . – Nein, es ist _____ _____ da. 11. Ist für mich noch Rotwein da? – Ja, da ist _____ _____ . – Pech gehabt, _____ _____ . 12. Seit wann trinkst du kein Bier mehr? – Ich trinke schon seit einiger Zeit _____ _____ . Ich weiß nicht, ob ich überhaupt _____ _____ im Keller habe.

V. ÜBUNGEN ZUM GEBRAUCH DES PERFEKTS

33 Ihr Partner ist etwas vergesslich

Stellen Sie Fragen, z. B.: Hast du schon die Waschmaschine ausgeräumt?

Wecker, Fotos, Reisebüro, Visum, Rechnung, Schlüssel, Platzkarte, Roman, Tante Frieda, Taxi, Blumen, Auto, Geburtstag, Garagentor, Alarmanlage, Reiseschecks, Formulare, Gebiss, Adresse, Witz, Lottoschein

34 Was haben Sie in der Zeitung gelesen?

Bilden Sie Sätze im Perfekt.

> *Beispiel:*
> Großbrand im Kaufhaus – Bei einem Großbrand im Kaufhaus *ist* ein Schaden in Millionenhöhe *entstanden.*

Banküberfall – Demonstration im Stadtzentrum – Erdbeben in China – Zugunglück in Österreich – Tennisturnier in Wimbledon – Zirkusvorstellung – Abrüstungsverhandlungen – Ferienbeginn – Amnestie – Staatsbesuch – Abstimmung im Parlament – Überschwemmung

35 „haben" oder „sein"

Wie bilden Sie das Perfekt?

1. Der Testpilot _____ den Jet _____ (fliegen). 2. Ich _____ nach Stuttgart _____ (fliegen). 3. Er _____ in den Wald _____ (reiten). 4. Heute _____ er einen Schimmel _____ (reiten). 5. Das Kind _____ aus

dem Fenster _____ (fallen). 6. Die Theatervorstellung _____ mir ausgezeichnet _____ (gefallen). 7. Ich _____ ans andere Ufer_____ (schwimmen). 8. Nachdem sie geduscht hatte, _____ das ganze Bad _____ (schwimmen). 9. Das Seil des Skilifts _____ _____ (reißen). 10. Der Hund _____ an meiner Hose _____ (reißen). 11. Ich _____ über den Bach _____ (springen). 12. Der Schüler _____ eine Klasse _____ (überspringen). 13. Als Student _____ ich abends oft durch verschiedene Lokale _____ (ziehen). 14. Die Lokomotive_____ zwanzig Güterwaggons_____ (ziehen).

36 Bilden Sie Sätze im Perfekt

1. Goldkurse – letzte Woche – fallen
2. ältere Dame – nasse Straße – ausgleiten
3. Motorradfahrer – Fußgänger – ausweichen
4. Gummibaum – Urlaub – eingehen
5. Nacht – Besserung – Zustand – Kranker – eintreten
6. Bäume – Sturm – umfallen
7. Flughafen – Taxi – einsteigen
8. Altbauwohnung – Bahnhofsviertel – einziehen
9. Blitz – Blitzableiter – einschlagen
10. Truppen – Widerstand – stoßen
11. Haltestelle – Straßenbahn – umsteigen
12. Intercity – mit Verspätung – Salzburg – abfahren

37 Wie heißt das Partizip Perfekt?

Beispiel: die Bücher (leihen) – die *geliehenen* Bücher

1. auf einer Party (gelingen) 2. in der Handtasche (stehlen) 3. eine Forelle (braten) 4. Fleisch (tieffrieren) 5. eine Wette (verlieren) 6. die Ehefrau (betrügen) 7. ein Kind (erschrecken) 8. das Blatt Papier (zerreißen) 9. der Zug (eintreffen) 10. der Krug (zerbrechen) 11. eine Linie (biegen) 12. eine Geschichte (ausdenken) 13. der Fahrer (betrinken) 14. Wertsachen (verschwinden) 15. mit Kartoffeln (reiben) 16. das Gemüse (abwiegen) 17. Zwiebeln (schneiden) 18. der Name (vergessen) 19. auf einem Weg (verbieten) 20. ein Versuch (misslingen)

38 Wie heißt das Partizip Perfekt?

Beispiel: die Wohnung (durchsuchen) → die *durchsuchte* Wohnung

1. Füße (einschlafen) 2. die Belohnung (versprechen) 3. eine Nacht (durchzechen) 4. Entschlüsse (übereilen) 5. eine Glühbirne (kaputtgehen) 6. die Konservierungsstoffe (enthalten)

7. der Unfallhergang (beschreiben) 8. der Reichtum (vergeuden) 9. eine Überschrift (unterstreichen) 10. ihre Puppe (hübsch anziehen) 11. der Räuber (überführen) 12. die Hilfe (unterbleiben) 13. der Ringkämpfer (unterliegen) 14. eine Position (überordnen) 15. die Verhandlungen (unterbrechen) 16. der Terrorist (untertauchen) 17. die Grenzwerte (überschreiten) 18. ein Spion (überlaufen) 19. der Einbrecher (überraschen) 20. eine Villa (ausrauben)

39 Bilden Sie das Perfekt mit einem doppelten Infinitiv

1. Wir hören jemand um Hilfe rufen. 2. Er lässt mich nicht zu Wort kommen. 3. Sie hilft der älteren Dame die Tasche tragen. 4. Ich sehe alles so kommen. 5. Er will die Sportschau sehen. 6. Die Kinder dürfen Silvester länger aufbleiben. 7. Sie soll das Baby ins Bett bringen. 8. Er muss die Bilanz überprüfen. 9. Er mag seinen Nachtisch nicht essen. 10. Sie kann sich gut an ihre Kindheit erinnern.

VI. ÜBUNGEN ZUM GEBRAUCH DES KONJUNKTIVS

40 Telegrammstil

Was steht in dem Telegramm?

> *Beispiel:* Verhandlungen erfolgreich. Verträge unterschrieben.
> Er schreibt, dass *die Verhandlungen erfolgreich gewesen seien. Die Verträge seien unterschrieben.*

1. Onkel Heinrich gestorben. Beerdigung Mittwoch. 2. Flugzeug ausgebucht. Komme morgen. 3. Motorschaden. Brauche Austauschmotor. 4. Sendung beschädigt eingetroffen. Annahme verweigert. 5. Schiff verpaßt. Nehme nächstes. 6. Betrag per Telex überwiesen. Bitte Empfang bestätigen. 7. Schecks mit Scheckkarte entwendet. Konto sperren. 8. Christel geboren. Vater wohlauf.

41 Umformung von Infinitivsätzen

Bilden Sie dass-Sätze mit „würde".

> *Beispiel:* Er behauptete, den Schuldigen zu kennen.
> Er behauptete, *dass* er den Schuldigen *kennen würde.*

1. Er prahlte damit, am schnellsten laufen zu können.
2. Sie hielt ihm vor, die Unwahrheit zu sagen.
3. Er gab vor, eine Geschäftsreise ins Ausland zu unternehmen.
4. Die Kidnapper drohten damit, ihr Opfer umzubringen.

5. Er stand im Ruf, seine Untergebenen schlecht zu behandeln.
6. Der Minister stellte in Aussicht, die Renten zu erhöhen.
7. Sie zweifelte daran, ihn bald wieder zu sehen.

42 Umformung von Infinitivsätzen

Bilden Sie dass-Sätze mit „werde".

1. Sie versprach, sich zu bessern.
2. Er kündigte an, von seinem Amt zurückzutreten.
3. Es bestand Einvernehmen, die Angelegenheit vertraulich zu behandeln.
4. Er sagte zu, die Ware fristgerecht zu liefern.
5. Sie versicherte, sich um die Sache zu kümmern.
6. Der Präsident gab sein Wort, die Auslandsschulden abzubauen.
7. Er schwor, seinen ermordeten Bruder zu rächen.

43 Bilden Sie Sätze mit „Er sagte mir, ..."

> *Beispiel:* Pass auf! – Er sagte mir, *dass* ich *aufpassen solle.*
> Er sagte mir, ich *solle aufpassen.*

1. Der Hund ist bissig. 2. Ich kann mit ihm rechnen. 3. Hier darf man nicht rauchen. 4. Er soll seinen Kollegen vertreten. 5. Er mag keine dicken Bohnen. 6. Er hat in seinem Leben immer Schwein gehabt. 7. Sie will für immer und ewig bei ihm bleiben. 8. Er muss sich vor der Polizei verstecken. 9. Er weiß nichts von den Vorgängen in seiner Firma. 10. Sie versteht nichts von Computertechnik. 11. Er wird das Ergebnis abwarten. 12. Er kennt den Untersuchungsbericht nicht.

VII. ÜBUNGEN ZUM GEBRAUCH DER ADJEKTIVE

44 Adjektive ohne Artikel

> *Beispiel:* Hier sind *getrocknete* Früchte. Hmm, ich mag *getrocknete Früchte.* Oder: Nein
> danke, ich mag *keine getrockneten* Früchte.

1. Trinkst du stark ＿＿ Kaffee? 2. Willst du heiß ＿＿ Milch? 3. Für dich: saur ＿＿ Bonbons. 4. Ein paar gesalzen＿＿ Erdnüsse? 5. Hier ist eiskalt＿＿ Mineralwasser. 6. Heute im Angebot: frisch ＿＿ Blutwurst. 7. Hier ist geräuchert ＿＿ Fisch. 8. Zum Frühstück gibt's weich gekocht＿＿ Eier. 9. Nehmen wir belegt＿＿ Brötchen mit?

45 Fragen Sie im Laden: Haben Sie frischen Fisch?

1. Bier, gekühlt 2. Himbeeren, tiefgefroren 3. Wein, offen 4. eine Krawatte, einfarbig 5. ein Schaukelstuhl, englisch 6. ein Kostüm, altmodisch 7. ein Anzug, dunkel 8. Getränke, nichtalkoholisch 9. Musik, klassisch 10. Zigarren, dunkel 11. ein Bikini, grün 12. Kaviar, russisch 13. Mandeln, gebrannt 14. ein Salat, gemischt 15. eine Vase, chinesisch 16. Rindfleisch, mager 17. Gemüse, biologisch angebaut

Was darf's sonst noch sein? Geben Sie ein paar Beispiele: Ich hätte gern ...

46 Wem gehört das?

Das ist Claudias ..., das sind Claudias ...

1. Auto, rot 2. Schwarm, neu 3. Kamm, schwarz 4. Worte, eigen 5. Ideen, verrückt 6. Wäsche, ungebügelt 7. Antwort, schlagfertig 8. Tasse, schmutzig 9. Freunde, intellektuell 10. Schal, blau 11. Schlüsselbund, verloren 12. Telefonrechnung, hoch

Fragen Sie z. B.: Hast du Claudias rotes Auto gesehen? *Usw.*

47 Wiederholung der Adjektive

> *Beispiel:*
> *für:* Geld, wenig → für wenig Geld

aus: Ehe, scheiden / Elternhaus, reich / Lande, deutsch / Grund, gut / Erfahrung, lang / Wein, destillieren / Wille (!), frei / Überzeugung, tief / Anlass, geben / Glas, härten / Sicht, damals / Tradition, alt

durch: Umstände, anders / Einnahmen, wachsen / Verkehrsaufkommen, hoch / Mord, feige / Regenfälle, heftig / Gas, ausströmen / Nebel, dicht / Gestein, herabfallen / Gift, tödlich / Orkanböen, stark

am: Sonntag, letzt- / Wochenende, kommen / Januar, erst- / Freitag, folgen / Morgen, nächst-/ Februar, neunundzwanzig / Osterfest, morgen / Nationalfeiertag, heute / Neujahrsempfang, gestern

seit: Zeit, lange / April, letzt- / Sommer, vorig / Mittwoch, vorletzt- / Stunden, viel / Herbst, vergehen / Jahre, wenig / Monate, etlich-

trotz: Wetter, schlecht / Sturmwarnung, rechtzeitig / Vorbereitung, intensiv / Alter, fortschreiten / Mühe, alle / Einkünfte, sinken / Schmerzen, stark / Temperatur, steigen

48 Suchen Sie selbst ein passendes Adjektiv

> *Beispiel:* manche Leute → manche *reichen* Leute
> durch folgende Nachricht → durch folgende *schreckliche* Nachricht

ein Schrank, viele Möbel, das Messer, alle Bäume, keine Studentinnen, mein Freund, unsere Ware, Milch, etliche Menschen, mit unseren Großeltern, das Ufer, sein Hobby, Nebel, Brötchen, bei den Seeräubern, unsere Freundschaft, Mineralwasser, den Tiger, bei vielen Kunstwerken, eine Luftmatratze, mit meiner Handschrift, ein Verkehrspolizist, für manche Stunden, einige Nägel, kein Gedanke, die Löcher im Käse, ein Vortrag, seine Leidenschaft, durch unser Handeln, aus Egoismus, gegen sein Interesse, Sekunden, ein Bauwerk, keine Getränke, sämtliche Häuser, etliche Produkte, gegen beide Mannschaften, eine Frisur, das Ende

Krieg und Frieden

Grammatik: *Futur I, Konjunktiv II,*
Adjektiv als Nomen, Verben mit Dativ

Bertolt Brecht

Wenn die Haifische Menschen wären

1 „Wenn die Haifische Menschen wären", fragte Herrn K. die kleine Tochter seiner Wirtin, „wären sie dann netter zu den kleinen Fischen?" „Sicher", sagte er. (...) Die Hauptsache wäre natürlich die moralische Ausbildung der Fischlein. Sie würden unterrichtet werden, daß es das Größte und Schönste sei, wenn ein Fischlein sich freudig aufopfert, und
5 daß sie alle an die Haifische glauben müßten, vor allem, wenn sie sagten, sie würden für eine schöne Zukunft sorgen. Man würde den Fischlein beibringen, daß diese Zukunft nur gesichert sei, wenn sie Gehorsam lernten. Vor allen niedrigen, materialistischen, egoistischen und marxistischen Neigungen müßten sich die Fischlein hüten und es sofort den Haifischen melden, wenn eines von ihnen solche Neigungen verriete.
10 Wenn die Haifische Menschen wären, würden sie natürlich auch untereinander Kriege führen, um fremde Fischkästen und fremde Fischlein zu erobern. Die Kriege würden sie von ihren eigenen Fischlein führen lassen. Sie würden die Fischlein lehren, daß zwischen ihnen und den Fischlein der anderen Haifische ein riesiger Unterschied bestehe. Die Fischlein, würden sie verkündigen, sind bekanntlich stumm, aber sie schweigen in
15 ganz verschiedenen Sprachen und können einander daher unmöglich verstehen. Jedem Fischlein, das im Krieg ein paar andere Fischlein, feindliche, in anderer Sprache schweigende Fischlein tötete, würden sie einen kleinen Orden aus Seetang anheften und den Titel Held verleihen.
Wenn die Haifische Menschen wären, gäbe es bei ihnen natürlich auch eine Kunst. Es
20 gäbe schöne Bilder, auf denen die Zähne der Haifische in prächtigen Farben, ihre Rachen als reine Lustgärten, in denen es sich prächtig tummeln läßt, dargestellt wären. Die Theater auf dem Meeresgrund würden zeigen, wie heldenmütige Fischlein begeistert in die Haifischrachen schwimmen, und die Musik wäre so schön, daß die Fischlein unter ihren Klängen, die Kapelle voran, träumerisch, und in allerange-
25 nehmste Gedanken eingelullt, in die Haifischrachen strömten.

3

Auch eine Religion gäbe es da, wenn die Haifische Menschen wären. Sie würde lehren, daß die Fischlein erst im Bauch der Haifische richtig zu leben begännen. Übrigens würde es auch aufhören, wenn die Haifische Menschen wären, daß alle Fischlein, wie es jetzt ist, gleich sind. Einige von ihnen würden Ämter bekommen und über die anderen
35   gesetzt werden. Die ein wenig größeren dürften sogar die kleineren auffressen. Das wäre für die Haifische nur angenehm, da sie dann selber öfter größere Brocken zu fressen bekämen. Und die größeren, Posten habenden Fischlein würden für die Ordnung unter den Fischlein sorgen, Lehrer, Offiziere, Ingenieure im Kastenbau usw. werden. Kurz, es gäbe überhaupt erst eine Kultur im Meer, wenn die Haifische Menschen wären.

Fragen zum Text

1. Welchen Charakter sagt man Haifischen nach?
2. Wer sind die Haifische, welche Menschen sind „kleine Fische"?
3. Was zählt zur moralischen Ausbildung der Fischlein? (Opferbereitschaft – Autoritätsgläubigkeit – Disziplin – Optimismus – Materialismus – Denunziation – Solidarität – Heldentum – Gleichheit – Ordnung)
4. „Die Fischlein ... schweigen in ganz verschiedenen Sprachen und können einander daher unmöglich verstehen." – Ist das Lernen von Fremdsprachen wichtig für ein friedliches Zusammenleben der Völker?
5. Welche Funktion hätte die Kunst, wenn die Haifische Menschen wären?
6. Was wäre die Aufgabe der Religion?
7. Welches Bild der menschlichen Kultur zeichnet Brecht in dieser Geschichte?

Aufgabe

Unterstreichen Sie sämtliche Verbformen im Konjunktiv II.

Konjunktiv II

Präsens	*Präterium*	*Konjunktiv II*
er gibt	er g**a**b	er g**äb**e

I. Bilden Sie das Präteritum und den Konjunktiv II:

kommen, bleiben, schreiben, denken, nehmen, treffen, lesen, sehen, essen, fahren, fallen, gehen, anfangen, bitten, bieten, liegen, wachsen, beginnen, tragen, fliehen, lügen, verlieren, sinken, schießen, sein, haben, werden.

kosten, arbeiten, rechnen, mieten, öffnen, antworten, hoffen, hören, telefonieren, studieren, versuchen, gehören.

II. Wie heißen die Konjunktiv-Endungen?

ich _− e_____   wir _____

du _____   ihr _____

er _____   sie _____

Merken Sie sich:

In der gesprochenen Sprache wird meist die Umschreibung mit *würde* benutzt, z. B. *ich würde schlafen* (statt: *ich schliefe*).

Konjunktiv-Quiz

1. Der Konjunktiv I wird benutzt bei
   a) indirekter Rede
   b) Wunschsätzen
   c) Bedingungssätzen

2. Der Konjunktiv I hat unregelmäßige Endungen beim Verb
   a) haben
   b) sein
   c) werden

3. Die Endungen sind bei der Bildung von Konjunktiv I und Konjunktiv II
   a) ähnlich
   b) gleich
   c) völlig verschieden

4. Wie heißt die 2. Person Plural im Konjunktiv I des Verbs *sein*?
   a) ihr seit
   b) ihr seid
   c) ihr seiet

5. Welche Formen sind grammatisch korrekt?
   Sie schrieb ihm, dass sie zu Besuch komme.
   Sie schrieb ihm, dass sie zu Besuch käme.
   Sie schrieb ihm, dass sie zu Besuch kommen würde.
   a) alle drei
   b) die ersten beiden
   c) die letzten beiden

6. Welche dieser Konjunktivformen benutzt man in der Umgangssprache am häufigsten?
   a) er treffe
   b) er träfe
   c) er würde treffen

7. Welche dieser Verben finden Sie im Konjunktiv II auch in der Umgangssprache?
   a) er ginge, er wüsste, er käme, er bliebe, er hätte, er wäre
   b) er spränge, er sänge, er würfe, er stürbe, er hinge
   c) er schritte, er äße, er büke, er schösse, er stünde

3

Bilden Sie die Negationsformen

irgendwo	– n__g__ds/_i__e__w_	(irgend)einer	– _e__e_
irgendwohin	– n_ _ _e_ _ _o_in	(et)was	– n_ _ _t_
(irgend)jemand	– _ie_ _ _d	(ein)mal	– n_ _(mals)

Sie wünschen sich das Gegenteil

Beispiel:	Es kommt niemand.			
	Wenn	nur	jemand	käme!
		bloß	einer	kommen würde!
		doch	irgendeiner	

1. Mir hilft keiner.
2. Hier gibt es nichts zu rauchen.
3. Er wird mir nie schreiben.
4. Ich kann meinen Freund nirgends finden.
5. Ich verstehe leider gar nichts.
6. Im Urlaub fahren wir nirgendwohin.
7. Es ist leider niemand zu Hause.
8. Er vergisst immer irgendwas!
9. Sie weiss nichts von ihrer Familie.
10. Man kann nichts zu essen kaufen.
11. Ich kann nicht einschlafen.
12. Er verdient viel zu wenig Geld.
13. Ich darf nicht meine Meinung sagen.
14. Überall auf der Welt gibt es Atomwaffen.
15. Er besucht mich leider nie.

Denken Sie daran, zur Bildung des Konjunktivs bei schwachen Verben die Umschreibung mit „würde" zu benutzen.

Gedanken sammeln

Schreiben Sie an die eine Tafelhälfte den Begriff „Frieden" und an die andere Tafelhälfte den Begriff „Krieg". Fügen Sie andere Wörter hinzu, die Sie spontan mit den beiden Begriffen verbinden. Auf welcher Seite haben Sie mehr Wörter gefunden? Warum?

Diskussion: Atombunker

In verschiedenen Ländern versucht man, die Bevölkerung vor den Gefahren eines Atomkrieges durch den Bau von Atombunkern zu schützen. Was halten Sie davon?

1. Wie sinnvoll ist es, Atombunker zu bauen?
2. Welche Folgen hätte ein Atomschlag für die Natur?
3. Könnte man nach dem Verlassen eines solchen Atombunkers noch weiterleben?

Hören und verstehen

Vater und Sohn über den Krieg

nach Karl Valentin

Verstehen Sie bairisch?

Formen Sie den folgenden Text um. Ersetzen Sie dabei die kursiv gedruckten Wörter durch die links stehenden Vokabeln.

Aus der Süddeutschen Zeitung

neu   Die *jüngsten* demoskopischen Erhebungen belegen nach Informationen der SZ, dass junge Frauen die Bundeswehr
immer mehr   *zunehmend als* attraktive Alternative zur freien Wirtschaft
halten für, mehr   *empfinden.* Dies zeigt sich auch in *einer wachsenden Zahl von* Anfragen und Bewerbungen. Etwa die Hälfte aller Bürger *halten* demnach das *Soldatsein für* eine reine Männersache.
denken, Wehrdienst
meinen   Immerhin sind aber 44% der *Meinung,* Frauen solle die Möglichkeit gegeben werden, sich freiwillig zur Bundeswehr zu melden; *jedoch* ist die Mehrheit dabei der *Ansicht*, sie dürften
aber, Meinung   keinen Dienst mit der Waffe leisten.

Aufgaben
1. Finden Sie eine Überschrift zum Text.
2. Was halten Sie von Meinungsumfragen?

Interview   *Machen Sie Interviews mit weiblichen Teilnehmern aus Ihrem Deutschkurs. Fragen Sie nach Gründen für oder gegen die Teilnahme von Frauen am Wehrdienst. Benutzen Sie evtl. einen Kassettenrecorder. (Spielen Sie die Ergebnisse der Gruppe vor.)*

Unsere Macht ist zerstörerisch

Wir können heute in Stunden vernichten, was in vier Milliarden Jahren gewachsen ist. Es gibt heute – man muss es sich immer wieder klar machen – pro Kopf mehr Sprengstoff als Nahrungsmittel. Bisher kannten die Menschen nur den individuellen Tod. Heute haben wir eine Ahnung vom kollektiven Tod.

3

Unsere Macht ist zerstörerisch. Wir können zwar die Schöpfung beenden und alle Menschen töten, aber wir können keinen einzigen Menschen erschaffen. Dass wir nicht einmal einen grünen Grashalm erschaffen können und trotzdem keinen Schöpfer mehr anerkennen wollen, zeigt, was uns heute am meisten fehlt: Selbsterkenntnis, Einsicht in unsere Grenzen.

Wer die Gesetze der Natur kennt, ist noch lange kein Gesetzgeber. Menschen sollen nur eines: in Bescheidenheit sich selbst erhalten. Wenn wir diese Aufgabe nicht erfüllen, wird ewige Finsternis sein: Es wird dann keinen Krieg und keinen Frieden mehr geben, keinen Hass und keine Liebe, keine Trauer und keine Freude, keinen Tod mehr und nie mehr die Geburt eines Kindes.

(Aus: Franz Alt, *Frieden ist möglich*)

„Er zwingt mich ja nachzurüsten; zählen Sie nach:
Er kann mich zehnmal töten – ich ihn nur neunmal!"

Textrekonstruktion

1. Heute _kann_ man in Stunden _____, was in Milliarden von Jahren gewachsen ist.

2. Es gibt heute pro Kopf _____ Nahrungsmittel _____ Sprengstoff.

3. _____ wir nicht einmal einen grünen Grashalm erschaffen können, wollen wir keinen Schöpfer mehr anerkennen.

4. _____, der die Gesetze der Natur kennt, ist noch lange kein Gesetzgeber.

5. Es ist die _____ des Menschen, in Bescheidenheit sich selbst _____ erhalten.

6. Es wird dann keinen _____ und keinen Frieden mehr geben, keinen _____ und keine Liebe, keine _____ und keine Freude, keinen Tod mehr und nie mehr die _____ eines Kindes.

Esoterik – ein Weg zum inneren Frieden?

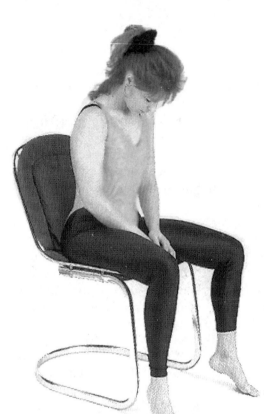

¹ Kennen Sie sich mit Esoterik aus? Dann liegen Sie im Trend unseres Zeitgeistes. Esoterik war früher eine Geheimwissenschaft. Heute ist die Flut der esoterischen ⁵ Publikationen nicht mehr zu übersehen. Die Esoterik könnte man grob in fünf Teilgebiete untergliedern: Mystik, Wahrsagen, Magie, Spiritismus und Psi. Wir wollen sie näher betrachten: ¹⁰ Viele Esoteriker meinen, dass die Mystik das edelste Gebiet sei. Das Ziel der Mystik ist es, die eigene Persönlichkeit zu entwickeln, seelisch zu reifen und schließlich mit dem Göttlichen eins zu werden. Der ¹⁵ Mensch wird als ein Abbild Gottes gesehen, der seine Göttlichkeit aber noch nicht entfaltet oder diese wieder verloren hat. Um die mystische Entwicklung zu fördern, sollten die Menschen ihren Körper gesund erhalten und trainieren, Verspannungen der Muskulatur lösen, Atmung und Kör- ²⁰ perhaltung beherrschen und sich geistig zu konzentrieren lernen. Seelische Störungen bei dieser Entwicklung werden von esoterischen Psychotherapeuten nicht nur in der frühen Kindheit gesucht, sondern sie beziehen auch die Geburtserfahrung und die vorgeburtliche Zeit mit ein. In der Reinkarnationstherapie geht es darum, Probleme aus einem früheren Leben wieder bewusst zu machen. So wird z. B. von einer Patientin be- ²⁵ richtet, die seit Jahren unheilbare Nackenschmerzen hatte und diese erst loswurde, als sie ‚wieder erlebte‘, dass sie während der Zeit der Französischen Revolution mit der Guillotine geköpft wurde.

Zum Wahrsagen zählen Methoden wie Astrologie (aus der die Astronomie hervorging), Tarot (ein Vorläufer unserer heutigen Spielkarten) und I Ging (ein 3000 Jahre altes chine- ³⁰ sisches Weisheitsbuch). Man erhofft sich aus ihnen Erkenntnisse und Ratschläge für die Zukunft.

Astrologen glauben, dass das Geschehen am Himmel nicht die Ursache, sondern ein Spiegel der irdischen Ereignisse sei. Die Tierkreiszeichen (oder Sternzeichen) bilden ein gedachtes Band um die Erde, das die Sonne in einem Jahr zurücklegt. Sie heißen Widder, ³⁵ Stier, Zwillinge, Krebs, Löwe, Jungfrau, Waage, Skorpion, Schütze, Steinbock, Wassermann und Fische.

3

Die Anhänger des Tarots versuchen, durch Kartenlegen Antworten zu vielfältigen Lebensproblemen zu finden. Mit beliebig gezogenen Bildern wird versucht, sinnvolle Problemlösungen herauszufinden, wobei das Unbewusste des Fragestellers durch die Karten-
40 symbole aktiviert wird und eine Deutung unterstützt.

I Ging, das Buch der Wandlungen, gründet sich auf die Polarität der Prinzipien Yin und Yang. Yin gilt als weibliches Prinzip und steht für Empfangen, Gebären, Folgen, während Yang das männliche Prinzip symbolisiert und Zeugen, Schöpfen, Führen bedeutet. Meist werden vom Ratsuchenden drei Münzen geworfen, um die Kombination von Yin und
45 Yang zu ermitteln. Die Deutung der entstehenden Kombinationen für ein spezielles Problem lässt sich dann im I-Ging-Buch nachschlagen.

Auch im traditionellen Volksglauben finden wir zahlreiche Zeichen, die Glück oder Pech verheißen. Danach hätten Sie bestimmt Glück, wenn Sie einen weißen Schmetterling sähen, wenn Sie ein vierblättriges Kleeblatt fänden, wenn Sie auf einem ungebügelten Bett-
50 laken schliefen, wenn Sie ungefärbtes Glas (aber keinen Spiegel) zerbrächen oder wenn Sie einem Schornsteinfeger begegnen würden. Umgekehrt hätten Sie Pech, wenn man Ihnen vor dem Geburtstag gratulieren würde, wenn Sie unter einer Leiter durchgingen, wenn Sie aus dem Bett mit dem linken Fuß zuerst aufstünden, wenn heute Freitag der Dreizehnte wäre oder wenn Sie ein Hochzeitsgeschenk verschenken würden. Nach Meinung vieler
55 könnte man die Zukunft aber auch mit Hilfe von Pendeln, Würfeln oder einer Kristallkugel vorhersagen. Handlesen und Traumdeutung sind alte Künste. Modern ist die Vorhersage durch den Biorhythmus.

Die Magie beschäftigt sich mit der Erlangung und Ausübung von Macht über Menschen, Geister oder Naturkräfte. Die Motive sind dabei oft sehr egoistischer Natur: persönlicher
60 Reichtum, Vernichtung von Gegnern oder sexuelle Lust. Geheimnisvolle Kräfte sollen es dem Magier ermöglichen, sich unsichtbar zu machen, zu fliegen oder unsterblich zu werden. Viele Magier (man sprach früher von Hexen und Zauberern) glauben an das Gesetz der Entsprechung: Was man dem Bild eines Menschen oder seinem Namen antut, das tut man auch dem Betreffenden selbst an. Die Hypnose ist ein beliebtes Mittel von vielen Ma-
65 giern, um ihren Willen anderen aufzuerlegen. Viele Menschen glauben an schädliche Fremdenergien, vor denen der Magier durch einen Abwehrzauber schützen soll. Zu diesen Energien zählt man die Erdstrahlen. Das Bermudadreieck gilt als eine Gegend, in der schlimme Einflüsse vorherrschen, da dort angeblich viele Flugzeuge und Schiffe auf ungeklärte Weise verschwanden. Magier fertigen oft individuelle Schmuckstücke (Amulette
70 und Talismane) an, die zur Unglücksabwehr oder als Glücksbringer dienen. Der Glaube an die Allmacht der Gedanken ist weit verbreitet. Anhänger des ‚positiven Denkens‘ meinen, glückliche Gedanken würden zu einem glücklichen Leben führen, und versuchen, Seele und Körper mit aufbauenden Energien zu stimulieren.

Unter Spiritismus versteht man den Versuch der Kontaktaufnahme mit Geistern und
75 überirdischen Wesen. Zu den Geistern werden die Seelen der Verstorbenen gezählt, aber auch Gespenster, die einen durchscheinenden Körper haben sollen und ihren Spuk treiben, ferner auch Vampire, die sich angeblich in Fledermäuse verwandeln können. Viele Menschen versuchen auch, mit ihrem Schutzengel in Kontakt zu treten. Die Geister äußern sich über einen in Trance versetzten Menschen, ein sogenanntes Medium, das die

⁸⁰ Verbindung zu ihnen herstellen kann. So werden durch das Medium Bilder automatisch gemalt oder Texte wie von selbst in großer Geschwindigkeit geschrieben. Selbst die Geister großer Komponisten benutzen demnach ein solches Medium, um neue Musikstücke zu komponieren.

Um die Geister zu befragen, ist unter vielen Jugendlichen ‚Tischrücken' als eine okkulte ⁸⁵ Technik in Mode gekommen. Die Teilnehmer sitzen im abgedunkelten Raum um einen runden Tisch, legen ihre Hände auf die Tischplatte und bemerken, wie sich der Tisch auf und ab bewegt. Dabei hören sie Klopfgeräusche des Geistes. Psychische Störungen sind oft die Folge, wenn sich Jugendliche ständig von Geistern verfolgt fühlen. Andere hören auf unbespielten Tonband- oder Videokassetten Stimmen aus dem Jenseits. Geister sind ⁹⁰ stets auf dem neuesten Stand der Technik: Sie äußern sich inzwischen auch am Telefon oder geben ihre Nachrichten auf den Druckern moderner Computer aus. Eine andere Gruppe von Spiritisten, die Teufelsanbeter, bekennt sich zum Satan. Viele betrachten ihre schwarzen Messen als Protest gegen eine erstarrte Kirche und unsere zunehmend technisch-rationale Welt.

⁹⁵ Die Parapsychologie beschäftigt sich mit „Psi". Unter Psi versteht man z. B. Gedankenlesen und Gedankenübertragung, Hellsehen (das Sehen entfernter oder unsichtbarer Dinge), Zukunftsschau und Spuk. Einige Phänomene sind auch Ihnen bekannt: In dem Moment, wo Sie an einen Bekannten denken, ruft er Sie an. Oder: Sie schlagen Ihrem Freund vor, in die Oper zu ge-

¹⁰⁰ hen, und er wollte gerade dasselbe sagen. Handelt es sich um Zufall oder Gedankenübertragung? Sterbende sollen Signale an ihre räumlich weit entfernten ¹⁰⁵ Angehörigen aussenden, die plötzlich intuitiv von deren Tod erfahren.

Ein Forschungsgebiet der Parapsychologie ist der Einfluss ¹¹⁰ der Psyche auf Gegenstände, so z. B. das Verbiegen von Gabeln oder Löffeln durch Konzentration. Die Kraft der Gedanken äußert sich auch in anderen Fä-¹¹⁵ higkeiten, etwa indem man den eigenen Körper zum Schweben oder Fliegen bringt, Uhren durch geistige Konzentration anhält, durch Wände geht, Zeit-¹²⁰ reisen unternimmt oder barfuß in Trance ohne Verbrennungen durch glühende Asche läuft.

Halten Sie Therapien für sinnvoll?

3

Befürworter und Gegner der Esoterik stehen sich meist unversöhnlich mit ihren Meinungen gegenüber. Die einen behaupten, dass alles Esoterische höhere Weisheit sei, während die anderen überzeugt sind, dass alles Esoterische ein blühender Unsinn ist. Und Sie?

Zum Gebrauch von „es"

Um den Grad einer Wahrscheinlichkeit auszudrücken, verfügen wir über eine Reihe von Ausdrücken:

Es ist ganz sicher, so gut wie sicher, ziemlich sicher, sehr wahrscheinlich, durchaus wahrscheinlich, leicht möglich, denkbar, ungewiss, zweifelhaft, eher unwahrscheinlich, kaum anzunehmen, nur schwer vorstellbar, kaum möglich, eigentlich undenkbar, ganz unmöglich, völlig ausgeschlossen.

Wie hoch schätzen Sie bei diesen Ausdrücken den Grad der Wahrscheinlichkeit (zwischen 100 % und 0 %) ein?

Bilden Sie Sätze mit diesen Ausdrücken

> *Beispiel:*   Es ist völlig ausgeschlossen, dass man durch eine Wand gehen kann.

1. den eigenen Atem und Herzschlag regulieren 2. fremde Gedanken lesen 3. jemand in Hypnose versetzen 4. barfuß über glühende Kohlen laufen 5. Stimmen aus dem Jenseits hören 6. Erdstrahlen spüren 7. durch Homöopathie heilen 8. nach dem Tod in einem anderen Körper weiterleben 9. Gegenstände durch geistige Kraft bewegen 10. zukünftige Ereignisse träumen 11. Gespenstern begegnen 12. die Lottozahlen erraten 13. durch Handauflegen heilen 14. politische Ereignisse vorhersagen 15. eine Reise in eine andere Zeit unternehmen 16. durch Hingabe an einen Guru in geistige Abhängigkeit und wirtschaftliche Ausbeutung geraten 17. den Charakter eines Menschen aus dessen Handschrift erkennen

Umformung
Bilden Sie Sätze mit „dass"

> *Beispiel:*   Dass man durch eine Wand gehen kann, (das) ist völlig ausgeschlossen.

1. Es gibt Hexen und Zauberer. 2. Jeder Mensch hat einen Schutzengel. 3. Positives Denken führt zu einem glücklicheren Leben. 4. Man könnte mich leicht hypnotisieren. 5. Drogen wie LSD erweitern das Bewusstsein. 6. Der Teufel ist der wahre Herrscher der Welt. 7. Der Stand der Sterne bei der Geburt prägt das Schicksal jedes Menschen. 8. Horoskope in Illustrierten treffen meist zu. 9. Mit einer Wünschelrute oder einem Pendel kann man unterirdische Quellen oder verborgene Schätze finden. 10. Durch Akupunktur kann man sich das Rauchen abgewöhnen. 11. In früherer Zeit haben Astronauten von fremden Sternen die Erde besucht. 12. Hellseher helfen oft den Kriminalbeamten bei der Suche nach Vermissten. 13. Unser Planet Erde ist als Ganzes ein Lebewesen. 14. Auch Pflanzen haben Gefühle. 15. Am Freitag, dem Dreizehnten, passieren mehr Unfälle als an anderen Tagen. 16. Alle Ereignisse im Leben eines Menschen sind bereits vorherbestimmt.

Antworten Sie möglichst im Konjunktiv II

Wie würden Sie reagieren, wenn ...?

1. Sie hören nachts merkwürdige Schritt- und Klopfgeräusche. 2. Sie haben einen unerklärlichen Traum. 3. Jemand will Ihnen aus der Hand lesen. 4. Sie hören, dass Ihr Kind einer Jugendsekte angehört und dort einer Gehirnwäsche unterzogen wird. 5. Jemand behauptet, Sterbeerlebnisse von klinisch toten Unfallopfern seien nur Halluzinationen oder Wunschphantasien. 6. Ein Bekannter empfiehlt Ihnen einen homöopathischen Arzt. 7. Eine schwarze Katze überquert Ihren Weg.

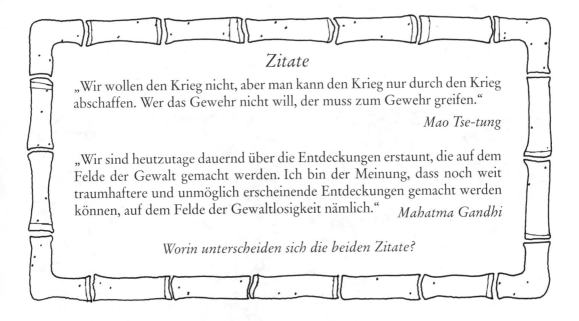

Zitate

„Wir wollen den Krieg nicht, aber man kann den Krieg nur durch den Krieg abschaffen. Wer das Gewehr nicht will, der muss zum Gewehr greifen."

Mao Tse-tung

„Wir sind heutzutage dauernd über die Entdeckungen erstaunt, die auf dem Felde der Gewalt gemacht werden. Ich bin der Meinung, dass noch weit traumhaftere und unmöglich erscheinende Entdeckungen gemacht werden können, auf dem Felde der Gewaltlosigkeit nämlich." *Mahatma Gandhi*

Worin unterscheiden sich die beiden Zitate?

Wolfgang Borchert

Lesebuchgeschichten

Alle Leute haben eine Nähmaschine, ein Radio, einen Eisschrank und ein Telefon. Was machen wir nun? fragte der Fabrikbesitzer.
Bomben, sagte der Erfinder.
Krieg, sagte der General.
Wenn es denn gar nicht anders geht, sagte der Fabrikbesitzer.

Fragen

1. Wenn der Markt mit Konsumgütern gesättigt ist, wird weniger gekauft und weniger produziert. Arbeitsplätze gehen verloren. Halten Sie es für richtig, wenn der Staat versucht, Arbeitsplätze durch Rüstungsaufträge zu sichern?

2. Meinen Sie, dass es zum Wesen des Menschen gehört, Kriege zu führen und alles zu zerstören, um es dann wieder aufzubauen?

3. Nennen Sie einige Ursachen für die Entstehung von Kriegen.

Der Mann mit dem weißen Kittel schrieb Zahlen auf das Papier. Er machte ganz kleine zarte Buchstaben dazu.

Dann zog er den weißen Kittel aus und pflegte eine Stunde lang die Blumen auf der Fensterbank. Als er sah, daß eine Blume eingegangen war, wurde er sehr traurig und weinte.

Und auf dem Papier standen die Zahlen. Danach konnte man mit einem halben Gramm in zwei Stunden tausend Menschen totmachen.

Die Sonne schien auf die Blumen.
Und auf das Papier.

Fragen

1. Haben Wissenschaftler eine moralische Verpflichtung für das, was sie erforschen, oder ist es nicht ihre Aufgabe, sich um Politik zu kümmern?
2. Wie interpretieren Sie das: „Die Sonne schien auf die Blumen. Und auf das Papier"?

Hören und verstehen

Hören Sie zwei weitere Texte aus den „Lesebuchgeschichten" von Wolfgang Borchert. Geben Sie den Inhalt wieder.

BORCHERT, *Wolfgang, Schriftsteller,* *Hamburg 20. Mai 1921, † Basel 20. Nov. 1947, zuerst Buchhändlerlehrling, dann Schauspieler. 1941 an der Ostfront schwer verwundet, zweimal denunziert wegen Äußerungen „gegen Staat und Partei" und inhaftiert. B. ist ein Dichter der „verlorenen Generation", die um Jugend und Zukunft betrogen wurde. Zu früher Meisterschaft gelangte B. in dem Heimkehrerdrama „Draußen vor der Tür" (1947) und in seinen Kurzerzählungen.*

CELAN, *Paul (1920–1970). Nach der Wannsee-Konferenz 1942 in Berlin, auf der die Ausrottung aller Juden beschlossen worden war, wurden seine jüdischen Eltern im Lager Michailow ermordet. Celan selbst entging dem Tod, indem er sich versteckte. Er lebte in Cernowitz (Bukowina, Rumänien), Wien und später in Paris, wo er sich 1970 in der Seine das Leben nahm. Celan gilt als einer der bedeutendsten deutschsprachigen Avantgarde-Lyriker. Das Gedicht „Todesfuge", das 1945 entstand, hat ihn weltberühmt gemacht. Es hat die Unmenschlichkeit der nationalsozialistischen Vernichtungslager mit ihren Gaskammern und Verbrennungsöfen zum Inhalt.*

Paul Celan

Todesfuge

SCHWARZE Milch der Frühe wir trinken sie abends
wir trinken sie mittags und morgens wir trinken sie nachts
wir trinken und trinken
wir schaufeln ein Grab in den Lüften da liegt man nicht eng
Ein Mann wohnt im Haus der spielt mit den Schlangen der schreibt
der schreibt wenn es dunkelt nach Deutschland dein goldenes Haar Margarete
er schreibt es und tritt vor das Haus und es blitzen die Sterne er pfeift seine Rüden herbei
er pfeift seine Juden hervor läßt schaufeln ein Grab in der Erde
er befiehlt uns spielt auf nun zum Tanz

Schwarze Milch der Frühe wir trinken dich nachts
wir trinken dich morgens und mittags wir trinken dich abends
wir trinken und trinken
Ein Mann wohnt im Haus der spielt mit den Schlangen der schreibt
der schreibt wenn es dunkelt nach Deutschland dein goldenes Haar Margarete
Dein aschenes Haar Sulamith wir schaufeln ein Grab in den Lüften da liegt man nicht eng
Er ruft stecht tiefer ins Erdreich ihr einen ihr andern singet und spielt
er greift nach dem Eisen im Gurt er schwingts seine Augen sind blau
stecht tiefer die Spaten ihr einen ihr andern spielt weiter zum Tanz auf

Schwarze Milch der Frühe wir trinken dich nachts
wir trinken dich mittags und morgens wir trinken dich abends
wir trinken und trinken
ein Mann wohnt im Haus dein goldenes Haar Margarete
dein aschenes Haar Sulamith er spielt mit den Schlangen

Er ruft spielt süßer den Tod der Tod ist ein Meister aus Deutschland
er ruft streicht dunkler die Geigen dann steigt ihr als Rauch in die Luft
dann habt ihr ein Grab in den Wolken da liegt man nicht eng

Schwarze Milch der Frühe wir trinken dich nachts
wir trinken dich mittags der Tod ist ein Meister aus Deutschland
wir trinken dich abends und morgens wir trinken und trinken
der Tod ist ein Meister aus Deutschland sein Auge ist blau
er trifft dich mit bleierner Kugel er trifft dich genau
ein Mann wohnt im Haus dein goldenes Haar Margarete
er hetzt seine Rüden auf uns er schenkt uns ein Grab in der Luft
er spielt mit den Schlangen und träumet der Tod ist ein Meister aus Deutschland
dein goldenes Haar Margarete
dein aschenes Haar Sulamith

amnesty international

Fragen zur Interpretation

1. Von welcher Umgebung spricht das Gedicht?
2. Was bedeutet „schwarze Milch"?
3. Welche anderen Bilder werden benutzt, was drücken sie aus?
4. Wen repräsentieren Margarete und Sulamith; wer ist der Mann in dem Haus?
5. Interpretieren Sie das Gedicht mit Hilfe dieser Wörter: KZ, Herrenrasse, Aufseher, Verbrennung, das Böse, Untermenschen, Erlösung, Zynismus, Perfektionismus, Monotonie, Hoffnungslosigkeit.
6. Kann man das Gedicht nur auf die deutsche Vergangenheit beziehen oder auch auf ähnliche Vorgänge in anderen Ländern heute?

Welche Aufgabe hat ai?

Finden Sie die Verben

der Dienst	*dienen*	die Rüstung	
die Einberufung		der Schuss	
die Entlassung		das Feuer	
die Verpflegung		der Befehl	
die Bekleidung		der Marsch	
die Bewaffnung		die Wache	
der Angriff		die Vernichtung	
die Zerstörung		die Verteidigung	

Welche Verben sind stark? Welche sind trennbar?

Hören und verstehen

Wofür?

Hören Sie ein Gedicht von Manfred Mai von der Kassette.

Wie denken Sie darüber?

Zitate

Töte einen und du bist ein Mörder! Töte Tausende und du bist ein Held!
Aus Indien

Einen Krieg beginnen, heißt nichts weiter, als einen Knoten zerhauen,
statt ihn aufzulösen.
Morgenstern

Der Krieg ist der Vater aller Dinge und der König aller.
Die einen macht er zu Göttern, die anderen zu Menschen,
die einen zu Sklaven, die anderen zu Freien.
Heraklit

Gott ist immer mit den stärksten Bataillonen.
Friedrich II.

Kurt Tucholsky

Und wenn alles vorüber ist

Und wenn alles vorüber ist –; wenn sich alles totgelaufen hat: die Wonne, in Massen aufzutreten und in Gruppen Fahnen zu schwenken. Dann *wird* einer kommen, der *wird* eine geradezu donnernde Entdeckung machen: Er *wird* den Einzelmenschen entdecken. Er *wird* sagen: Es gibt einen Organismus, Mensch geheißen, auf den kommt es an. Ob der glücklich ist, das ist die Frage. Dass er frei ist, das ist das Ziel. Gruppen sind etwas Sekundäres. Es kommt nicht darauf an, dass der Staat lebe – es kommt darauf an, dass der Mensch lebe!

Bertolt Brecht

Die Seeräuber-Jenny

Meine Herren, heute sehen Sie mich Gläser abwaschen
Und ich mache das Bett für jeden.
Und Sie geben mir einen Penny und ich bedanke mich schnell
Und Sie sehen meine Lumpen und dies lumpige Hotel
Und Sie wissen nicht, mit wem Sie reden.
Aber eines Abends *wird* ein Geschrei sein am Hafen
Und man fragt: Was ist das für ein Geschrei?
Und man *wird* mich lächeln sehn bei meinen Gläsern
Und man sagt: Was lächelt die dabei?
Und ein Schiff mit acht Segeln
Und mit fünfzig Kanonen
wird liegen am Kai.

Und man sagt: Geh, wisch deine Gläser, mein Kind!
Und man reicht mir den Penny hin.
Und der Penny *wird* genommen, und das Bett *wird* gemacht.
(Es *wird* keiner mehr drin schlafen in dieser Nacht.)
Und Sie wissen immer noch nicht, wer ich bin.
Aber eines Abends *wird* ein Getös sein am Hafen
Und man fragt: Was ist das für ein Getös?
Und man *wird* mich stehen sehen hinterm Fenster
Und man sagt: Was lächelt die so bös?
Und das Schiff mit acht Segeln
Und mit fünfzig Kanonen
wird beschießen die Stadt.

Meine Herren, da *wird* wohl Ihr Lachen aufhörn
Denn die Mauern *werden* fallen hin
Und die Stadt *wird* gemacht dem Erdboden gleich
Nur ein lumpiges Hotel *wird* verschont von jedem Streich
Und man fragt: Wer wohnt Besonderer darin?
Und in dieser Nacht *wird* ein Geschrei um das Hotel sein
Und man fragt: Warum *wird* das Hotel verschont?
Und man *wird* mich sehen treten aus der Tür gen Morgen
Und man sagt: Die hat darin gewohnt?
Und das Schiff mit acht Segeln
Und mit fünfzig Kanonen
wird beflaggen den Mast.

Und es *werden* kommen hundert gen Mittag an Land
Und *werden* in den Schatten treten
Und fangen einen jeglichen aus jeglicher Tür
Und legen ihn in Ketten und bringen vor mir
Und fragen: Welchen sollen wir töten?
Und an diesem Mittag *wird* es still sein am Hafen
Wenn man fragt, wer wohl sterben muß.
Und dann *werden* sie mich sagen hören: Alle!
Und wenn dann der Kopf fällt, sag ich: Hoppla!
Und das Schiff mit acht Segeln
Und mit fünfzig Kanonen
wird entschwinden mit mir.

Das Verb „werden"

werden hat verschiedene Funktionen:

1. Er wird sicher mal ein guter Rechtsanwalt. (Vollverb mit Nominativ)
2. Es wird hell. Er wird rot. (Vollverb)
3. Er wird überleben. Ich werde kommen. (Vermutung, Absicht)
4. Der Brief wird sofort geöffnet. (Passiv)

Aufgabe

Erklären Sie, wie „werden" bei Tucholsky und Brecht an den verschiedenen Stellen benutzt wird.

Reiner Kunze

Sechsjähriger

Er durchbohrte Spielzeugsoldaten mit Stecknadeln.
Er stößt sie ihnen in den Bauch, bis die Spitze aus dem Rücken tritt.
Er stößt sie ihnen in den Rücken, bis die Spitze aus der Brust tritt.
Sie fallen.
„Und warum gerade diese?"
„Das sind doch die andern."

3

Fragen

1. Was halten Sie von Kriegsspielzeug?
2. Sind Kinder so grausam wie Erwachsene?
3. Was oder wie erfahren Kinder in den Medien vom Krieg?
4. Wie kann man Kinder zum Hass auf den Feind erziehen?
5. Welche Folgen haben Kriegserlebnisse für Kinder?

Was fällt Ihnen zu dem Bild ein?

Diskussion: Aufrüstung – Abrüstung

Bilden Sie zwei Gruppen und argumentieren Sie mit Hilfe der genannten Stichpunkte.

Argumente Gruppe 1:

a) Position der Stärke
b) Abschreckung
c) militärisches Gleichgewicht
d) böse gegnerische Pläne
e) rasche technologische Entwicklung
f) Raumfahrt
g) Fähigkeit zum zweiten Schlag
h) Systemerhaltung durch Militär
i) Sicherung der Arbeitsplätze
j) positive Außenhandelsbilanz durch Waffenexporte
k) friedliche Nutzung der Atomenergie

Argumente Gruppe 2:

a) Entspannung, Kriegsgefahr
b) Rüstungskosten
c) Rüstungswettlauf
d) Verschwendung von Rohstoffen und wissenschaftlichen Ressourcen
e) militärisch-industrieller Komplex
f) Dritte Welt, Hunger, Armut
g) nuklearer Overkill
h) Moral, Ethik
i) Weiterverbreitung von Atomwaffen
j) atomare Weltkatastrophe

Kurzreferat

Berichten Sie über militärische Probleme in Ihrem Land. Nehmen Sie zu folgenden Fragen Stellung:

1. Wehrpflicht
2. Wehrdienstverweigerung

3. äußere Bedrohung Ihres Landes
4. innere Sicherheit

Wie interpretieren Sie das Schaubild?

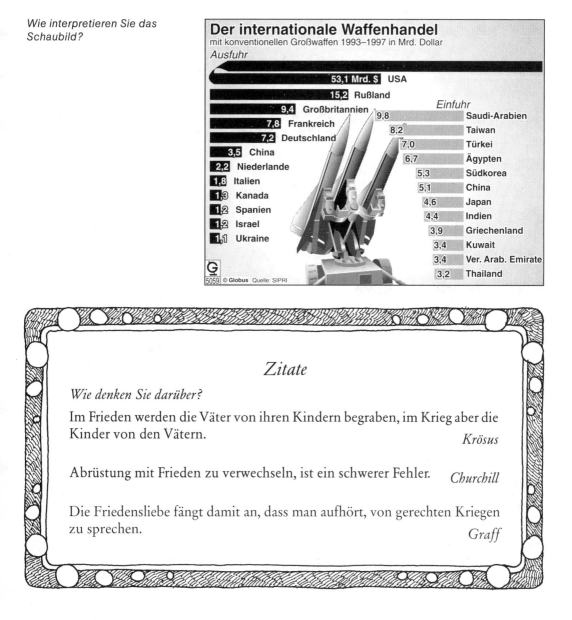

Der internationale Waffenhandel
mit konventionellen Großwaffen 1993–1997 in Mrd. Dollar
Ausfuhr

53,1 Mrd. $	USA
15,2	Rußland
9,4	Großbritannien
7,8	Frankreich
7,2	Deutschland
3,5	China
2,2	Niederlande
1,8	Italien
1,3	Kanada
1,2	Spanien
1,2	Israel
1,1	Ukraine

Einfuhr

9,8	Saudi-Arabien
8,2	Taiwan
7,0	Türkei
6,7	Ägypten
5,3	Südkorea
5,1	China
4,6	Japan
4,4	Indien
3,9	Griechenland
3,4	Kuwait
3,4	Ver. Arab. Emirate
3,2	Thailand

5059 © Globus Quelle: SIPRI

Zitate

Wie denken Sie darüber?

Im Frieden werden die Väter von ihren Kindern begraben, im Krieg aber die Kinder von den Vätern.

Krösus

Abrüstung mit Frieden zu verwechseln, ist ein schwerer Fehler. *Churchill*

Die Friedensliebe fängt damit an, dass man aufhört, von gerechten Kriegen zu sprechen.

Graff

3

Silbenrätsel

Wie heißt das Gegenteil?

die Abrüstung	_____	der Sieg	_____
der Angreifer	_____	die Zerstörung	_____
der Freund	_____	Frieden schließen	_____
der Held	_____	Widerstand leisten	_____
der Rückzug	_____		

Substantivierte Adjektive

	Singular	Plural
gefangen	*der Gefangene*	*die Gefangenen*
tot	_____	_____
vermisst	_____	_____
krank	_____	_____
schwach	_____	_____
verletzt	_____	_____
amputiert	_____	_____
verwundet	_____	_____
gefallen	_____	_____
fahnenflüchtig	_____	_____
wehrpflichtig	_____	_____
freiwillig	_____	_____

Merken Sie sich:

Nach den Pronomen *alle, diese, dieselben, diejenigen, irgendwelche, jene, keine, manche, solche* und *welche* wird die schwache Adjektivdeklination verwendet:

Nom.	all**e** Jugendlich**en**	kein**e** Jugendlich**en**
Akk.	all**e** Jugendlich**en**	kein**e** Jugendlich**en**
Dat.	all**en** Jugendlich**en**	kein**en** Jugendlich**en**
Gen.	all**er** Jugendlich**en**	kein**er** Jugendlich**en**

andere, einige, einzelne, etliche, mehrere, verschiedene, viele, wenige, zahllose, zahlreiche werden wie ein Adjektiv behandelt. Das folgende Adjektiv oder Partizip wird stark (parallel) dekliniert:

Nom.	viel**e** Jugendlich**e**	einig**e** Jugendlich**e**
Akk.	viel**e** Jugendlich**e**	einig**e** Jugendlich**e**
Dat.	viel**en** Jugendlich**en**	einig**en** Jugendlich**en**
Gen.	viel**er** Jugendlich**er**	einig**er** Jugendlich**er**

Ergänzen Sie:

1. Das Rote Kreuz kümmert sich um die Gefangen ___ .
2. All ___ Verwundet ___ kommen ins Lazarett.
3. Die Verletzt ___ und Krank ___ werden behandelt.
4. Den Gefallen ___ wird vom General nachträglich ein Orden verliehen.
5. Ein Schiff wurde versenkt; es gab viele Ertrunken ___ und Vermisst ___ .
6. All ___ Angehörig ___ der Verwundet ___ und Gefallen ___ wurden benachrichtigt.
7. Ein Geistlich ___ tröstet die Hinterblieben ___ .
8. Der Kommandant dankt all ___ Freiwillig ___ und Wehrpflichtig ___ für ihren Einsatz.
9. All ___ Fahnenflüchtig ___ sollen vor ein Kriegsgericht kommen.
10. Auch Jugendlich ___ und Alt ___ sollen eingezogen werden.

Merken Sie sich:

Nach *beide, manche, sämtliche* ist die starke oder die schwache Adjektivdeklination möglich.

3

Substantivierte Adjektive

	Singular		Plural	
beamtet	ein	*Beamter*	viele	*Beamte*
angestellt	der		manche	
intellektuell	ein		alle	
verrückt	ein		etliche	
bekannt	ein		diese	
angehörig	eine		keine	
verwandt	eine		solche	
verlobt	die		mehrere	
arbeitslos	ein		einige	
abgeordnet	der		wenige	
vorsitzend	ein		jene	
reisend	der		alle	
neugierig	ein		etliche	
geistlich	der		viele	

*Erzählen Sie die Bild-
geschichte!*

Im Krieg sind alle Mittel erlaubt

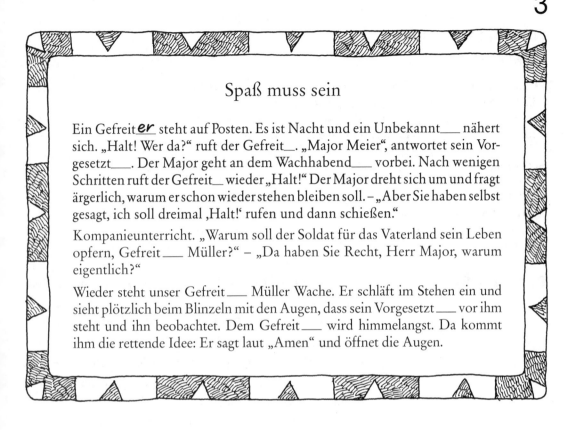

Spaß muss sein

Ein Gefreit**er** steht auf Posten. Es ist Nacht und ein Unbekannt__ nähert sich. „Halt! Wer da?" ruft der Gefreit__. „Major Meier", antwortet sein Vorgesetzt__. Der Major geht an dem Wachhabend__ vorbei. Nach wenigen Schritten ruft der Gefreit__ wieder „Halt!" Der Major dreht sich um und fragt ärgerlich, warum er schon wieder stehen bleiben soll. – „Aber Sie haben selbst gesagt, ich soll dreimal ‚Halt!' rufen und dann schießen."

Kompanieunterricht. „Warum soll der Soldat für das Vaterland sein Leben opfern, Gefreit__ Müller?" – „Da haben Sie Recht, Herr Major, warum eigentlich?"

Wieder steht unser Gefreit__ Müller Wache. Er schläft im Stehen ein und sieht plötzlich beim Blinzeln mit den Augen, dass sein Vorgesetzt__ vor ihm steht und ihn beobachtet. Dem Gefreit__ wird himmelangst. Da kommt ihm die rettende Idee: Er sagt laut „Amen" und öffnet die Augen.

Freie Sprechübung

Geben Sie einen Kommentar dazu.

> „Jeder Arbeitslose könnte doch heute eine Stelle finden."
> *Sie sagen dann z. B.:*
>   „Ich finde, den Arbeitslosen sollte man mehr helfen."
> *oder:* „Immer diese Arbeitslosen!"
> *oder:* „Ich möchte kein Arbeitsloser sein!"

1. Unsere Abgeordneten wollen mehr Diäten.
2. Meine Verwandten wollen immer große Geschenke.
3. Die Beamten wollen noch mehr Privilegien.
4. Alle Angestellten wollen mehr Freizeit.
5. Die meisten Streikenden wollen mehr Lohn.
6. Viele Hinterbliebene wollen nur erben.
7. Etliche Neugierige behindern die Rettungsarbeiten.
8. Manche fahren wie die Verrückten.

3

Freie Sprechübung

Stellen Sie eine Rückfrage.

> *Man sagt Ihnen, Sie hätten etwas von einem Verwandten geerbt.*
> *Sie fragen dann z. B.:* „Von welchem Verwandten denn?"
> *oder:* „Wirklich? Das war ein Verwandter von mir?"
> *oder:* „Wer war denn dieser Verwandte?"

Sie hören, ...

1. ein Bekannter möchte bei Ihnen übernachten.
2. ein Neuer wird Chef der Abteilung.
3. irgendein Fremder hat sich nach Ihnen erkundigt.
4. ein Verrückter hat Sie angerufen.
5. ein Verletzter wird ärztlich versorgt.
6. ein Gefangener wurde befreit.

Ergänzen Sie

1. In den Kriegen seit 1945 gab es mehr Tot___ als im Zweiten Weltkrieg.

2. Man kann nicht alle Deutsch___ für den Zweiten Weltkrieg verantwortlich machen.

3. Mein Bekannt___ gehört zu den viel___ Arbeitslos___.

4. Ein Verwandt___ von mir ist Vorsitzend___ einer Partei und Bundestagsabgeordnet___.

5. Meine Verlobt___ zählt juristisch zu meinen Verwandt___.

6. Manche Deutsch___ mögen Fremd___ nicht besonders, aber ich glaube, man kann nicht einzeln___ Deutsch___ in ihren Meinungen als typisch für die meisten Deutsch___ hinstellen.

7. All___ Beamt___ arbeiten im öffentlichen Dienst, aber auch viel___ Angestellt___ und etlich___ Arbeiter.

8. Der Streik wurde von mehrer___ Intellektuell___ organisiert.

9. Unter den Streikend___ sind viel___ Angestellt___ und Arbeiter, aber kein___ Beamt___.

10. Viel___ Jugendlich___ finden keine Stelle. Neue Gesetze ermöglichen den Älter___, ihren Arbeitsplatz früher aufzugeben.

11. Zu den sozialen Randgruppen zählen Strafgefangen___, Obdachlos___ und Behindert___, aber auch Drogensüchtig___ und Homosexuell___.

Verben mit dem Dativ

Stell dir vor, es ist Krieg und keiner geht hin...

absagen	Herr General, ich muss _____ leider absagen.
angehören	Ich will kein_____ Armee angehören.
anpassen	Warum soll ich mich d_____ Allgemeinheit anpassen?
ähnlich sehen	Das sieht _____ ähnlich, sagen Sie.
anschließen	Ich hätte mich d_____ Gegner angeschlossen.
antworten	Was soll ich _____ da antworten?
ausweichen	Ihr_____ Frage will ich nicht ausweichen.
begegnen	Der Tod ist _____ noch nie begegnet.
behagen	Und der Gedanke daran behagt _____ nicht recht.
beipflichten	Sie können _____ da nicht beipflichten?
beistehen	Ich soll mein_____ Vaterland in der Gefahr beistehen?
beistimmen	Unser_____ Politikern soll ich beistimmen?
belieben	Die tun ja doch, was _____ beliebt.
bleiben	Und was bleibt _____ da zu tun?
danken	Ich danke _____ für Ihr Angebot.
dienen	Wer nicht als Soldat d_____ Vaterland dient, _____
drohen	droht man mit harter Bestrafung.
entgehen	Ich möchte _____ Wehrdienst entgehen.
entkommen	Ich versuche, _____ Armee zu entkommen.
entrinnen	Wie kann man _____ Wahnsinn entrinnen?
entsprechen	Ihre Helden entsprechen nicht mein_____ Ideal.
erwidern	Da erwidern Sie _____ :
fehlen	_____ fehle nur Mut.
folgen	Doch ich folge mein_____ Gewissen.
gefallen	Das Leben gefällt _____ zu sehr.
gehorchen	Ich gehorche kein_____ Führer.
gehören	Mein Leben gehört doch nur _____ .
gelingen	Es gelingt _____ nicht, mich zu überzeugen.
genügen	_____ genügen keine Parolen.
glauben	Ich glaube _____ kein Wort.
gleichen	Ihre Propaganda gleicht doch nur _____ des Feindes.
glücken	Sie sagen, ein Sieg ist _____ geglückt?
gratulieren	Ich gratuliere _____ nicht dazu.
helfen	Helfen _____ Siege?

3

kommen	_____ kommen Zweifel.
missfallen	_____ missfallen Ihre Siege.
misslingen	Die Täuschung wird _____ misslingen.
missraten	Die Tricks werden _____ missraten.
misstrauen	Denn das Volk misstraut Ihr_____ Siegesmeldungen.
nachblicken	Traurig wird man d_____ nachblicken, die in den Krieg ziehen.
nacheifern	Ich will ander_____ Vorbildern nacheifern.
nachlaufen	Und warum soll ich I_____ nachlaufen?
nützen	Ich nütze _____ doch nichts.
passen	_____ passt keine Uniform.
passieren	Was passiert _____ , wenn ich verweigere?
raten	Sie raten _____ zu schweigen?
schaden	Ich schade _____ Ehre des Volkes?
scheinen	Das scheint _____ absurd.
schmecken	_____ schmeckt der Kriegsdienst nicht.
schmeicheln	Sie versuchen nicht, _____ zu schmeicheln?
stehen	Der Stahlhelm steht _____ einfach nicht.
trauen	Ich traue auch kein_____ Uniformiert_____ .
unterliegen	Sie unterliegen _____ Befehl und nicht ihr_____ Gewissen.
vergeben	Gott soll ihn_____ vergeben.
weichen	Wir weichen nicht _____ Gewalt.
widersetzen	Wir widersetzen uns _____ Befehl.
widersprechen	Wir widersprechen _____ Lüge.
widerstehen	Wir widerstehen _____ Versuchung.
widerstreben	Wir widerstreben _____ Hurrageschrei.
zuhören	Wir hören nicht _____ Rednern zu.
zuschauen	Wir schauen auch nicht Ihr_____ Paraden zu.
zustehen	Sie meinen, _____ steht da kein Urteil zu?
zustimmen	Ich kann _____ nicht zustimmen, Herr General.

Wie hätten Sie entschieden?

Das schleswig-holsteinische Landessozialgericht musste über den folgenden Fall entscheiden: Eine arbeitslose Sekretärin hatte vom Arbeitsamt eine Stelle in einer Firma zugewiesen bekommen, die u. a. auch Kriegswaffen herstellt. Die Sekretärin weigerte sich, die Stelle anzunehmen, da sie Pazifistin sei. Daraufhin forderte das Arbeitsamt das bereits gezahlte Arbeitslosengeld zurück. Die Sekretärin berief sich auf ihr Gewissen und verklagte das Arbeitsamt. Wie entschieden die Richter?

*Vergleichen Sie die Bilder
aus Nürnberg.*

Wandsprüche

Rührei zum Frühstück, sagt Plato, ist besser als die ganze NATO.

Wie kommt's, dass am Ende des Geldes noch so viel Monat übrig ist?

Auch Arme haben Beine.

Keine Macht für niemand!

Lieber arbeitslose Heere als Arbeitslosenheere!

Lieber fünf Minuten lang feige als ein ganzes Leben tot!

Wer von der Brücke fällt, der fällt unangenehm auf!

Ein festes Fundament ist die solide Basis einer guten Grundlage.

Lieber rot als tot.

Fahrradfahrer aller Länder vereinigt euch! Ihr habt nichts zu verlieren außer euren Ketten!

Heute schon gelebt?

Freiheit für alle! Weg mit der Schwerkraft!

Meine Eltern sagen, sie wollen nur mein Bestes. Aber das kriegen sie nicht!

Neue Vokabeln

Nomen	Plural	Verben	Adjektive

der _____ - ____

der _____ - ____

der _____ - ____

der _____ - ____

der _____ - ____

der _____ - ____

der _____ - ____

der _____ - ____

der _____ - ____

der _____ - ____

Verben

_____

_____

_____

_____

_____

_____

_____

Adjektive

_____

_____

_____

_____

_____

_____

_____

_____

Sonstiges

die _____ - ____

die _____ - ____

die _____ - ____

die _____ - ____

die _____ - ____

die _____ - ____

die _____ - ____

die _____ - ____

die _____ - ____

die _____ - ____

die _____ - ____

_____

_____

_____

_____

_____

_____

_____

_____

Redewendungen

das _____ - ____

das _____ - ____

das _____ - ____

das _____ - ____

das _____ - ____

das _____ - ____

das _____ - ____

das _____ - ____

das _____ - ____

das _____ - ____

das _____ - ____

I. ÜBUNGEN ZUM GESPROCHENEN DEUTSCH

1 Übernehmen Sie eine Rolle

a) Im Wäschepaket, das Ihre Frau gestern bei der chemischen Reinigung abgeholt hat, finden Sie eine fremde Schlafanzugjacke. Reden Sie mit Ihrer Frau.
b) Der Verkäufer will die Badehose, die Sie neulich gekauft haben, nicht umtauschen. Verlangen Sie den Geschäftsführer!
c) Sie wollen Ihrem Freund in Amerika etwas typisch Deutsches mitbringen. Beraten Sie sich mit einem Bekannten.
d) Der Taxifahrer will seinen Gebührenzähler (Taxometer) nicht anstellen und bietet Ihnen einen „günstigen" Pauschaltarif an.
e) Sie sind soeben aus dem Urlaub zurück. Rufen Sie Ihre Freundin an und berichten Sie, was Sie erlebt haben (Reiseziel, Unterkunft, Verpflegung, Ausflüge, Land und Leute, Geld, Souvenirs, Sehenswürdigkeiten, Sport, Wetter usw.). Übertreiben Sie ruhig ein bisschen!

2 Ratespiel

Sie befinden sich an einem der folgenden Orte. Beschreiben Sie, was Sie um sich herum sehen oder was Sie gerade tun, und lassen Sie die anderen erraten, wo Sie sich aufhalten:

Tankstelle, Autofriedhof, Fließband, Schlaraffenland, Juwelier, Aquarium, Altstadt, Polizeiwache, Burg, Hotelzimmer, Zelt, Einkaufszentrum, Treibhaus, Flohmarkt, Gefängnishof, Mond, Hafen, Straßenbahnhaltestelle, Kirche, Parlament, Kunstgalerie, Skilift, Wasserfall, Wüste, Sauna, Taxi, Tunnel, Schreibwarenhandlung, Militärkaserne, Souvenirladen, Museum, Friseur, Zeitungskiosk, Postamt, Nonnenkloster, Krankenhaus, Metzgerei, Atomkraftwerk, Leuchtturm, Hexenhäuschen, Bergwerk, Kühlraum, Fernsehstudio, Oktoberfest, Karnevalszug

Wie heißen die richtigen Artikel?

3 Gesprächsanlässe

Versuchen Sie, Ihre Ansicht gegenüber der Gesprächspartnerin/dem Gesprächspartner durchzusetzen.

Ihr Partner meint, dass man Fremdsprachen am besten durch Übersetzen lernt. Äußern Sie Zweifel und überzeugen Sie ihn von Ihrem eigenen Standpunkt.

Ihr Partner hat keinen Fernsehapparat. Raten Sie ihm, einen zu kaufen, und begründen Sie diesen Rat.

Ihr Partner glaubt, dass es nicht schadet, wenn man täglich Alkohol trinkt. Überzeugen Sie ihn davon, dass diese Meinung falsch ist.

4 Stellen Sie eine Rückfrage im Perfekt mit „etwa"

> *Beispiel:*
> Wir haben keinen Kaffee mehr! – *Hast du etwa vergessen, welchen zu kaufen?*

1. Ich kann kein Fleisch mehr sehen! 2. Er ist in die Klinik eingeliefert worden. 3. Du siehst zehn Jahre jünger aus! 4. Ich studiere jetzt Medizin. 5. Das Flugzeug musste notlanden. 6. Wo ist mein Portemonnaie? 7. Hab' ich Kopfschmerzen! 8. Ich bin ja so glücklich! 9. Unser Bankkonto ist überzogen. 10. Meine Hose hat einen Fleck. 11. Ich konnte nicht schlafen.

5 Denksportaufgabe

Ein Intercity Express verlässt Hannover in Richtung Würzburg mit 260 km/h. Zur gleichen Zeit verlässt ein Güterzug Würzburg in Richtung Hannover mit 120 km/h. Welcher Zug ist weiter von Hannover entfernt, wenn sie sich begegnen?

6 Wohnungswahl

Sie sind ein pensionierter Lehrer, ein jugendlicher Automechaniker oder eine ledige Mutter mit Halbtagsjob. Sie haben die Möglichkeit, die Lage Ihrer neuen Wohnung zu bestimmen. Was ist Ihnen in Ihrer Nähe wichtig, was nicht und warum?

Schwimmbad, Hauptschule, Altenheim, nette Nachbarn, Kirche, Diskothek, Kunsthandlung, Postamt, Friedhof, Autobahnauffahrt, Zeitungskiosk, Park, Eckkneipe, Polizeistelle, Fußballstadion, Tankstelle, Radwege, Feuerwehr, Einkaufszentrum, Zahnarzt, Kegelbahn, Kinderspielplatz, Müllkippe, Sportverein, Stadtbücherei, Reinigung, Garage, Oper, Marktplatz, Kino, Stahlwerk, Reisebüro, Lift, Bauernhof, Spielhalle, Handwerksbetriebe, Tante-Emma-Laden, Sandkasten, Militärflugplatz, Klinik, Schlachthof, See, Kindergarten, Nachtclub, Sägewerk, U-Bahn, Zoo, Telefonzelle, Hotel, Hafen, Taxistand

7 Partikel

Sie möchten etwas Bestimmtes wissen. Ihre Frage klingt weniger aufdringlich und natürlicher, wenn Sie „denn" oder „eigentlich" oder „denn eigentlich" benutzen. Wer etwas aggressiv gestimmt ist oder einen Vorwurf anklingen lassen will, benutzt „überhaupt".

1. Sag mal, wie spät ist es?
2. Ist er gestern Abend nach Hause gekommen?
3. Haben Sie eine Universität besucht?
4. Wie teuer ist der Eintritt?
5. Was für Zutaten braucht man, um Pfannkuchen zu backen?
6. Wo haben Sie Ihren Führerschein gemacht?
7. Kannst du dich noch daran erinnern?
8. Was hast du deinem Mann zum Hochzeitstag geschenkt?
9. Spielt Ihr Kind nie mit anderen Kindern?

8 Partikel

Stellen Sie eine rhetorische Frage. Benutzen Sie „nur" oder „bloß".

Wie konntest du nur/bloß …?
Wann kommt nur/bloß endlich …?
Wie macht sie das nur/bloß, dass …?
Woher weiß er nur/bloß, dass…?
Woran liegt es nur/bloß, dass …?
Wie kann man es nur/bloß schaffen (verhindern), dass …?
Wer könnte uns nur/bloß helfen, …?
Wo steckt nur/bloß …?

9 Partikel

Aufforderungen wirken höflicher, natürlicher und beiläufiger, wenn Sie „mal" oder „eben mal" oder „gerade mal" benutzen.

1. Halten Sie die Leiter für mich?
2. Könnten Sie mir die Milchdose reichen?
3. Hätten Sie einen Moment Zeit?
4. Ich möchte Sie gern mit Herrn Rösler bekannt machen.
5. Kannst du die Tür aufhalten?
6. Könntest du mir das Paket abnehmen?
7. Hilfst du mir, das Auto anzuschieben?
8. Würden Sie mir drei Fotokopien davon machen?
9. Leih mir bis morgen zehn Mark.
10. Machen Sie uns eine Tasse Kaffee?

10 Partikel

Sie wollen jemand einen gut gemeinten Rat geben. Benutzen Sie „nur" oder „einfach" oder „ruhig".

1. Morgen ist Sonntag. Schlaf dich aus.
2. Probieren Sie eine von meinen Zigarren.
3. Kommen Sie vorbei, wenn Sie hier in der Gegend sind.
4. Fahren Sie geradeaus, der Weg ist schon richtig.
5. Verlassen Sie sich ganz auf mich.
6. Richten Sie die Beschwerde direkt an die Geschäftsleitung.
7. Nehmen Sie sich noch etwas von der Erdbeertorte.
8. Bleiben Sie über Nacht, wir haben ein Gästezimmer.
9. Nimm ein Taxi, das ist nicht teuer.
10. Wirf die Verpackung weg, wir brauchen sie nicht mehr.

II. ÜBUNGEN ZUM GESCHRIEBENEN DEUTSCH

11 Brief schreiben

Sie berichten Ihrem besten Freund (Ihrer besten Freundin) von Ihrer Idee, nach der Pensionierung in das Land Ihrer Träume zu ziehen, eine Wohngemeinschaft zu bilden und dort in Ruhe Ihre neuen Freiheiten zu genießen. Versuchen Sie, ihn (sie) zum Mitmachen zu überreden. Phantasieren Sie, wie alles sein könnte. Benutzen Sie oft den Konjunktiv II.

12 Kurzreferat

Wählen Sie eines der folgenden Themen:

a) Leben Sie, um zu arbeiten, oder arbeiten Sie, um zu leben?
b) Wie sieht die Zukunft des vereinten Europa aus?
c) Ist Entwicklungshilfe hinausgeworfenes Geld?
d) Ernähren wir uns falsch?

Bei der Abfassung Ihrer Stellungnahme bedenken Sie bitte folgendes:

– Formulieren Sie Ihren eigenen Standpunkt und begründen Sie ihn.
– Ordnen und gliedern Sie Ihre Argumente.
– Geben Sie, wenn nötig, Beispiele.
– Schreiben Sie einen zusammenhängenden Text.

13 Gedichtpuzzle

Ärgerlich: Der Drucker hat die Zeilen innerhalb der einzelnen Strophen des Gedichtes „Mondnacht" von Joseph von Eichendorff (1788–1857) vertauscht. Können Sie das schöne Gedicht reparieren?

Die Erde still geküsst,
Von ihm nun träumen müsst'.
Es war, als hätt' der Himmel
Dass sie im Blütenschimmer

Die Luft ging durch die Felder,
So sternklar war die Nacht.
Die Ähren wogten sacht,
Es rauschten leis' die Wälder,

Weit ihre Flügel aus,
Als flöge sie nach Haus.
Flog durch die stillen Lande,
Und meine Seele spannte

III. ÜBUNGEN ZUM WORTSCHATZ

14 Nomen: Tor und Gegentor

Zwei Mannschaften spielen gegeneinander. Jemand aus der ersten Mannschaft nennt Artikel und Nomen. Beispiel: der Herr. Dann ruft er jemand aus der anderen Mannschaft auf, der spontan das Gegenteil (Antonym) sagen muss: die Dame (oder der Sklave). Für jede falsche Antwort gibt es einen Minuspunkt, für einen falschen Artikel einen halben.
Der Befragte stellt dann die nächste Aufgabe an die gegnerische Mannschaft.
Spieldauer: 5–10 Minuten. Wer hat die meisten Minuspunkte?

der Abend, die Abfahrt, die Abkühlung, die Ablehnung, die Abmeldung, die Abnahme, der Absender, der Altbau, das Alter, der Anfang, das Angebot, die Ankunft, die Anmeldung, die Antwort, die Armut, der Arzt, die Ausfahrt, die Ausfuhr, der Ausgang, die Ausnahme, die Belohnung, der Berg, die Bitte, der Cousin, die Cousine, der Dank, die Dummheit, die Dunkelheit, der Durst, die Einfahrt, die Einfuhr, der Eingang, die Eintracht, die Einzahl, der Empfänger, das Ende, der Erfolg, die Erlaubnis, der Ernst, die Erwärmung, der Fachmann, der Feiertag, die Feigheit, der Feind, die Ferne, die Frage, der Freund, der Friede(n), der Frost, der Frühling, der Gast, der Gastgeber, die Geburt, der Gesunde, der Gewinn, die Helligkeit, der Herbst, die Hitze, der Hunger, die Kindheit, die Klugheit, der Kranke, der Krieg, der Laie, die Mehrzahl, der Misserfolg, der Morgen, der Mut, die Nachfrage, der Neubau, die Nähe, der Patient, die Regel, der Reichtum, der Spaß, die Strafe, das Tal, der Tod, das Verbot, der Verlust, der Werktag, die Zunahme, die Zustimmung, die Zwietracht.

Notieren Sie sich die Gegensatzpaare, die Sie nicht kannten.

15 Nennen Sie vier davon

Gebirge in Deutschland, Sportartikel, Krankheiten, Geschäfte, Zimmer einer Wohnung, deutsche Dialekte, Teile des Hauses, Haustiere, Bezeichnungen für die Kinder von Haustieren, Behälter, Kleidungsstücke im Winter, Teile des Arms, Körperpflegeartikel, Kulturbauten, Kunstgegenstände, Tiere auf dem Bauernhof, Getreidearten, Wassersportarten

16 Silbenrätsel

Finden Sie den Oberbegriff (im Singular)

> a-art-chen-chen-e-del-di-di-do-en-fach-ge-gel-gi-in-kat-ku-lekt-li-ment-net-on-pla-raub-re-säu-schaft-schmuck-sekt-sport-stein-stern-stu-tag-tier-ver-vo-wandt-werk-wo-ze-zei-zeug

Saturn und Venus _____

Saphir und Rubin _____

Skorpion und Waage _____

Führerschein und Geburtsurkunde _____

Hinduismus und Islam _____

Ohrring und Halskette _____

Germanistik und Theologie _____

Handball und Tennis _____

Sächsisch und Schwäbisch _____

Leopard und Panther _____

Wal und Delphin _____

Spatz und Adler _____

Wespe und Mücke _____

Schwägerin und Schwiegersohn _____

Schraubenschlüssel und Säge _____

Donnerstag und Freitag _____

17 Nomen auf „-ei"

Es gibt viele Geschäfte oder Handwerksbetriebe, die auf „-ei" enden. Sie fragen jemand z. B.:
Wo krieg' ich ein langes Brett her? Der antwortet: Geh doch mal in die Schreinerei.

1. Brötchen, knusprig 2. Bäume und Sträucher, jung 3. Keramiktopf, handgemacht 4. Visiten-
karten, farbig 5. Lexikon, alt 6. Anzug, maßgefertigt 7. Hammelfleisch, frisch 8. Torte, lecker
9. Bettwäsche, sauber 10. Türschloss, neu 11. Fass Bier, groß

18 Verb → Nomen

Beispiel: Hör auf zu nörgeln! → Lass die *Nörgelei.*

mäkeln, heucheln, schaukeln, schmieren, angeben, kritzeln, saufen, drängeln, fragen, fressen,
rumsauen, wichtig tun, streiten

19 Drücken Sie die Verben durch Nomen aus

Beispiel: Der Gast wird untergebracht. → die Unterbringung des Gastes
Die Studenten diskutieren. → die Diskussion der Studenten

1. Die Ware wird importiert. 2. Die Gasflasche explodiert. 3. Die Nashörner werden geschützt.
4. Das Medikament wird erprobt. 5. Der Chef ruft an. 6. Die Gäste verabschieden sich. 7. Der
Antragsteller widerspricht. 8. Man versteigert die Gemälde. 9. Die nationalen Minderheiten
streiten sich. 10. Man stiehlt Ihren Schmuck. 11. Die Arbeit wird abgeschlossen. 12. Der Hub-
schrauber stürzt ab. 13. Man entwirft einen Plan. 14. Die Anschriften werden gespeichert.
15. Der Konsul wird ausgewiesen. 16. Das Getreide wächst. 17. Der Bürgermeister wird gewählt. 18. Eine Kaltfront zieht durch. 19. Das Opfer rächt sich. 20. Die Luftschichten tauschen
sich aus.

20 Nennen Sie das Ziel oder den Zweck

> *Beispiel:*
> Beim Boxkampf kommt es darauf an, dass man den Gegner hart trifft oder k.o. schlägt.

Fußball – Marathonlauf – Fotografieren – Mensch-ärgere-dich-nicht – Lottospiel – Mister-Universum-Wahl – Verkehrskontrolle – Monopoly – Bewerbungsschreiben – Pilzesammeln – Fechten – Hotelbrand – Alkohol – Schach – Raubtierdressur – Soldat – Deutschlehrbuch

21 Mit welcher Bahn kann man nicht fahren?

Eisbahn – Eisenbahn – Autobahn – Seilbahn – Laufbahn – Zahnradbahn – Wildbahn – U-Bahn – Landebahn – Rutschbahn – Kegelbahn – Straßenbahn – Fahrbahn – Flugbahn

22 Ist das ein Mensch, ein Tier, ein Gegenstand?

Wasserhahn – Streithahn – Gewehrhahn – Zapfhahn – Auerhahn – Gashahn – Haupthahn – Benzinhahn

23 Welcher Schein besteht nicht aus Papier oder Pappe?

Führerschein – Gepäckschein – Mondschein – Fahrschein – Lichtschein – Anschein – Zahlschein – Lottoschein – Waffenschein – Vorschein – Kerzenschein – Heiligenschein – Sternenschein – Totenschein – Gutschein – Fackelschein

24 Welche Zähne trägt kein Mensch im Mund?

Milchzahn – Affenzahn – Löwenzahn – Eckzahn – Backenzahn – Sägezahn – Giftzahn – Radzahn – Schneidezahn

25 Welche Tätigkeit verrichten diese Leute?

Jongleur, Taxichauffeur, Souffleur, Friseur, Masseur, Fahrscheinkontrolleur, Kommandeur, Inspekteur, Akquisiteur, Importeur

26 Bilden Sie ein Adjektiv mit „-los"

Wo fällt ein „e" weg? Wo wird ein „s" eingefügt? Wo wird ein „n" eingefügt?

Klage, Farbe, Ende, Freude, Strafe, Hilfe, Frage, Sorge, Sprache, Stimme, Teilnahme, Ausnahme, Arbeit, Vermögen, Einfall, Konfession, Ausdruck, Vorurteil, Beruf, Widerstand, Mitleid, Erwerb, Ehe, Erfolg, Zusammenhang, Gefahr, Gehör, Ärmel, Zahl, Spur, Gewissen, Form, Zweifel, Ziel, Tadel, Skrupel, Falte, Lücke, Idee, Name, Grenze

27 Bilden Sie ein Adjektiv mit „-voll"

Wo wird ein „s" oder ein „n" eingefügt?

Leid, Liebe, Qual, Geschmack, Gefühl, Sinn, Wunder, Macht, Wert, Grauen, Mühe, Reiz, Glanz, Schmerz, Ruhm, Sorge, Sehnsucht, Rücksicht, Eindruck, Anspruch, Widerspruch, Verantwortung, Erwartung, Hochachtung, Vertrauen

IV. ÜBUNGEN ZUM FUTUR

28 Reden Sie mal deutlich mit dem Kind (den Kindern)!

Benutzen Sie „werden".

> *Beispiel:* Das Kinderzimmer sieht aus wie Kraut und Rüben.
> → Ihr *werdet* jetzt sofort euer Zimmer *aufräumen*!

1. Die Hände sind schmutzig. 2. Der Ball liegt auf dem Dach. 3. Die Scheibe ist kaputt. 4. Der Teller ist halb voll. 5. Das Spielzeug liegt auf dem Boden. 6. Der Fernseher läuft. 7. Der Aufsatz hat zu viele Fehler. 8. Oma ist gekränkt. 9. Der Handschuh ist weg. 10. Die Haustür steht sperrangelweit offen. 11. Die Nase läuft.

29 Bilden Sie Sätze mit dem Futur

> *Beispiel:* Zieh dich wärmer an! – Du *wirst dich sonst erkälten*.

1. Leg dich nicht so lange in die Sonne! 2. Schreib die Nummer auf! 3. Rutsch nicht auf dem Treppengeländer! 4. Geh die Wette nicht ein! 5. Steck dein Portemonnaie besser weg! 6. Ruf endlich deine Mutter an! 7. Geh nicht ins tiefe Wasser! 8. Bleib vom Feuer weg! 9. Iss bloß nicht die Pilze! 10. Heirate ihn nicht! 11. Lass die Finger vom Glücksspiel!

30 „in" und „out"

Was wird in zehn Jahren als Thema in Ihrem Land aktuell und was überholt sein? Begründen Sie Ihre Meinung. Benutzen Sie das Futur.

Heiraten, Rauchen, Oper gehen, Tango, schöne Unterwäsche, Ökologie, Wandern, Computer, Stricken, Gott, Joggen, Gartenzwerge, Bodybuilding für Frauen, Gentechnologie, Schmuck für Männer, Pauschalreisen, Doping, Fernsehen, zum Psychotherapeuten gehen, Miniröcke, Rockmusik, Fertiggerichte, Atombomben, Übergewicht, Gedichte, Fußball, Parkplätze, AIDS, Rassismus usw.

31 Was wird wohl bis zum Jahr 2010 passieren?

Stellen Sie eine Prognose.

> *Beispiel:* Verknappung von Trinkwasser.
> Das Trinkwasser *wird sich* wohl *verknappen.*

1. Verdoppelung der Erdbevölkerung 2. Erwärmung des Weltklimas 3. Abholzung der tropischen Regenwälder 4. Ausrottung vieler Tier- und Pflanzenarten 5. Sieg über die Krebskrankheit 6. Anstieg des Meeresspiegels 7. Zunahme des Tourismus 8. Erhöhung der Lebensmittelproduktion 9. Steigerung des Flugverkehrs 10. Abnahme der Lebenserwartung 11. Vermehrung regionaler Konflikte 12. Machtverlust der Supermächte 13. Ausbreitung der Wüstengebiete 14. Verkleinerung der Computergeräte

Wie verhält es sich mit dem Energieverbrauch, den Nahrungsmittelpreisen, der Ölförderung, dem Welthandel, dem Drogenkonsum, dem Waldsterben, den Religionen, dem Einfluss multinationaler Konzerne *usw.?*

V. ÜBUNGEN ZUM KONJUNKTIV

32 Einladung

Sie sind bei Ihrem Direktor zu Hause eingeladen. Sie wollen besonders höflich sein und gebrauchen den Konjunktiv II.

1. Haben Sie vielleicht einen Kugelschreiber?
2. Können Sie mir mal eben den Zucker reichen?
3. Werden Sie, wenn möglich, die Kollegen informieren?
4. Sind Sie so nett, uns ein Taxi zu bestellen?
5. Darf ich Sie um einen Gefallen bitten?
6. Halten Sie meinen Vorschlag für gut?

33 Sie sind der Chef

Geben Sie Anweisungen an Ihre Sekretärin.

> *Beispiel:* Es zieht. → *Würden* Sie bitte das Fenster *schließen?*

1. Das Briefpapier ist alle. 2. Der Tank des Firmenwagens ist fast leer. 3. Der Kaffee ist kalt. 4. Ihre Brille ist verschwunden. 5. Sie können einen Termin nicht wahrnehmen. 6. Ihr Kopf brummt. 7. Der Kopierer ist kaputt. 8. Der Flug ist ausgebucht. 9. Für den Nachmittag hat sich plötzlich Besuch angesagt. 10. Eine Mitarbeiterin hat Geburtstag.

34 Bilden Sie Sätze ohne „wenn" im Konjunktiv II

1. Wenn ich ihn gesehen hätte, hätte ich ihn zur Rede gestellt.
2. Wenn du auf mich gehört hättest, wäre dir das nicht passiert.
3. Wenn du eine lange Unterhose angezogen hättest, wäre dir jetzt wärmer.
4. Wenn ich ins Ausland ginge, dann nähme ich keine Möbel mit.
5. Wenn ich über Nacht bliebe, müsste ich früh aufstehen.
6. Wenn er gesund wäre, würde er wieder seine Arbeit aufnehmen.

35 Geben Sie gut gemeinte Ratschläge

Bilden Sie freie Sätze mit „Wenn ich du (er, sie) wäre, dann ..." oder „An deiner (seiner, ihrer) Stelle ..."

1. Dein Kind isst zu viele Süßigkeiten. 2. Sie ist durch die Prüfung gefallen. 2. Sie kann die klein gedruckte Schrift nicht lesen. 4. Du hast ihn schwer gekränkt. 5. Die Arbeitsstelle wird frei. 6. Der Kühlschrank ist leer. 7. Du hast eine chronische Bronchitis. 8. Die Straßen sind spiegelglatt. 9. Die Telefonleitung ist immer besetzt. 10. Die letzte U-Bahn ist vor deiner Nase weggefahren.

36 Bilden Sie Wunschsätze

> *Beispiel:* Das Baby isst nicht genug.
> *Wenn es doch bloß mehr essen würde!*

1. Er schreibt kaum 2. Sie hört schlecht. 3. Wir sind gefangen. 4. Ihr habt zu wenig Geld. 5. Er bleibt in diesem Schuljahr sitzen. 6. Sie kommt wieder mal zu spät. 7. Er kann das einfach nicht. 8. Sie redet ununterbrochen.

37 Bilden Sie Sätze mit „Es wäre ..."

> *Beispiel:* Sie sollten mit ihm reden. (vernünftig)
> Es wäre vernünftig, wenn Sie mit ihm reden würden.

1. Sie sollten die Geldbuße bezahlen. (ratsam)
2. Sie sollten den Mund halten. (klüger)
3. Sie sollten kündigen. (konsequent)
4. Sie sollten von Ihrem Amt zurücktreten. (aufrichtiger)
5. Sie sollten den Mut nicht sinken lassen. (besser)
6. Sie sollten eine Versicherung abschließen. (empfehlenswert)
7. Sie sollten den Hund an die Leine nehmen. (weniger gefährlich)
8. Sie sollten mehr Sport treiben. (gesünder)

38 Bilden Sie freie Sätze im Konjunktiv II

mit „Ich wollte ..." oder „Ich wünschte ...".

39 Beenden Sie die Sätze mit „fast"

Beispiel: Er hatte Glück, aber fast *hätte* er *Pech gehabt.*

1. Er fuhr in die richtige Richtung, aber …
2. Der Notarzt kam in letzter Minute, aber …
3. Er gewann die Wette, aber …
4. Der Hund biss nicht zu, aber …
5. Die Brücke hielt dem Erdbeben stand, aber …
6. Die Kugel verfehlte ihn knapp, aber …
7. Die Polizisten stellten den Täter, aber …
8. Er erriet die Lösung der Quizfrage nicht, aber …

40 Übertragen Sie die irrealen Bedingungssätze in die Vergangenheit

Beispiel: Wenn er Glück *hätte, würde* er *gewinnen.*
         Wenn er Glück *gehabt hätte, hätte* er *gewonnen.*

1. Wenn sie ihm einmal deutlich die Meinung sagen würde, würde er sie bestimmt in Ruhe lassen. 2. Wenn ich im Lotto gewinnen würde, würden alle meine Verwandten etwas abkriegen. 3. Wenn ich Politiker wäre, gäbe es keine Korruption. 4. Wenn ich in die Tropen führe, würde ich mich gegen Malaria schützen. 5. Wenn ich an deiner Stelle wäre, würde ich mich nicht mit meinem Vorgesetzten anlegen. 6. Wenn du nicht trinken würdest, würde ich mit dir fahren. 7. Wenn kein Stau wäre, könnten wir die Maschine nach München noch kriegen. 8. Wenn wir Viren im Computer hätten, müssten wir einen Fachmann um Hilfe bitten. 9. Wenn du die Grammatik lesen würdest, wüsstest du mehr.

41 Bilden Sie Sätze im Konjunktiv II

mit „als ob" oder „als wenn".

1. Er benimmt sich so, (er ist der Kaiser von China).
2. Sie erzählt so spannend, (sie hat es selbst erlebt).
3. Es hat den Anschein, (die Goldpreise fallen).
4. Ich hatte ein Gefühl, (ich bin im siebten Himmel).
5. Man hat den Eindruck, (er ist tablettenabhängig).
6. Tun Sie nicht so, (Sie wissen von nichts).

7. Er verhält sich so, (er hat keine Manieren).
8. Sie lag bewegungslos am Boden, (sie ist tot).
9. Stellen Sie sich nicht so an, (Sie machen das zum ersten Mal).
10. Er rannte, (es geht um sein Leben).
11. Ich kann mich noch so gut erinnern, (es ist gestern gewesen).

Bilden Sie nun dieselben Sätze im Konjunktiv II nur mit „als".

42 Bilden Sie Sätze mit „wenn"

> *Beispiel:* Die Absage des Treffens hätte diplomatische Folgen gehabt. → *Wenn* das
> Treffen *abgesagt worden wäre,* so hätte das diplomatische Folgen gehabt.

1. Sein Rücktritt hätte eine Lawine ausgelöst. 2. Der Sturz der Regierung hätte den Krieg verhindert. 3. Die Unterbringung des Gastes in einer Pension wäre billiger gewesen. 4. Die rechtzeitige Impfung hätte ihr eine Kinderlähmung erspart. 5. Der Abbruch der diplomatischen Beziehungen wäre eine unangemessene Reaktion gewesen. 6. Streiks der Arbeiter in den Betrieben hätten die Regierung unter Druck gesetzt. 7. Eine Rücknahme der Preiserhöhungen wäre auf die Demonstrationen zurückzuführen gewesen. 8. Der Umzug unserer Firma wäre mit hohen Kosten verbunden gewesen. 9. Ein Scheitern der Gespräche hätte eine Verschärfung der Situation bedeutet.

43 Bilden Sie Sätze im Konjunktiv II

mit „um ein Haar", „beinahe", „fast", „es hätte nicht viel gefehlt".

> *Beispiel:* aus dem Fenster stürzen – *Fast wäre* er aus dem Fenster *gestürzt.*

1. sich mit dem Messer schneiden 2. Milch auf dem Herd überkochen 3. Gardine Feuer fangen 4. in einen Hundehaufen treten 5. die Schachpartie verlieren 6. in den Abgrund fallen 7. in den falschen Zug steigen 8. das große Los ziehen 9. im Fluss ertrinken 10. den Dieb schnappen

44 Machen Sie es besser!

> *Beispiel:* Er sitzt immer zu Haus. – *An seiner Stelle ginge* ich öfter mal *aus.*

1. Er kommt immer zu spät. 2. Er nimmt sich nie Zeit für die Familie. 3. Er bringt seiner Frau nie Blumen mit. 4. Er ist viel zu ungeduldig. 5. Er gibt seinen Kindern kein Taschengeld. 6. Er bittet niemand um Rat. 7. Er geht nie vor Mitternacht zu Bett. 8. Er lädt nie Bekannte ein. 9. Er vergisst ihren Geburtstag. 10. Er sitzt jeden Abend vor dem Fernseher. 11. Sie lässt sich scheiden.

45 Was wäre „unter Umständen" möglich?

Beispiel: dringende Familienangelegenheit – Sonderurlaub
Bei einer dringenden Familienangelegenheit könnte man unter Umständen Sonderurlaub erhalten.

1. regelmäßige Einnahme von Schlaftabletten – süchtig werden 2. Nichtgefallen – Geschenk umtauschen 3. Streichung des Fluges – Flugpreis erstattet bekommen 4. Bohrung in den Schacht – verschüttete Bergleute retten 5. Auslastung der Produktionskapazität – Liefertermin einhalten 6. verringerter Kohlendioxydausstoß – Treibhauseffekt vermindern 7. Hundebiss -- Blutvergiftung bekommen 8. Einspruch gegen den Bußgeldbescheid – von einer Geldstrafe absehen

Bilden Sie diese Sätze mit *wenn* ...

VI. VERSCHIEDENE GRAMMATISCHE ÜBUNGEN

46 Wiederholung der Adjektive

Ich mag knusprig —— Stangenbrot mit gesalzen —— Butter und französisch —— Käse. Dazu eine klein—— Flasche trocken—— Rotwein. Auch knackig—— Salat natürlich, z. B. einen griechisch—— Bauernsalat. Frisch—— Obst und ein paar grün—— und schwarz—— Oliven aus dem sonnig—— Süden dürfen nicht fehlen. Und nett—— Leute mit gut—— Laune, die all die lecker—— Dinge mit mir teilen.

Er schließt den Brief mit herzlich—— Grüßen, mit seinen best—— Grüßen, mit einem lieb—— Gruß, mit freundlich—— Gruß, mit all—— sein—— best—— Grüßen, mit freundlich—— Grüßen. Er sendet ihr best—— Grüße, viel—— lieb—— Grüße, einen ganz herzlich—— Gruß, freundlich—— Grüße.

Grammatisch—— Regeln sind oft kompliziert. Aber ich übe kompliziert—— Regeln, diese besonders kompliziert—— Regel, einige kompliziert—— Regeln, jene kompliziert—— Regel, alle kompliziert—— Regeln. Kompliziert—— Regeln sind schwer zu verstehen. Bei einigen kompliziert—— Regeln mache ich Fehler.

Dunkel mag ich lieber als hell. Ich mag dunk—— Augen und dunk—— Haar, aber trinke lieber hell—— Bier als dunk——. Menschen mit dunk—— Hautfarbe finde ich meist interessanter als die meisten hell—— Typen. Dunk—— Gassen sind gemütlicher als die hell—— Straßen. Dunk—— Kleidung ist vornehmer als hell——, darum trage ich keine hell—— Anzüge.

47 Wie heißen die substantivierten Adjektive?

Freunde kann man sich aussuchen, Verwandt_____ nicht. Einer meiner Verwandt_____ trinkt, ein anderer Verwandt_____ ist immer pleite und eine Verwandt_____ kriegt ein unehelich_____ Kind. Nur ganz wenige meiner Verwandt_____ besuchen mich gelegentlich, aber alle Verwandt_____ wollen mich beerben. Aber von mir kriegt kein einziger Verwandt_____ was!

Amnesty International hilft politischen Gefangen_____ . Die Organisation steht manchem Gefang_____ bei. Viele Gefangen_____ brauchen Hilfe, besonders solche Gefangen_____ , die gefoltert wurden. Politische Gefangen_____ brauchen unsere besondere Aufmerksamkeit.

Er misstraut allen Alt_____ . Sie schmeichelt ihrem Vorgesetzt_____ . Er sieht meinem Bekannt_____ ähnlich. Der Chef dankt seinen Angestellt_____ , jenem Betriebsangehörig_____ , keinem seiner Untergeben_____ , allen Beamt_____ , mehreren Auszubildend_____ .

Ich kenne diesen Fremd_____ , einen Verrückt_____ , den Tot_____ , jenen Geistlich_____ , alle Abgeordnet_____ , nur Intellektuell_____ , all meine Verwandt_____ , unseren Vorsitzend_____ , deine ganzen Bekannt_____ , viele Arbeitslos_____ .

Wir trauern um den Tot_____ . Sie suchen nach vielen Vermisst_____ , etlichen Verschollen_____ . Ein Schiffbrüchig_____ wurde lebend geborgen. Es gab viele Gefallen_____ und Verletzt_____ . Einige Verwundet_____ erlagen ihren Verletzungen. Sie gedachten der Verstorben_____ .

48 Wie nennt man sie?

> *Beispiel:* ein Gewerbe betreiben
> Jemand, der ein Gewerbe betreibt, ist ein *Gewerbetreibender*.

1. etwas vortragen 2. überleben 3. Dienst haben 4. anders denken 5. eine Stellung suchen 6. an etwas mitwirken 7. allein stehen 8. streiken 9. betrunken sein 10. verstorben sein 11. gefangen sein 12. geisteskrank sein 13. erwachsen sein 14. reisen 15. fortgeschritten sein

49 Elemente

Bilden Sie Sätze im Präteritum und Perfekt.

1. Kaufmann / bringen / Waren / Kunde
2. Polizeibehörde / senden / Autofahrer / Bußgeldbescheid
3. Taschendieb / entwenden / Dame / Handtasche
4. Besucher / nennen / Portier / Namen

5. Forscher / kennen / Geheimnis / Pyramide
6. Politiker / beantworten / Frage / Journalist
7. Vorgesetzter / danken / alle Angestellte / Firma
8. Aufführung / missfallen / Besucher / Oper
9. Reisender / gut zuhören / Auskunft / Bahnbeamter
10. Personalchef / kündigen / Kranker / unsere Abteilung
11. Zigarettenrauch / schaden / alle Mitarbeiter / Großraumbüro
12. Name / sein Bekannter / nicht einfallen / er
13. Richter / verdächtigen / Angeklagter / Falschaussage
14. Verletzter / bedürfen / Hilfe / Arzt
15. Detektiv / folgen / Spur / Verdächtiger

50 Welcher Kasus folgt auf das Verb?

Bilden Sie Sätze.

Beispiel: werden → Er *wird* ein *Forscher.* → Nominativ

gehören, bleiben, austrinken, antworten, dienen, misslingen, anrufen, entkommen, sein, drohen, glücken, schmecken, anziehen, gedenken, sich erfreuen, bedürfen, passieren, heißen, nachblicken, entsprechen, kochen, begegnen, nacheifern, widersprechen, zuschauen, beistehen, werfen, folgen, gehorchen

51 Kaum zu glauben

Eine kurze Geschichte als Diktat, Nacherzählung oder zur Diskussion

Einbrecher

Eine Familie, in deren Haus schon mehrmals eingebrochen war, fuhr in Urlaub. Und wieder passierte es: Es wurde eingebrochen. Die Einbrecher hatten ohne Mühe die Alarmanlage außer Betrieb gesetzt. Dann ließen sie die Rolläden hinunter, um von außen nicht gesehen zu werden. Die Einbrecher staunten nicht schlecht, als plötzlich bewaffnete Polizisten vor der Tür standen und sie verhafteten. Die Familie hatte vor der Urlaubsreise von außen auf die Rolläden geschrieben: „Einbrecher im Haus! Polizei alarmieren!"

ZWISCHENTEST LEKTIONEN 1–3

I. Strukturen und Wortschatz

1 *Ergänzen Sie die fehlenden Verben und Präpositionen.*

1. Hast du die Nachrichten gehört? Alles wird teurer. Und die Benzinpreise
   _____ auch schon wieder _____ .   `2`

2. Die Gewerkschaften fordern immer wieder, dass der Staat in bestimmten
   Berufsbranchen die Gehälter _____ .   `1`

3. Eine Umfrage hat ergeben, dass die Zahl der Gastarbeiter in den letzten fünf
   Jahren nicht mehr gestiegen ist, sondern _____ 8 % _____

   _____ .   `3`

4. Die Börsenspekulanten hatten Recht in ihren Befürchtungen: Der Dollar
   _____ wegen der wirtschaftlichen Probleme _____ 0,84 Euro _____
   0,82 Euro _____ .   `4`

5. Scheinbar heiraten die jungen Leute heute wieder. Die Zahl der Eheschlie-
   ßungen _____ erstaunlich _____ .   `2`

zunehmen / zurückgehen / steigen / fallen / erhöhen	`12`

2 *Finden Sie einen passenden Partikel zu jedem Satz. Verwenden Sie jeden Partikel nur in einem Satz:*
bloß – eben doch – eben mal – etwa – ja – sowieso – vielleicht – wohl

1. Da liegt der gesuchte Schlüssel!

   _____   `2`

2. Das Essen im Restaurant war teuer!

   _____   `2`

3. Macht nichts, der aufgebrochene Tresor war leer.

   _____   `2`

4. Mach keine Schulden!

   _____   `2`

5. Frau Schulte ist nicht gekommen. Sie wird krank sein.

   _____   `2`

6. Kannst du mir das Salz reichen?

   _____   `2`

Test 1–3

7. Hat er keine Freundin?

_____ | 2 |

8. Männer vertragen mehr Alkohol als Frauen.

_____ | 2 |

| 16 |

3 *Bilden Sie Komposita aus nachstehenden Nomen.* Beachten Sie dabei auch das Fugen-*s*. Jedes Nomen ist nur einmal zu verwenden.

Beispiel: Wirtschaft + Krise → die Wirtschaftskrise
　　　　　 Ecke + Haus → das Eckhaus

Kindheit Wohnung Geschwindigkeit Wehrdienst Umfrage Ecke Handlung Kurs
Bevölkerung Erinnerung Haus Artikel Verschmutzung Buch Begrenzung Dichte
Meinung Verweigerer Sprache Krise Umwelt Zeitung Wirtschaft Miete

---

1. _____ | 1 |

2. _____ | 1 |

3. _____ | 1 |

4. _____ | 1 |

5. _____ | 1 |

6. _____ | 1 |

7. _____ | 1 |

8. _____ | 1 |

9. _____ | 1 |

10. _____ | 1 |

| 10 |

4 *Formen Sie die Sätze um, ohne den Inhalt zu verändern.*

Eine Frau/Ein Mann studiert die Heiratsanzeigen. Sie/Er möchte einen passenden Partner/eine passende Partnerin finden.

1. Eine Frau/Ein Mann studiert die Heiratsanzeigen, um _____ | 1

2. Eine Frau/Ein Mann studiert die Heiratsanzeigen, _____ | 1

   finden möchte.

3. Eine Frau/Ein Mann studiert die Heiratsanzeigen, denn _____ | 1

4. Eine Frau/Ein Mann möchte einen passenden Partner/eine passende Part- | 1
   nerin finden. _____ studiert sie/er die Heiratsanzeigen.

5. Eine Frau/Ein Mann studiert die Heiratsanzeigen. Er/Sie sucht _____ | 1

6. Eine Frau/Ein Mann möchte _____ Heiratsanzeige _____ | 1

7. Eine Frau/Ein Mann studiert die Heiratsanzeigen. _____ | 1
   nämlich _____

8. In _____ sucht _____ einen | 1
   passenden Partner/eine passende Partnerin.

| 8

---

5 *Im folgenden Artikel gibt ein Journalist die Aussagen von Frau Sadik wieder. Er bleibt in sei-*
nem Bericht neutral. Schreiben Sie die Verbformen heraus, die in der indirekten Rede diese
Neutralität wiedergeben.

**In jeder Sekunde kommen
drei Menschen auf die Welt**

Manila (Reuter) – Die Weltbevölkerung nimmt nach
Angaben des Bevölkerungsfonds der Vereinten Natio-
nen (UNFPA) in jeder Sekunde um drei Menschen zu
und damit täglich um etwa 250000.
5 UNFPA-Exekutivdirektorin Nafis Sadik sagte in der
philippinischen Hauptstadt Manila, die Weltbevölkerung von derzeit etwa 5,25 Milliarden werde sich bis
Ende des 21. Jahrhunderts voraussichtlich nicht wie
zunächst geschätzt bei 10,2 Milliarden einpendeln,
10 sondern könne gegen 14 Milliarden ansteigen.
Die neunziger Jahre würden zum „entscheidenden
Jahrzehnt" werden, mit dem voraussichtlich stärksten
Bevölkerungswachstum innerhalb einer Dekade in der
Menschheitsgeschichte. Am stärksten werde die Zu-
15 nahme in den ärmsten Ländern sein, die dafür am
schlechtesten gerüstet seien, sagte Frau Sadik. Insge-

1. _____ | 1

2. _____ | 1

3. _____ | 1

4. _____ | 1

5. _____ | 1

Test 1–3

samt sei in den neunziger Jahren mit einem Anstieg der Weltbevölkerung um eine Milliarde Menschen zu rechnen, allein in Asien mit einer Zunahme von gegenwärtig 3,1 Milliarden auf 3,7 Milliarden. Dies könne die meisten Errungenschaften zunichte machen, um die die Länder Asiens gekämpft hätten.
(Aus: *Süddeutsche Zeitung*)

6 *Die liebe Familie, und was man gerne an ihr ändern würde.*

> Die Tochter denkt zum Beispiel: Meine Eltern haben kein Verständnis für mich. Und sie wünscht sich: *Wenn meine Eltern doch Verständnis für mich hätten!*

Der Vater:

1. Nie kann ich in Ruhe meine Zeitung lesen.
   _____ 2

2. Meine Frau redet so viel.
   _____ 2

Die Mutter:

3. Mein Mann sitzt abends immer vor dem Fernseher.
   _____ 2

4. Dieses Schnarchen die ganze Nacht! Das habe ich vor der Hochzeit nicht gewusst.
   _____ 2

Der Sohn:

5. Meine Schwester nimmt mir immer meinen Walkman weg.
   _____ 2

Die Tochter:

6. Nie lässt man mich in Ruhe!
   _____ 2

Der Sohn und die Tochter:

7. Unsere Eltern sind so altmodisch!
   _____ 2

Die Eltern:

8. Bald Silberne Hochzeit! Die Zeit ist so schnell vergangen.
   _____ 2

16

Gesamtpunktzahl Strukturen und Wortschatz: 70

II. Schriftlicher Ausdruck

Nach unserem letzten Bericht über die neuen Scheidungsgesetze erhielten wir auf die Frage „Soll man noch heiraten?" viele Zuschriften; hier einige Auszüge daraus:

Wer heiratet, schließt bewusst einen Bund fürs ganze Leben. Er ist bereit, Verantwortung für den Ehepartner und die Familie zu übernehmen, und erwartet das Gleiche vom anderen. Krisen und Krankheiten, vor allem das Alter erträgt man besser, wenn man weiß, dass der andere da bleibt. Das bringt den meisten Menschen Sicherheit. *(Michael F., Lehrer)*

Wer heute noch heiratet, hat nicht den Mut, aus den bürgerlichen Konventionen auszubrechen. Er passt sich den Forderungen der Gesellschaft an. Die Ehe ist nichts als eine Versorgungsinstitution, durch den Trauschein legalisiert. *(Eva K., Studentin)*

Viele, vor allem junge Menschen, sind gezwungen zu heiraten, weil sie sonst nicht zusammenleben können. Die Ehe ist für fortschrittlich Denkende ein reiner Zwang. *(Emma S., Buchhalterin)*

Ich finde diese Frage unmöglich. Im Grunde will doch jeder, ab einem bestimmten Alter wenigstens und vor allem die Frauen, jemand zum Heiraten finden. So allein bleiben für den Rest des Lebens wäre doch furchtbar! *(Franz A., Elektriker)*

Schreiben Sie einen Leserbrief an die „Abendzeitung" und nehmen Sie zu diesen Äußerungen Stellung.

Beginnen Sie den Brief mit der Angabe, auf welchen Bericht Sie sich beziehen. Behandeln Sie in dem Brief die folgenden Punkte:

- Was veranlasst Sie, den Leserbrief zu schreiben? (z. B. eigene Erfahrungen oder Kenntnisse, andere Meinung)
- Welche der geäußerten Ansichten möchten Sie besonders unterstützen?
- Welchen der geäußerten Ansichten möchten Sie widersprechen?
- Welche Gesichtspunkte sind Ihrer Meinung nach in den Zuschriften nicht berücksichtigt?
- Wie kommt es, dass die Ansichten über diese Frage so weit auseinandergehen?
- Wie würde man diese Frage in Ihrer Heimat (oder in anderen Ländern) beantworten?

Schließen Sie mit der Angabe des Ortes und des Datums und mit der Unterschrift ab.

	20

Testergebnis:		90

4

Naturwissenschaft und Technik

Grammatik: *Trennbare und untrennbare Verben,*
Funktionsverbgefüge, Relativsätze

Schreiben Sie die Zahlen aus

Wenn Sie in Deutschland einen Scheck ausfüllen, müssen Sie die DM-Beträge ausschreiben.
Wie schreibt man...

7	*sieben*
12	
37	
26	
16	
66	
777	
636	
101	
6543	

Lesen Sie laut

1,01 Euro; 16,17 Euro; 27,76 Euro; 666,77 Euro; 989 Euro; 1,50 m; 112 kg; 3736 km; 86 m²; 4278 $; 28,4 %; §§ 199–206; 654 321; 750 g; 16 mm; 37,5 sec; 14.35 Uhr; 69,09 Euro; –10 Grad; 23.15 Uhr; 4711; 1/2; 1/5; 2/3; 1/10; 3/4; 1/20; 29/30; 32 m²; 0,896 cm; 57 836; 42.662; 1.234.567.890

Hören und verstehen

Hören Sie dieselben Zahlen von der Kassette und versuchen Sie, diese zu notieren. Vergleichen Sie anschließend.

Fragen

Antworten Sie mit einem Satz.

1. Wie groß sind Sie?
2. Was glauben Sie, wie hoch die Lebenserwartung bei Frauen und Männern in Deutschland ist?
3. Wie viele Kilo möchten Sie wiegen?
4. In welcher Zeit laufen Sie 100 m?
5. Wie groß ist Ihre Wohnung?
6. Was versteht man unter Zimmertemperatur?
7. Wie viele Sekunden hat eine Stunde?
8. Ab welcher Körpertemperatur hat man Fieber?
9. Wie schnell darf man in einer deutschen Ortschaft fahren?
10. Wann endete der Zweite Weltkrieg?
11. Wann gefriert Wasser?
12. Wann haben Sie Geburtstag?
13. Bitte das Geburtsjahr Ihres Vaters!
14. Wann ist Heiligabend?
15. Wie hoch können Sie springen?
16. Ihre Telefonnummer mit Vorwahl, bitte.
17. Wie viel sind 3 Dutzend Eier?

Merken Sie sich:

+	−	×	:
addieren zuzählen zu	subtrahieren von abziehen von	multiplizieren mit malnehmen mit	dividieren durch teilen durch
plus und	minus weniger	multipliziert mit mal	dividiert durch geteilt durch
die Summe die Addition	die Differenz die Subtraktion	das Produkt die Multiplikation	der Quotient die Division
verdoppeln ⟷ halbieren das Doppelte ⟷ die Hälfte hoch ⟷ Wurzel aus		$3^2 = 3$ hoch 2; 3 zum Quadrat $\sqrt{2} =$ Wurzel aus 2	

Setzen Sie die Präposition ein

zu   durch   mit   von

Um 10 zu erhalten, kann man

6 _____ 4 zuzählen.   5 _____ 2 malnehmen.   20 _____ 2 dividieren.

5 _____ 15 abziehen.   50 _____ 5 teilen.   2 _____ 5 multiplizieren.

Hören und verstehen

Schreiben Sie auf, was Sie hören.

Lesen und verstehen

1. Schreiben Sie die ersten drei Buchstaben des Alphabets.
2. Schreiben Sie ein zweisilbiges Wort.
3. Schreiben Sie eine vierstellige Zahl.
4. Schreiben Sie römisch vier.
5. Schreiben Sie die arabischen Ziffern von 0 bis 5.
6. Schreiben Sie eine Dezimalzahl.
7. Schreiben Sie einen Bruch.
8. Wie beginnt das lateinische Alphabet?
9. Wie beginnt das griechische Alphabet?
10. Schreiben Sie eine gerade und eine ungerade Zahl.
11. Schreiben Sie das Jahr 33 vor Christi Geburt.

Denksportaufgabe

Wie kann man am schnellsten alle Zahlen von 1 bis 100 addieren?

4

Synonyme

In der Umgangssprache vermeidet man die lateinischen Wörter. Übersetzen Sie bitte ins Deutsche:

1. Ich subtrahiere vier von sieben.
2. Man muss drei mit vier multiplizieren.
3. Addieren Sie zwölf und zehn.
4. Dividieren Sie zehn durch fünf.

5. Zehn minus drei gleich sieben.
6. Acht multipliziert mit fünf ergibt vierzig.
7. Neun dividiert durch drei ist drei.
8. Sechs plus drei macht neun.

Spiel   Gedanken lesen

Denken Sie sich eine Zahl. Nehmen Sie das Doppelte. Zählen Sie 10 dazu. Teilen Sie durch 2. Ziehen Sie die gedachte Zahl ab. Nun haben Sie alle dasselbe Ergebnis, nämlich fünf. Habe ich also Ihre gedachte Zahl erraten?

Lesen Sie die fehlenden Rechenzeichen mit

3	3	=	9		16	8	=	2		8	2	4	=	0
1	2	=	3		3	3	3	=	6	1	1	1	=	1
9	7	=	2											

Hören und verstehen

Schreiben Sie nur das Ergebnis auf.

Vokabeltest

Wie heißen die Artikel, wie heißen die Plurale?

die Klammer	*Klammern*		___ Teil	_____
___ Vorzeichen	_____		___ Bruch	_____
___ Faktor	_____		___ Hälfte	_____
___ Produkt	_____		___ Drittel	_____
___ Zahl	_____		___ Viertel	_____
___ Ziffer	_____		___ Differenz	_____
___ Nummer	_____		___ Summe	_____
___ Ergebnis	_____		___ Betrag	_____

_____ Lösung	_____	_____ Rechnung	_____
_____ Aufgabe	_____	_____ Beispiel	_____
_____ Zähler	_____	_____ Bruchstrich	_____
_____ Nenner	_____	_____ Probe	_____

Nehmen Sie sich bitte fünf Minuten Zeit und wiederholen Sie diese Vokabeln.

Tonbandübung

Hören Sie noch einmal dieselben Nomen von der Kassette und ergänzen Sie den Artikel und die Pluralbildung!

Technik und Fortschritt

Der Einsatz von Technik hatte schon im Altertum zur Folge, dass mit den wenigen zur Verfügung stehenden Mitteln ganz erstaunliche Werke entstanden, wie Pyramiden, Wasserleitungen, Straßen und Kanäle. Seit der industriellen Revolution, die vor etwa 200 Jahren in England _ihren Anfang nahm_, kamen immer mehr technische Innovationen zum Durchbruch. Der Technisierungsprozess, der damals in Gang kam, ist bis heute nicht zum Stillstand gekommen. Wenn wir den Futurologen _Glauben schenken_ wollen, dann stehen wir am Anfang einer Epoche, die uns hoffnungsvolle, aber auch beängstigende Perspektiven in Aussicht stellt.

Technik wird meist mit Fortschritt in _Verbindung gebracht._ Wer sich die positiven Wirkungen der Technik vor Augen führt, kommt vielleicht zu dem Schluss, dass mit ihrer Hilfe ein alter Traum der Menschheit in _Erfüllung gehen_ wird: die Befreiung von schwerer körperlicher Arbeit, von Hungersnöten und Epidemien. Der Einsatz der Technik hat uns zweifellos einen hohen Lebensstandard gebracht, den niemand in Frage stellen will und für den wir gern manchen Nachteil in Kauf nehmen. Besonders die Kommunikations- und Transporttechnik bringt uns große Erleichterungen. Ebenso wenig sollte man die Vorteile der vielen Reise- und Bildungsmöglichkeiten außer Acht lassen.

Dennoch stößt der optimistische Fortschrittsglaube zunehmend auf Kritik. Moderne Computer-, Kern- und Gentechnik wird in Verbindung gebracht mit Überwachung, Kontrolle und Manipulation. Im Gegensatz zur Technik haben sich nämlich die Moral, das Verantwortungsbewusstsein und die Ethik kaum weiterentwickelt. So fallen der Rüstungstechnologie täglich viele Menschen zum Opfer. Und ein Ende des Rüstungswettlaufs ist nicht in Sicht, solange

4

Kinderarbeit im 19. Jahr-hundert

Fertigungskontrolle am Bild-schirm

Alternatives Leben auf dem Lande

die Regierenden nicht *zur Einsicht kommen,* dass allein durch einen waffentechnischen Vorsprung nur der Krieg sicherer wird.

Die Menschen *geraten* mehr und mehr *in Abhängigkeit* von komplizierten technischen Systemen, die sie nicht wirklich verstehen. Alte lebenswichtige Fähigkeiten des Menschen sind in Vergessenheit geraten. Wer wäre heute noch selbst in der Lage, seine Schuhe zu reparieren, ein Brot zu backen, Wein, Käse oder Wurst herzustellen oder ein einfaches Haus zu bauen?

Die zunehmende Entfremdung vom natürlichen Leben *steht in Zusammenhang* mit der Spezialisierung und Arbeitsteilung. Wer glaubt, dass damit alles besser würde, der *ist im Irrtum.* Fließbandarbeit, Stress, Tempo und Leistungsdruck kommen zur Sprache, wenn die modernen Arbeitsbedingungen *zur Diskussion stehen.*

Die Verwirklichung der technischen Möglichkeiten steht nicht immer im Einklang mit den Bedürfnissen des Menschen. Medizinische Apparate in den Krankenhäusern verlängern oft unter hohen Kosten das Leiden eines Menschen, das ohne aufwendige Technik längst zu Ende gegangen wäre. Menschliche Wärme und Zuwendung *ist* sicher *von größerer Bedeutung* als unpersönliche Technik. Es ist aber nicht immer leicht, *eine Entscheidung* zu *treffen,* wann technische Mittel sinnlos werden.

4

Der Einsatz von moderner Technik gefährdet nicht nur Arbeitsplätze, sondern auch unsere natürliche Umwelt. Wir sind im Begriff, die Rohstoff- und Energiereserven auf Kosten unserer Kinder auszubeuten. Viele Umweltsünder werden nicht zur Rechenschaft gezogen, obwohl entsprechende Gesetze längst in Kraft sind, die die Umweltverschmutzung *unter Strafe stellen*. Nicht nur alternative Wissenschaftler sind deshalb *zur Überzeugung gekommen*, dass wir von unserem bisherigen Wachstumsdenken Abschied nehmen müssen.

Zieht man Bilanz, kommt man zum Ergebnis, dass Technik weder gut noch böse ist, aber ihren Preis hat. Viele Länder der Dritten Welt *geben sich Mühe*, durch moderne Technik zu einem gewissen Wohlstand zu kommen, wobei mögliche Opfer außer Betracht bleiben. Sie laufen dabei Gefahr, in wirtschaftliche Abhängigkeit zu den Staaten zu geraten, die ihnen eigentlich *zu Hilfe kommen* sollten. Die unkritische Übernahme von Technik *steht* oft *im Widerspruch* zur eigenen Tradition und hat möglicherweise den Verlust des kulturellen Erbes und der eigenen Identität zur Konsequenz.

Die meisten Staaten stehen jedoch unter dem Druck des internationalen Wettbewerbs. So auch die Bundesrepublik. Sie steht als ein Land mit starkem Technologieexport in Konkurrenz zu anderen Industriestaaten und bemüht sich, nicht in technologischen Rückstand zu geraten.

Fragen zum Text

1. Warum bewundern wir noch heute die Bauwerke des Altertums?

2. Welche Erfindungen halten Sie für bedeutend, und warum?

3. Welche Fortschritte bringt uns die Forschung und Technik in der Medizin?

4. Welche Erleichterungen bringen Kommunikations- und Transporttechnik?

5. Wie könnte eine alternative Lebensweise aussehen? Gibt es einen Weg zurück zur Natur? Würden Sie gern ein solches Leben führen?

6. Schafft die Technik humanere Arbeitsplätze? Geben Sie Beispiele!

7. Gibt es in Ihrem Land Beispiele für positive oder negative Folgen moderner Großtechnik?

Funktionsverbgefüge

I. Wie kann man die kursiv gedruckten Stellen im Text vereinfachen?

II. Finden Sie die entsprechenden Funktionsverben. Nehmen Sie evtl. den Text zu Hilfe:

führen – nehmen – lassen – bringen – stoßen – fallen – sein – geraten – gehen – ziehen – haben – bleiben – laufen

zur Folge	*haben*	im Begriff	_____
vor Augen	_____	zur Rechenschaft	_____
in Kauf	_____	in Kraft	_____
außer Acht	_____	Abschied	_____
in Verbindung	_____	Bilanz	_____
auf Kritik	_____	seinen Preis	_____
zum Opfer	_____	außer Betracht	_____
in Sicht	_____	Gefahr	_____
in Vergessenheit	_____	zur Konsequenz	_____
in der Lage	_____	in Rückstand	_____
zu Ende	_____		

III. Wie heißen die fehlenden Präpositionen? Vergleichen Sie mit dem Text:

zum	Durchbruch	kommen	_____	Verfügung	stehen
_____	Gang	kommen	_____	Anfang	stehen
_____	Stillstand	kommen	_____	Einklang	stehen
_____	Schluss	kommen	_____	Druck	stehen
_____	Sprache	kommen	_____	Aussicht	stellen
_____	Ergebnis	kommen	_____	Frage	stellen
_____	Wohlstand	kommen			

Kurzes Diktat

Das Deutsche Museum in München

Thema des Deutschen Museums ist die Entwicklung der Technik und der Naturwissenschaften von den Ursprüngen bis zur Gegenwart. Das Museum wurde 1903 gegründet. Es versucht, Höchstleistungen der Forschung und besondere technische Erfindungen darzustellen. Seine Ausstellungen umfassen wertvolle Einzelstücke, wie das erste Automobil,

Otto Guerickes Experiment mit den Magdeburger Halbkugeln (1663)

die Magdeburger Halbkugeln oder den ersten Dieselmotor. Die Besucher, zu denen auch viele Jugendliche zählen, können Experimente und Demonstrationen durch Knopfdruck selbst in Gang setzen.

Das Deutsche Museum ist vermutlich das größte technische Museum der Welt und hat jährlich über 1,5 Millionen Besucher. Auf sechs Etagen findet man Ausstellungen zu folgenden Bereichen: Bodenschätze, Erdöl und Erdgas, Bergbau, Werkzeugmaschinen, Starkstromtechnik, Wasserbau, Fahrzeugtechnik, Automobile und Motorräder, Flugzeuge, Eisenbahn, Tunnelbau, Straßen und Brücken, Schifffahrt, alternative Energien, Musikinstrumente, Chemie, Physik, Luft- und Raumfahrt, Keramik, Glastechnik, technisches Spielzeug, Papier, Fotografie, Textiltechnik, Informatik, Mikroelektronik, Telekommunikation, Zeitmessung, Amateurfunk, Astronomie. Besonders lohnenswert ist auch ein Besuch der Sternwarte mit dem Planetarium. Museum und Bibliothek sind täglich mit Ausnahme von einigen Feiertagen von 9.00 Uhr bis 17.00 Uhr geöffnet.

Das erste „Auto" von Carl Benz (1886)

Redewendungen

Was bedeutet...?

vom Hundertsten ins Tausendste kommen

einmal ist keinmal

doppelt hält besser

aller guten Dinge sind drei

in Null Komma nichts

unter vier Augen

null Bock haben

jetzt schlägt's dreizehn

auf einem Bein kann man nicht stehen

Vokabeltest

Setzen Sie ein:

> Widerstand – Metern – Stunden – Druck – Volumen – Leistung – Grad – Temperatur – Geschwindigkeit – Kubikmetern

1. Die _____ wird in Grad gemessen.
2. In _____ werden auch Winkel ausgedrückt.
3. Die Länge misst man z. B. in _____ .
4. Die Zeit drückt man z. B. in _____ aus.
5. Der Rauminhalt wird auch als das _____-_____ bezeichnet und in _____-_____ gemessen.

6. In bar (oder Pascal) misst man den _____ .
7. Die _____ wird in km/h ausgedrückt.
8. Die Stromstärke hängt von der Spannung und vom _____ ab.
9. Die _____ hängt von der Arbeit und der Zeit ab.

Kleine Leseübung für Techniker:
Die Daten eines PKWs

Hubraum	1281 cm³	Höchstgeschwindigkeit	147 km/h
Max. Leistung	44 kW (60PS)	max. Bergsteigefähigkeit	52,5%
Batteriespannung	12 V	Anhängelast	600 kg
Drehstromlichtmaschine	45 A	Füllmenge Kraftstofftank	42 l
Kraftstoffverbrauch nach DIN 70030		8,2 l/100 km	

4

Rechenexempel

Je mehr Schüler der geburtenstarken Jahrgänge Abitur machten, desto mehr Probleme kamen auf die Universitäten zu. Denn je mehr Studenten die Hörsäle füllten, desto weniger Platz, Lehrpersonal und Laborplätze gab es für sie. Und je mehr Studenten Medizin, Zahnmedizin und andere naturwissenschaftliche Studienrichtungen einschlagen wollten, umso höher stiegen die Anforderungen an den Abiturnotendurchschnitt, den ein Student haben musste, um Biologie, Chemie, Medizin oder Physik studieren zu können (Numerus clausus). Denn je besser der Notendurchschnitt ist, umso größer sind heute die Chancen, einen Studienplatz zu bekommen.

Also: Je besser die Schulnoten, desto höher der Intelligenzquotient? Je mehr intelligente Medizinstudenten, desto mehr tüchtige Ärzte? Und je mehr Ärzte, desto weniger Kranke? Und je weniger kranke Schüler, desto mehr Abiturienten, die wiederum Medizin studieren wollen?

Bilden Sie Sätze

> Beispiele:
>
> *Je mehr* Grad, *desto höher* die Temperatur.
> *Je mehr* Grad, *umso größer* der Winkel.

1. Quadratmeter – Fläche   2. Kilometer pro Stunde – Geschwindigkeit   3. Volt – Spannung
4. Ampere – Stromstärke   5. Meter – Länge   6. Lichtjahre – Entfernung   7. Kubikmeter – Rauminhalt

Vokabeltest

die Chemie	–	der Chemiker	–	chemisch
die Physik	–	_____	–	_____
_____	–	_____	–	biologisch
_____	–	der Musiker	–	_____
_____	–	_____	–	medizinisch
die Geographie	–	_____	–	_____
_____	–	_____	–	astronomisch
_____	–	der Philosoph	–	_____
_____	–	_____	–	ökonomisch
_____	–	der Mathematiker	–	_____
die Technik	–	_____	–	_____

Bilden Sie Sätze mit „je...desto/umso"

Benutzen Sie z. B.: höher, mehr, größer, stärker, niedriger, kleiner, länger, dichter, besser, kürzer, geringer, schwächer, weniger, schlechter.

1. Arbeitsplätze – Arbeitslose
2. Autos – Verkehr
3. Radius – Umfang
4. Geschwindigkeit – Bremsweg
5. Temperatur – Heizkosten
6. Inflation – Preise
7. Wohnlage – Miete
8. Zeit – Geld
9. Ärzte – medizinische Versorgung
10. Studenten – Akademiker
11. Trockenheit – Ernte
12. deutsche Grammatik – langweiliger Unterricht

Wie heißen die Nomen?

(sich) erhöhen   *die Erhöhung* _____

zunehmen _____

(an)steigen _____

(sich) verstärken _____

(sich) vergrößern _____

(sich) vermehren _____

(sich) steigern _____

(ab)fallen _____

(sich) verringern _____

(sich) verkleinern _____

(sich) vermindern _____

(sich) abschwächen _____

abnehmen _____

(sich) senken _____

(ab)sinken _____

Welche Verben fehlen?

1. Im Sommer _*steigen*_ die Temperaturen, im Winter _____ sie.

2. Die Inflation ist zu hoch. Wir müssen die Ausgaben _____ .

3. Der Trend zur Arbeitslosigkeit _____ sich glücklicherweise ab.

4. Die Verkehrsdichte in den Städten _____ weiter zu.

5. Durch meine Diät habe ich in zwei Wochen fünf Kilo _____-

_____.

6. Die Wüstengebiete auf der Erde _____ sich erschreckend.

7. Nicht alle Tierarten _____ sich in den Zoos.

8. Das Wetter wird besser: Die Bewölkung _____ schon ab.

9. Mit der Lupe kannst du das Kleingedruckte _____ und besser lesen.

**Was ist der Unter-
schied zwischen...**
„steigern" und „steigen",
„senken" und „sinken"?
Geben Sie Beispiele.

**Wie heißt das
Gegenteil?**
das Absinken   *das Ansteigen* _____

die Abnahme   _____

die Vergrößerung _____

die Vermehrung   _____

die Abschwächung _____

**Bilden Sie einen
neuen Satz**

Beispiel:	Die Sportler steigern die Leistungen.
	Die Leistungen der Sportler steigern sich.
oder:	Die Leistungen der Sportler steigen.

1. Der Staat senkt das Einkommen der Beamten.

2. Der Hausbesitzer erhöht die Miete.

3. Man vermindert die Zahl der Wochen-
arbeitsstunden.

4. Der Sicherheitsgurt verringert die Zahl der
Verkehrstoten.

5. Bestimmte Tatsachen verstärken den Verdacht des Kommissars.

6. Wir verkleinern den Bestand unseres
Lagers.

7. Diese neue Maschine steigert die Produktion um 40%.

Bilden Sie Sätze mit „je ... desto"

Beispiel:	Bei Erhöhung der Motorleistung steigt der Benzinverbrauch.
	Je höher die Motorleistung, *desto höher* der Benzinverbrauch.

1. Bei Verringerung der Reibung erhöht sich die Geschwindigkeit.

2. Bei Erhöhung des Widerstands vermindert sich die Stromstärke.

3. Bei Vergrößerung des Fotos vermindert sich die Schärfe.

4. Bei Gewichtsabnahme verringert sich das Infarktrisiko.

5. Bei Anstieg der Temperatur nimmt das Volumen zu.

6. Bei schneller Vermehrung der Menschheit nimmt der Hunger zu.

Beschreiben Sie das Atommodell

(der Atomkern – die Hülle – die Protonen – die Neutronen – die Elektronen – umkreisen – bestehen aus)

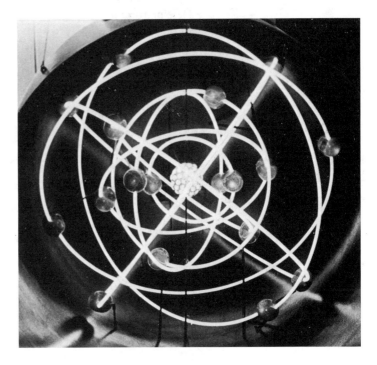

Silbenrätsel

BER – BER – EI – ER – FEL – FER – KUP – QUECK – SAU – SCHWE – SEN – SER – SIL – SIL – STICK – STOFF – STOFF – STOFF – WAS

Finden Sie die deutschen Bezeichnungen für...

O	Oxygenium	_____
N	Nitrogenium	_____
S	Sulfur	_____
Fe	Ferrum	_____

H	Hydrogenium	_____
Cu	Cuprum	_____
Ag	Argentum	_____
Hg	Hydrargyrum	_____

4

Materialien

Woraus besteht...?

1. eine Mauer	a) das Aluminium
2. ein Spiegel	b) das Holz
3. ein Karton	c) die Wolle
4. eine Konservendose	d) der Stahl
5. ein Rennrad	e) der Gummi
6. ein Schrank	f) das Gold
7. eine Handtasche	g) der Beton
8. ein Pullover	h) der Kunststoff
9. eine Hose	i) das Blech
10. ein Halstuch	j) das Eisen
11. ein krummer Nagel	k) die Pappe
12. eine Autoachse	l) die Baumwolle
13. ein Ehering	m) das Glas
14. ein Autoreifen	n) das Leder
15. eine Steckdose	o) die Seide
16. ein Briefbogen	p) das Papier

Finden Sie Unterbegriffe

Welche Materialien gehören wozu?

Treibstoffe _Benzin, Super, Diesel_

Metalle _____

Gase _____

Rohstoffe _____

Aggregatzustände

fest – flüssig – gasförmig – gefrieren – verdunsten – verdampfen

Bei 20° C ist Wasser _____, und es _____.

Bei 0° C wird Wasser _____, und es _____.

Bei 100° C ist Wasser _____, und es _____.

Denksportaufgabe

1. Was ist mehr wert: 1 kg 20 $-Goldstücke oder 2 kg 10 $-Goldstücke?

2. Bei einem Haus zeigen alle 4 Wände nach Süden. Draußen läuft ein Bär vorbei. Welche Farbe hat dieser Bär?

3. In meiner Schublade liegen 6 weiße und 6 schwarze Socken. Wie oft muss ich – ohne hinzusehen – in die Schublade greifen, bis ich mit Sicherheit ein gleichfarbiges Paar gefunden habe?

Wie heißt das Gegenteil?

krumm – rund – spitz – steil – hohl – stumpf – dünn

1. Das Messer ist nicht scharf, sondern _____.
2. Die Nadel ist nicht stumpf, sondern _____.
3. Das Gefälle ist nicht flach, sondern _____.
4. Ein Kreis ist nicht eckig, sondern _____.
5. Das Kabel ist nicht dick, sondern _____.
6. Die Wand ist nicht massiv, sondern _____.
7. Der Nagel ist nicht gerade, sondern _____.

Finden Sie die richtige Reihenfolge

1. kühl – mild – heiß – lauwarm – eiskalt – warm – kalt
2. feucht – trocken – schwül – nass
3. gleich – später – demnächst – nie – bald – sofort – jetzt
4. oft – selten – öfters – manchmal – niemals – immer

Ideen sammeln

Schreiben Sie auf ein Blatt Papier einen zentralen Begriff: z.B. „Weltraum", „Energie", „Kommunikation", „Umwelt", „Maschine", „Computer". Die Papiere werden weitergereicht. Alle anderen schreiben Wörter dazu, die mit dem Thema in Verbindung gebracht werden können.
Heften Sie die Papiere an die Tafel. Versuchen Sie, die Zusammenhänge zu finden.

Unbekanntes Flugobjekt (UFO)

Lesen Sie die folgenden Berichte laut. Achten Sie darauf, ob das Präfix oder der Stamm des Verbs betont wird.

„Man hatte uns in kleinen Kabinen untergebracht. Wir wollten mit der Fähre zur Insel übersetzen und ich überbrückte die Langeweile damit, einen französischen Zeitungsartikel durchzuarbeiten und ihn zu übersetzen. Dabei überfiel mich eine starke Müdigkeit und ich konnte ein dauerndes Gähnen nicht unterdrücken. Außerdem wurde mir etwas übel.

Ich überlegte, was ich tun könnte, und beschloss, mich etwas an Deck zu unterhalten. Also wollte ich mich rasch umziehen und durchwühlte meinen Koffer, um mir eine Krawatte umzubinden.

Kaum an Deck angekommen, da umhüllte mich ein so starkes Licht, dass es mich fast umwarf. Ohne zu übertreiben: Dieser Glanz, der mich dort umgab, überstieg alle Vorstellungen. Ich hatte keine Zeit zu überlegen. In panischer Angst dachte ich nur, du musst überleben, du darfst hier nicht umkommen. Ich hatte das Gefühl, mich übergeben zu müssen, und wollte in die Kabine umkehren, kam aber nicht von der Stelle.

Als ich mich noch einmal umdrehte, überflog lautlos ein seltsames Objekt das Meer, wendete dann um, durchquerte eine Wolke und tauchte am Horizont unter.

Niemand glaubte mir. Ich sei überanstrengt, übermüdet oder überarbeitet gewesen. Man wolle mir nichts unterstellen, aber vielleicht sollte ich doch mal mein Erlebnis mit einem Psychiater durchsprechen. Und ich sollte es auch unterlassen, weiter bestimmte Bücher über Sciencefiction durchzulesen."

„Es passierte im Urlaub. Als die Sonne unterging, wollten wir eine Autofahrt unternehmen und dann auf dem Land übernachten. Der Verkehr wurde umgeleitet und meine Frau übersah ein Hinweisschild. Ich sagte, wir haben uns verfahren; sie sollte umdrehen. Es war ja schon spät, wir würden sonst in keinem Hotel mehr unterkommen. Dann übernahm ich das Steuer, aber sie konnte nicht mit den Straßenkarten umgehen. Wir kamen in eine einsame Gegend. Das Wetter überraschte uns. Es schlug ganz plötzlich um und nun umgab uns dichter Nebel. Fast hätten wir auch noch ein Reh überfahren.

Auf einmal stand vor uns auf der Straße ein merkwürdiges Fahrzeug, etwa einen Meter hoch, oval. Ich konnte nicht überholen, stieg aus und wollte fragen, ob man uns nicht durchlassen könnte. Da überstürzten sich die Ereignisse …"

Aufgaben

1. Erzählen Sie die zweite Geschichte schriftlich zu Ende. Oder:

2. Wir erzählen die Geschichte gemeinsam weiter. Der Reihe nach sagt jeder nur einen Satz.

3. Haben Sie schon einmal einen Bericht über ein UFO in der Zeitung gelesen? Wie wurde das UFO beschrieben?

4. Gibt es Ihrer Meinung nach weitere intelligente Lebewesen im Weltall? Was würde passieren, wenn ein Kontakt zustande käme?

5. Stellen Sie sich vor: Ein Flugkapitän meldet einen Beinahe-Zusammenstoß mit einem unbekannten Flugobjekt. Er berichtet von dem Aussehen, der Größe, der Geschwindigkeit, seinem Kurs, der Uhrzeit, der Position und von seinen weiteren Absichten.

Bilden Sie das Passiv mit untrennbaren Verben (Partizip ohne – ge –)

> *Beispiel:* die Unterstreichung des Satzes
> Der Satz *wird unterstrichen.*

1. die Übersetzung der Rede 2. die Überbrückung der Schlucht 3. der Überfall auf die Bank 4. die Übergabe des Lösegeldes 5. die Unterdrückung des Volkes 6. die Übertreibung der Geschichte 7. die Durchquerung der Wüste 8. der Überblick über die Situation 9. die Überweisung des Geldbetrages

Bilden Sie Sätze im Perfekt mit trennbaren Verben (Partizip mit – ge –)

> *Beispiel:* die Unterbringung im Hotel
> Man *hat* ihn im Hotel *untergebracht.*

1. die Umkehr aus der Sackgasse 2. der Untergang des Römischen Reiches 3. die Übereinstimmung der Ansichten 4. die Zunahme der Kriminalität 5. der Umtausch der Ware 6. die Durchführung der Kontrolle 7. die Unterordnung unter seine Autorität

Was passt zusammen? Bilden Sie Sätze.

unterbrechen	Garten
unterkommen	Geiseln
untergehen	Instrumente
unterstellen	Weltrekord
untersagen	Silvester
unterstreichen	Gepäck
überlaufen	Pläne
übersehen	Prüfung
übertreffen	Bratwürste
überwachen	Intercity
umbringen	Suppe
umgraben	Feind
umrühren	Fehler
umsteigen	Bedeutung
umwenden	Schuld am Unfall
durchfallen	Betreten der Baustelle
durchkreuzen	Sonne
durchsuchen	Radiosendung
durchmachen	billige Pension

4

Trennbar oder untrennbar?

I. Markieren Sie, wo die Betonung der Verben liegt. Dann wissen Sie, ob das Verb trennbar ist oder nicht.

1. unterbringen, unterbrechen, untergehen, unterkommen, sich unterordnen, untersagen, sich unterstellen, jemand etwas unterstellen, unterstreichen, untertauchen

2. sich überanstrengen, überblicken, übereilen, übereinstimmen mit, überfallen, überlaufen, übersiedeln, überweisen, übertreffen, überwachen, überzeugen

3. umbringen, umfassen, umgraben, umkehren, umkommen, umrühren, umzingeln, umtauschen, sich umsehen, umrahmen, umsteigen, umgeben, umhüllen, umwenden

4. durchfallen, durchführen, durchhalten, durchkreuzen, durchgreifen, durchlesen, durchqueren, durchsuchen, durchstreichen, durchwühlen, durchmachen

II. Bilden Sie mit einigen dieser Verben Sätze, die so beginnen:

Ich habe (keine) Lust, ...

Ich habe (nicht) vor (die Absicht), ...

Ich brauche nicht ...

Er hat versprochen, ...

Er hat angefangen, ...

Ich schlage vor, ...

Es ist möglich (nötig, schwierig), ...

Er scheint ...

Redemittel

Zustand	und	Entwicklung
X heißt Y		X ergibt Y
X wird Y genannt		X wird in Y verwandelt
X bezeichnet man als Y		X entwickelt sich zu Y
bei X spricht man von Y		X verwandelt sich zu Y
X ist als Y definiert		aus X entsteht Y
X wird als Y bezeichnet		X geht in Y über

Zustand oder Entwicklung

Bilden Sie nach obenstehenden Beispielen Sätze.

Beispiele: Hydrargyrum *wird* Quecksilber *genannt.*
Wasser *verwandelt sich* bei 0 Grad Celsius *zu* Eis.

1. Oxygenium – Sauerstoff

2. Wasser – 100 Grad Celsius – Wasserdampf

3. Leistung – Arbeit/Zeit

4. Fester Körper – Festkörper

5. Neon, Helium, Krypton – Edelgase
6. Reibung – Wärme
7. Kohle – Kohlekraftwerk – Elektrizität

8. Dieselmotor, Ottomotor – Verbrennungsmotoren
9. Silber, Gold – Edelmetalle

Vervollständigen Sie die Reihe

Wie heißt die nächste Zahl? Warum?

3, 6, 9, ...
18, 14, 10 ...
2, 4, 8, ...
16, 8, 24, 12, 36, ...
81, 64, 49, 36, 25, ...

Denksportaufgabe

Nehmen wir einmal an, Sie fliegen mit einer Rakete mit fünfzig-facher Lichtgeschwindigkeit von der Erde weg in den Weltraum. Nach einem Jahr nehmen Sie ein tolles Superfernrohr und schauen auf die Erde zurück. Dort sehen Sie, wie gerade der Zweite Weltkrieg ausgetragen wird – oder nicht?

An welche Zahl denken Sie? Warum?

ein Kilo	Großstadt	die Erdteile	Zugspitze
Erster Weltkrieg	Silvester	Zimmertemperatur	Mittwoch
Geburtstag	Neujahr	Alphabet	Februar
kochendes Wasser	Kolumbus	politische Parteien	Sterne
Bundesländer	Fußballmannschaft	Kleinbildfilm	Wiedervereinigung

Adjektiv + Akkusativ

I. Wie heißen die Nomen?

alt	*das Alter*	lang	
breit		schwer	
dick		stark	
groß		weit	
hoch		entfernt	

II. Formen Sie die Sätze um. Benutzen Sie den Akkusativ bei Adjektiven mit Angaben des Maßes oder der Zeit.

> *Beispiel:* Das Band hat eine Breite von einem Zentimeter.
> Das Band ist *einen* Zentimeter breit.

1. Der Baum hat das Alter von einem halben Jahrtausend.

2. Die Wolken haben eine Höhe von einem Kilometer.

3. Der Felsbrocken hat ein Gewicht von einer Tonne.

4. Der Stern hat eine Entfernung von etwa einem Lichtjahr.

5. Die Fenster haben die Breite von einem Meter.

6. Das Brett hat eine Tiefe von 1 cm.

7. Das Blech hat die Stärke von 1 mm.

Fragen zum technischen Fortschritt

1. Mit Hilfe der Biochemie und der Gehirnchirurgie wird man bald in der Lage sein, neue Menschen zu züchten. Was halten Sie davon? Welche veränderten Eigenschaften sollte dieser gezüchtete „neue" Mensch haben?

2. Meine Freundin geht mit der Technik. Sie möchte ein Bildtelefon haben. Ich finde das blödsinnig.

3. Wie wird man in 100 Jahren eine Fremdsprache lernen? Lassen Sie Ihrer Fantasie freien Lauf.

4. Man sollte aus Gründen der Sparsamkeit erst neue Atombomben bauen, wenn die alten verbraucht sind.

Neue Vokabeln

Nomen	Plural	Verben	Adjektive

der _____ – _____

der _____ – _____

der _____ – _____

der _____ – _____

der _____ – _____

der _____ – _____

der _____ – _____

der _____ – _____

der _____ – _____

der _____ – _____

Sonstiges

die _____ – _____

die _____ – _____

die _____ – _____

die _____ – _____

die _____ – _____

die _____ – _____

die _____ – _____

die _____ – _____

die _____ – _____

die _____ – _____

die _____ – _____

Redewendungen

das _____ – _____

das _____ – _____

das _____ – _____

das _____ – _____

das _____ – _____

das _____ – _____

das _____ – _____

das _____ – _____

das _____ – _____

das _____ – _____

das _____ – _____

I. ÜBUNGEN ZUM GESPROCHENEN DEUTSCH

1 Übernehmen Sie eine Rolle

a) Sie sind aus der U-Bahn ausgestiegen, merken, dass es regnet, und vermissen plötzlich Ihren Schirm, ein Erbstück.

b) Ihre Oma kann sich nicht mehr selbst versorgen und will zu Ihnen ziehen. Sie wollen, dass sie in ein Altersheim geht.

c) Sie haben bei einer nicht genehmigten politischen Demonstration nur zugeschaut und wurden von der Polizei festgenommen. Ihre Aufenthaltserlaubnis ist in Ordnung, aber der Beamte droht Ihnen mit Abschiebung.

d) Ihr Arbeitgeber ist im Gegensatz zu Ihnen der Meinung, Sie sollten einen Computerkurs in Textverarbeitung absolvieren und ihn selbst finanzieren.

e) Sie bringen Ihren geliehenen Mercedes zur Autovermietung zurück. Man stellt eine kleine Beule am hinteren Kotflügel fest. Sie haben keine Ahnung ...

f) Sie sind Arzt. Weil Sie für einige Zeit in den Urlaub fahren, hinterlassen Sie auf Ihrem automatischen Anrufbeantworter eine Nachricht mit Angabe Ihres Stellvertreters.

g) Sie möchten telefonisch einen Termin beim Arzt vereinbaren. Der Anrufbeantworter meldet sich. Hinterlassen Sie eine Nachricht und bitten Sie um Rückruf.

2 Überfall

Man hat Sie im Park überfallen. Beschreiben Sie zuerst den Tathergang und dann den Täter. Ein Polizeikommissar lässt ein Phantombild nach Ihren Angaben anfertigen. Alle Anwesenden zeichnen nach Ihrer Beschreibung das Bild auf ein Blatt Papier. Auf welchem Bild erkennen Sie den Räuber wieder?

Alter: ...
Gestalt: hager, dünn, mager, dürr, athletisch, kräftig, untersetzt, breit, dick, groß, klein
Aussehen: südländisch, norddeutsch
Gesichtsform: oval, rund, breit, schmal
Stirn: hoch, flach, Geheimratsecken, fliehend
Augenbrauen: buschig, schmal, zusammengewachsen
Augenform: Schlitzaugen, Mandelaugen, hervorstehend, eingefallen
Augenfarbe: braun, grau, grün, blau
Nasenform: gebogen, knubbelig, Himmelfahrtsnase, Adlernase, scharf
Lippen: wulstig, hervorstehend, dick, schmal
Zähne: auseinander stehend, Pferdegebiss, unauffällig, Goldzähne
Kinn: spitz, hervorstehend, Doppelkinn
Haarfarbe: blond, brünett, dunkel, schwarz, rötlich, braun
Frisur: Pony, Igel, Scheitel, straffes Haar, zurückgekämmt, Locken
Kleidung: ...
Dialekt: Bairisch, Schwäbisch, Plattdeutsch, Sächsisch, Hessisch, ...

3 Gesprächsanlässe

Versuchen Sie, Ihre Ansicht gegenüber der Gesprächspartnerin/dem Gesprächspartner durchzusetzen:

Ihr Partner findet, dass Umweltschutz eine Sache des Staates ist. Überzeugen Sie ihn davon, dass jeder Einzelne etwas für den Umweltschutz tun muss.

Ihr Partner hat gerade etwas Geld übrig und überlegt sich, ob er sich einen Computer kaufen soll oder nicht. Geben Sie ihm Ratschläge und begründen Sie diese Ratschläge.

Die 12-jährige Tochter Ihres Partners möchte unbedingt reiten lernen. Sie will zusammen mit ihrer besten Freundin einen Reitkurs besuchen. Ihr Partner ist absolut dagegen, da er den Reitsport für sehr gefährlich hält.

(Aus: *Zentrale Mittelstufenprüfung.* Prüfungsbeispiele zum mündlichen Ausdruck)

4 Prüfungen

Das Leben besteht aus Prüfungen. Was für eine Prüfung würden Sie gern machen? Wie würden Sie sich gegebenenfalls darauf vorbereiten?

1. Zentrale Mittelstufenprüfung (ZMP) 2. deutsches Abitur 3. Weinprobe 4. TÜV 5. Prüfung zur Eintragung ins Guinness Buch der Rekorde 6. Alkoholtest 7. Führerscheinprüfung 8. Doktorprüfung 9. IQ-Test (Intelligenzquotient) 10. Test am Lügendetektor

5 Partikel „eh", „sowieso", „ohnehin"

> *Beispiel:* Das Essen ist angebrannt.
> Macht nichts, ich mag eh/sowieso/ohnehin keinen Brei.

Bilden Sie Sätze.

1. Tasse kaputtgehen – hatte schon einen Sprung
2. Vortrag fällt aus – Fußballübertragung ansehen
3. Regenschirm stehen lassen – war kaputt
4. Termin geplatzt – keine Zeit
5. Marathonlauf findet nicht statt – regnet in Strömen
6. geplante Investition verschieben – knapp bei Kasse
7. Bus verpasst – fährt in falsche Richtung
8. Scheidung einreichen – die beiden passten nicht zusammen
9. Regierung gestürzt – unfähig
10. Pralinen aufgegessen – Schlankheitskur
11. Fleck auf der Bluse – Waschtag

II. ÜBUNGEN ZUM GESCHRIEBENEN DEUTSCH

6 Kurzreferat

Wählen Sie eines der folgenden Themen:

1. Feste und Bräuche in Ihrem Land
2. Liegt die Zukunft des Menschen im Weltraum?
3. Probleme des Umweltschutzes in Ihrem Land
4. Was halten Sie von Parapsychologie?

7 Brief schreiben

Sie möchten bei einer deutschen Familie eine Au-pair-Stelle annehmen. Bewerben Sie sich schriftlich darum.

Sie schreiben an Ihre Brieffreundin:
– Begründen Sie ihre verspätete Antwort auf den letzten Brief.
– Erkundigen Sie sich nach dem Befinden.
– Gehen Sie auf Fragen der Freundin nach der deutschen Küche ein.
– Berichten Sie, was Sie kürzlich gemacht haben und demnächst tun werden.
– Erzählen Sie von Ihren Plänen, Hoffnungen, Befürchtungen.
– Lehnen Sie den Vorschlag eines Besuchs bei der Freundin ab.
– Stimmen Sie einer gemeinsamen Urlaubsreise zu.
– Begründen Sie, warum Sie nun schließen müssen.

8 Eine Geschichte schreiben

Schreiben Sie eine phantastische Kurzgeschichte. Wählen Sie ein Wort aus jeder Zeile aus, das in der Geschichte vorkommen sollte.

Die schönste Geschichte sollte prämiert werden.

a) Geldbriefträger, Wilddieb, Gärtner, Obdachloser, Maler, Taucher
b) schießen, entdecken, überraschen, besuchen, verdächtigen
c) dürr, glänzend, einsam, eifersüchtig, geizig, sterbend, golden
d) Mikroskop, Irrenhaus, Feuer, Haar, Foto, Feuer, Tresor, Höhle
e) Sturm, Nebel, Alkohol, Landkarte, Reitpferd, Prinz, Winter
f) verfluchen, braten, sammeln, bewirten, vergiften, umfallen
g) wahnsinnig, schwarz, zornig, verlegen, scharf, gelähmt, breit
h) Versteck, Räuber, Kapelle, Mondlicht, Nachtwächter, Überfall
i) verbrennen, fliegen, schwimmen, graben, anrufen, versprechen
j) Zauberspruch, Geheimnis, Wein, Hochzeit, Sturm, Garten

III. ÜBUNGEN ZUM WORTSCHATZ

9 Setzen Sie die Verben ein

abgeben, erteilen, erzielen, geben, haben, halten, leisten, sein, treffen, treffen, ziehen

Beispiel: bezweifeln – *Zweifel haben*

meinen – der Meinung _____

zustimmen – seine Zustimmung _____

vorbereiten – Vorbereitungen _____

entscheiden – eine Entscheidung _____

beitragen – einen Beitrag _____

beabsichtigen – die Absicht _____

bevollmächtigen – Vollmacht _____

referieren – ein Referat _____

erwägen – in Erwägung _____

sich einigen – Einigung _____

beurteilen – ein Urteil _____

10 Ersetzen Sie Nomen und Funktionsverb durch ein Verb

Beispiel: Stellen Sie einen Antrag auf Wohngeld!
Beantragen Sie Wohngeld!

1. Die Eltern nehmen Einfluss auf die geistige Entwicklung des Kindes.
2. Geben Sie mir sofort Nachricht, wenn etwas passieren sollte!
3. Ich möchte Ihnen zu diesem Erfolg meinen Glückwunsch aussprechen.
4. Der Vertrag gibt mir das Recht zur fristlosen Kündigung.
5. Er gab seine Zustimmung zu unseren Plänen.
6. Wer unter Alkoholeinfluss Auto fährt, bringt sich und andere in Gefahr.
7. Die Bundesrepublik erhebt keinen Anspruch auf die früheren Ostgebiete.
8. Die Eiskunstläuferin hat starken Eindruck auf die Jury gemacht.
9. Ich würde einer pragmatischen Lösung den Vorzug geben.

11 Kennen Sie die Pluralform von ...?

der Start, der Chef, das Material, das Büro, das Thema, das Baby, der Fuchsbau, das Hobby, das Konto, das Reptil, das/der Computervirus, das Kino, das Zentrum, das Shampoo, das Moped, das Gymnasium, das Drama, das Datum, das Taxi, der Streik, der Park, das Kotelett

12 Wortschatzübung Nomen

Tor und Gegentor (Spielregeln siehe dritte Lektion). Finden Sie das Gegenteil (Antonym).

der Export, die Gefahr, die Gesundheit, das Glück, der Gott, die Großmutter, der Großvater, die Hauptsache, der Hass, der Himmel, die Hinfahrt, die Hochzeit, die Hässlichkeit, die Höhe, die Hölle, der Import, der Kauf, der Käufer, der Krach, die Krankheit, die Kürze, die Länge, der Lärm, die Landung, der Lehrer, die Liebe, die Lüge, die Macht, die Mehrheit, der Mieter, die Milde, die Minderheit, das Misstrauen, die Mutter, der Nachname, die Nacht, der Nachteil, die Nebensache, der Neffe, die Nichte, der Norden, der Nutzen, die Ohnmacht, die Oma, der Onkel, der Opa, der Osten, das Pech, das Recht, die Ruhe, die Rückfahrt, der Schaden, die Scheidung, der Schwager, die Schwägerin, der Schüler, die Schönheit, die Sicherheit, der Sommer, der Start, die Stille, die Strenge, der Süden, der Tag, die Tante, der Teufel, die Tiefe, das Unrecht, der Vater, der Verkauf, der Verkäufer, der Vermieter, das Vertrauen, der Vorname, der Vorteil, die Wahrheit, der Westen, der Winter

13 Die Wortfamilie „gehen"

Wie heißt die Vorsilbe?

> an-, an-, auf-, auf-, aus-, aus-, be-, ein-, ent-, über-, um-, um-, unter-, vor-, vor-, vor-, zer-, zu-

1. Ihr habt mich in dieser Spielrunde _____!
2. Der Mond ist _____.
3. Heute Abend gehe ich mit meinem Schatz _____.
4. Wegen Stromausfall ging das Licht _____.
5. Die Margarine _____ in der Pfanne.
6. Du _____ eine Riesendummheit!
7. Diese Bemerkung ist mir leider _____.
8. Mit Babys können Männer doch nicht richtig _____.
9. Er versucht, alle heiklen Fragen zu _____.
10. Das Schiff ist im Orkan _____.
11. Ich komme gleich nach. Geht ihr schon mal _____!
12. Gegen Kriminelle muss man hart _____.
13. Was ist hier los? Was geht hier eigentlich _____?
14. Wir werden die Aufgabe mit viel Energie _____.
15. Das ist meine Sache. Das geht dich einen feuchten Kehricht _____.
16. Mir ist ein Licht _____. Endlich hatte ich's begriffen!
17. Deine Jeans ist bei der Kochwäsche ziemlich _____.
18. Ab morgen Diät! Der Reißverschluss will einfach nicht mehr _____!

14 Nennen Sie vier davon

Kleidungsstücke im Sommer, Teile des Gesichts, Fleischsorten, Gewürze, Nachspeisen, landwirtschaftliche Geräte, Süßigkeiten, Maßeinheiten, geometrische Körper, Verpackungsmaterialien, Energiequellen, überregionale Tageszeitungen, Kunstepochen, deutsche Festtage, Weltreligionen, Sitzmöbel

15 Finden Sie den Oberbegriff

(Nach Möglichkeit, ohne weiter unten nachzusehen.)

Alpen, Bein, Benzin, Blumenkohl, Buche, Bügeleisen, Fichte, Fleischerei, Gabel, Grippe, Groschen, Herbst, Hochhaus, Hund, Hundertmarkschein, Januar, Kabeljau, Koffer, Mineralwasser, Pfeffer, Pfingsten, Posaune, Pudding, Sauerstoff, Schweden, Stiefmütterchen, Strumpf, Tankwart, Teich, Teller, Weizen, Westen, Zitrone

Oberbegriffe:

Banknote, Beruf, Besteck, Blume, Feiertag, Fisch, Frucht, Gas, Gebäude, Gebirge, Geldstück, Gemüse, Gepäckstück, Geschäft, Geschirr, Getränk, Getreide, Gewässer, Gewürz, Haushaltsgerät, Haustier, Himmelsrichtung, Jahreszeit, Kleidungsstück, Körperteil, Kraftstoff, Krankheit, Land, Laubbaum, Musikinstrument, Monat, Nachtisch, Nadelbaum

Wie heißen die Artikel?

16 Spiel

Wissen Sie RAT?

Jemand schreibt eine Silbe an die Tafel, z. B. RAT. Das Spiel geht dann reihum. Jeder schreibt ein Wort hinzu, im dem RAT enthalten ist. Wem nichts mehr einfällt, der muss ausscheiden. Der Sieger wählt eine neue Silbe aus.

RAT
Demonst RAT ion
Refe RAT
RAT tern
Be RAT ung
b RAT en
hei RAT en
Appa RAT
Mat RAT ze
t RAT
Monats RAT e
Repa RAT ur
Ope RAT ion
Hei RAT
k RAT zen
g RAT ulieren
RAT sam

17 Endet das Adjektiv auf „-isch", „-ig" oder „-lich"?

Recht, Bürger, Kraft, Indien, Sucht, Energie, Tod, Periode, Mund, Gewerbe, Steuerpflicht, Aberglaube, Sorgfalt, Bart, Gewicht, Macht, Wort, Vorrat, Psyche, Wohltat, Mittelmaß, Neugier, Haar, Wahnsinn, Mensch, Nebensache, Europa, Kugelform, Nachbar, Bauer, Rheinland, Neid, Schimmel, Nachteil, Winkel, Würde, Schaden, Feind, Sommer, Ehe, Farbe, Türkei, Alltag, Kirche, Friede, Partei, Mann, Schweden, Gnade, Nebel

IV. ÜBUNGEN ZU DEN FUNKTIONSVERBGEFÜGEN

18 Vervollständigen Sie die Sätze mit Funktionsverbgefügen

> eine Chance geben, Platz nehmen, eine Rolle spielen, Bescheid geben, in Frage kommen, sich Mühe geben, zur Sprache bringen, Kredit gewähren, Stellung nehmen, Hilfe leisten, an der Reihe sein, auf das Wort kommen, Rücksicht nehmen

1. Die Übersetzung fällt Ihnen nicht ein. – „Ich komme nicht _____ ."
2. Er ist dran beim Spiel. – „Du bist _____ ."
3. Sie wollen etwas noch einmal probieren. – „Gib mir noch _____ !"
4. Er will den ganzen Tag fernsehen. – „Aber das kommt nicht _____ ."
5. Das darf nicht verschwiegen werden. – „Bring das mal _____ !"
6. Er strengt sich überhaupt nicht an. – „Gib dir endlich mal _____ .!
7. Sie sind brutal. – „Nehmt doch mehr _____ !"
8. Sie sagen Ihre Meinung nicht. – „Nehmen Sie dazu mal _____ !"
9. Da liegt einer auf der Straße. – „Bitte leisten Sie ihm _____ !"
10. Sie setzen sich nicht. – „Nehmen Sie doch bitte _____ !"
11. Er ist nicht informiert. – „Geben Sie ihm sofort _____ !"
12. Sie meinen, das sei unwichtig. – „Das spielt keine _____ ."
13. Sie sind pleite. – „Die Bank gewährt mir _____ ."

19 Wie heißt das fehlende Verb?

> bringen, erheben, fassen, leisten, leisten, nehmen, setzen, stellen, treffen, treffen, treffen

1. sich zur Wehr _____ 2. eine Zahlung _____ 3. in Anspruch _____
4. eine Entscheidung _____ 5. einen Antrag _____ 6. einen Vorwurf
_____ 7. Vorbereitungen _____ 8. Vorsorge _____ 9. etwas zum
Ausdruck _____ 10. Hilfe _____ 11. einen Entschluss _____

20 Sagen Sie es komplizierter

> *Beispiel:* Ich werfe dir nichts vor. (machen) → Ich *mache dir keinen Vorwurf.*

1. Ich drücke meine Gefühle aus. (bringen) 2. Ich habe mich entschlossen. (fassen) 3. Ich wehre mich nicht. (setzen) 4. Ich helfe nicht. (leisten) 5. Ich zahle nicht. (leisten) 6. Ich bereite die Reise vor. (treffen) 7. Ich beantrage Sozialhilfe. (stellen) 8. Ich sorge für den Ernstfall vor. (treffen) 9. Ich entscheide über meine Berufswahl. (treffen) 10. Ich beanspruche seine Dienste. (nehmen)

V. ÜBUNGEN ZU RELATIVSÄTZEN

21 Fragen und antworten Sie

> *Beispiel:* (Meine Nähmaschine ist kaputt.)
>   – Willst du meine kaputte Nähmaschine?
>   – Mit einer Nähmaschine, *die kaputt ist,* kann ich nichts anfangen.
>   *Oder:* Eine Nähmaschine, *die kaputt ist,* brauche ich nicht.

1. Meine Jacke ist zerrissen. 2. Meine Hose hat Löcher. 3. Mein altes Mobiliar stammt vom Sperrmüll. 4. Meine Schallplatten sind zerkratzt. 5. Meine Krawatten sind altmodisch. 6. Mein Geschirrspüler ist defekt. 7. Mein Auto ist durchgerostet.

22 Bilden Sie schriftlich je einen eingeschobenen Relativsatz

> *Beispiel:* Der Politiker kündigte seinen Rücktritt an.
> Der Politiker, *der die Wahl verloren hatte,* kündigte ...
> Der Politiker, *dessen Vergangenheit ans Licht gekommen war,* kündigte ...
> Der Politiker, *dem man die Schmiergelder gegeben hatte,* kündigte ...
> Der Politiker, *gegen den man die Untersuchungen aufgenommen hatte,* kündigte ...

1. Der alte Baum ist umgesägt worden. 2. Der Radfahrer wurde von einem Polizisten angehalten. 3. Das Erdbeben hatte verheerende Folgen. 4. Der Koffer wurde gestohlen. 5. Die Wohnung wird frei. 6. Der Schnee wird vom Bürgersteig geschaufelt. 7. Die Hose habe ich zum Schneider gebracht. 8. Die Ware haben wir zurückgeschickt. 9. Die Studenten sind in den Hungerstreik getreten. 10. Den Brief kann ich nicht mehr finden. 11. Das Kleid steht dir toll. 12. Der Anzug muss in die Reinigung. 13. Der Sportler wird disqualifiziert.

23 Geben Sie eine Definition

> *Beispiel:* Ein Briefkasten ist ein Behälter, in den man die Post einwirft, die man verschicken will.

ein Korkenzieher, Brieftauben, ein Schal, eine Sonnenbrille, eine Kinderklinik, ein Regal, ein Professor, eine Diskette, ein Walfisch, ein Thermometer ...

Nennen Sie andere Begriffe und lassen Sie sie definieren.

24 Setzen Sie das Relativpronomen ein

1. Herr Müller, —————— Frau bei uns arbeitet, wartet beim Pförtner. 2. Kinder, ————— Eltern geschieden sind, bringen oft schlechtere Zeugnisse nach Hause. 3. Jene Politiker, ————— Wahlversprechungen ich fest vertraut hatte, haben mich tief enttäuscht. 4. Der Motorradfahrer, —————— Vorderreifen geplatzt war, blieb unverletzt. 5. Die Beurteilung, ————— Inhalt ich nicht kannte, wurde mir vorgelegt. 6. Der Dichter, ————— man gedachte, hatte seinen 100. Todestag. 7. Die geheime Botschaft, ————— Code man kannte, wurde entschlüsselt. 8. Autos, —————— Abgase die Luft verpesten, werden höher versteuert. 9. Mein Bruder, —————— Freundin nicht mal volljährig ist, will unbedingt heiraten.

25 Bilden Sie Relativsätze

1. Wo liegt der Zettel? Ich hatte darauf die Telefonnummer notiert. 2. Wie heißt der Gast gleich? Ich komme nicht auf seinen Namen. 3. Wer ist der Fremde? Du wartest jeden Tag auf ihn. 4. Kriegst du die Stelle? Du hoffst darauf. 5. Meinst du, er kriegt die Erbschaft? Er spekuliert sicher darauf. 6. Er ist ein zuverlässiger Kerl. Auf ihn kannst du dich unbedingt verlassen. 7. Sind das die Beobachtungen? Beruhen darauf deine Vermutungen? 8. So sehen meine Forderungen aus. Ich bestehe übrigens darauf. 9. Der Termin liegt im Herbst. Man will mich auf diesen Termin vertrösten. 10. Das ist ein echter Freund. Man kann auf ihn zählen.

VI. VERMISCHTE ÜBUNGEN

26 Bilden Sie das Perfekt mit „haben" oder „sein"

In welchem Fall steht ein Akkusativobjekt nach dem Verb?

1. Der Motor springt an.
   Ein Köter springt das Kind an.
2. Der Müllwagen fährt den Müll ab.
   Die S-Bahn fährt ab.
3. Sie brechen zu einem Fußmarsch auf.
   Er bricht den Safe auf.
4. Seine Rede stößt auf Ablehnung.
   Sie stößt sich den Kopf an der Schranktür.
5. Das Schiff läuft die Insel an.
   Die Suchaktion läuft an.
6. Du ziehst den dicken Pulli aus.
   Er zieht aus der Wohnung aus.
7. Das Dokument reißt an der Ecke ein.
   Der Bagger reißt das Haus ein.
8. Ich fahre schon immer einen VW-Golf.
   Ich fahre an den Golf.
9. Ich stehe nachts öfter auf.
   Das Fenster steht die ganze Nacht auf.
10. Wir ziehen in die Stadt.
    Die Elektriker ziehen das Kabel.

27 Bilden Sie das Perfekt. „Haben" oder „sein"?

1 (umgehen) Er _____ die Frage geschickt _____ .

Sie _____ mit den Kindern unfreundlich _____ .

2 (anbrechen) Der Tag _____ _____ .

Sie _____ die Cognacflasche _____ .

3 (verlaufen) Die Demonstration _____ gut _____ .

Die Demonstranten _____ sich danach _____ .

4 (übertreten) Sie _____ zum Islam _____ .

Er _____ die Gesetze _____ .

5 (ausbrechen) Er _____ sich beim Sturz einen Zahn _____ .

Die Häftlinge _____ aus der Untersuchungshaft _____ .

28 Bilden Sie Sätze mit „ob"

Ich wollte wissen, …	Ich habe überlegt, …
Ich wüsste gern, …	Sag mir bitte, …
Ich hätte nur zu gern gewusst, …	Ich bin mir nicht sicher, …
Ich habe gefragt, …	Es war mir nicht klar, …
Ich habe daran gezweifelt, …	Es bleibt unaufgeklärt, …
Ich weiß nicht genau, …	

1. Er war der Täter. 2. Ihr habt ihn in der Stadt getroffen. 3. Jan hat die Schule geschwänzt. 4. Das war ein Umweg. 5. Heute ist die Zirkuspremiere. 6. Die Krankheit führt zum Tode. 7. Er hat eine Visitenkarte bei sich. 8. Sie hat den Hund gefüttert. 9. Er nimmt an der Demonstration teil. 10. Wir machen einen Betriebsausflug. 11. Sie haben heimlich geheiratet. 12. Hat jemand die Schecks gestohlen? 13. Wurde er mir schon mal vorgestellt? 14. Haben Sie mich richtig verstanden?

29 ob – wenn – wann – als

1. Jedesmal, _____ ich nachdenken will, klingelt das Telefon. 2. Weißt du, _____ in diesem Jahr Ostern ist? 3. _____ er um die Ecke bog, stieß er mit jemand zusammen. 4. _____ du das noch mal machst, kannst du was erleben! 5. _____ der Frühling kommt, dann schick' ich dir Tulpen aus Amsterdam. 6. Ich zweifle, _____ der Zug an diesem kleinen Bahnhof hält. 7. Ihr Hochzeitstag? Ich weiß nicht mehr, _____ sie geheiratet haben. 8. Ich heirate erst, _____ ich den Richtigen finde. Aber _____ ich den jemals finde? 9. Was glaubst du, _____ es zum erstenmal in diesem Winter schneit? 10. _____ ich noch jemals erlebe, dass du dein Zimmer aufräumst? 11. Er kam gerade, _____ du gehen wolltest. 12. Er kam immer erst, _____ du weg warst. 13. Wir fahren weiter, _____

der Sturm nachlässt. 14. Der Deich ist hier an dieser Stelle gebrochen, _____ wir die letzte Sturmflut hatten. 15. Können Sie mir sagen, _____ die Zimmer eine Klimaanlage haben? 16. Kommst du am 12.1.? – Ich weiß noch nicht das genaue Datum, aber ich sage dir noch, _____ . 17. Jedesmal, _____ ich ihn sah, fielen mir seine strahlenden Augen auf. 18. _____ wir die Arbeit bis zum Abend schaffen? – Keine Ahnung! 19. Ich wüsste gern, _____ die Ferien in diesem Jahr in Hessen beginnen. 20. Ich hätte nicht die Wahrheit gesagt? Und _____!

30 Bilden Sie Konditionalsätze mit den Ausdrücken

angenommen	gesetzt den Fall	es sei denn

Beispiel: in Strömen gießen → zu Hause bleiben
Angenommen, es gießt in Strömen, (dann) bleiben wir zu Hause.
Angenommen, dass es in Strömen gießt, (dann) bleiben wir zu Hause.

Beispiel: in Strömen gießen → heute Abend ausgehen
Wir gehen heute Abend aus, es sei denn, es gießt in Strömen.
Wir gehen heute Abend aus, es sei denn, dass es in Strömen gießt.

1. Öl wird Strand verpesten → Wind seewärts drehen
2. Erbschaft machen → Hände in den Schoß legen
3. Schachpartie gewinnen → Remis (Unentschieden) spielen
4. Störfall eintreten → Reaktor automatisch abschalten
5. Gesundheitszustand verschlechtern → Verwandte benachrichtigen
6. Auskunft anrufen → Telefonnummer kennen
7. keinen Bankkredit bekommen → Sicherheiten bieten können
8. umziehen → Nachsendeantrag bei der Post stellen

31 Bilden Sie alternativ Konditionalsätze mit folgenden Ausdrücken

für den Fall, dass … im Fall, dass … nehmen wir an, dass …	vorausgesetzt, dass … unter der Bedingung, dass …

1. Hochgebirge fahren → Winterreifen montieren
2. Besuch bekommen → Käsefondue machen
3. Aufzug stecken bleiben → Alarmknopf drücken
4. Abitur bestehen → Germanistik studieren
5. Paketsendung verloren gegangen sein → Schadensersatz verlangen
6. Eigenbedarf des Vermieters bestehen → Kündigung wirksam sein
7. Chef auf Dienstreise sein → mit Stellvertreter reden
8. mehr Frauen eine Berufstätigkeit aufnehmen → mehr Krippenplätze benötigen

32 Umformung

Drücken Sie eine Gleichzeitigkeit aus.

> *Beispiel:* Während er die Zeitung las, strickte sie.
> Er las die Zeitung. indessen strickte sie.
> Inzwischen strickte sie.
> Unterdessen strickte sie.
> Währenddem strickte sie.
> Währenddessen strickte sie.

1. Während der Wärter schlief, brach ein Gefangener aus.
2. Während die Eltern fernsahen, spielten die Kinder mit Streichhölzern.
3. Während die Antilope weidete, schlich sich ein Löwe heran.
4. Während das Volk demonstrierte, trat die Regierung zusammen.
5. Während es hell wurde, begannen die Vögel zu singen.
6. Während er schnarchte, dass die Wände wackelten, beschwerte sie sich beim Schlafwagen-schaffner.
7. Während wir den Dom besichtigten, hatte man versucht, unser Auto aufzubrechen.
8. Während er mit ihrer Schwester tanzte, flirtete sie mit ihrem Tischnachbarn.

33 Setzen Sie je zwei passende Konjunktionen ein

> *Beispiel:* Der Garten ist zwar nicht gepflegt, wohl aber romantisch.
> ..., aber doch romantisch.

> andernfalls, allerdings, als ob, angenommen, bevor, ehe, gesetzt den Fall, gleichwohl, in-sofern, insoweit, jedoch, selbst, sogar, soviel, soweit, überdies, unterdessen, während, währenddessen, wie wenn, wohingegen, sonst, trotzdem, zudem

1. _____ ich das Geschirr abgetrocknet habe, habe ich es gut gespült.
2. Er hatte ihn schon lange im Verdacht, _____ konnte er es nie bewei-sen.
3. Er hatte einen schlechten Notendurchschnitt, aber er hat _____ Me-dizin studiert.
4. _____ ich weiß, zieht unsere Firma nach Berlin um.
5. _____ war ich mit dem Urlaub zufrieden, als wenigstens das Essen schmeckte.
6. Sie ist blond, _____ beide Eltern dunkel sind.
7. Bei der Sonnenfinsternis verhielten sich die Tiere so, _____ es Nacht wäre.

8. _____ , dass die Reifen abgefahren sind, dann haftet die Versicherung nicht.

9. Das Kind erhielt eine Bluttransfusion. _____ wachte die Mutter an seinem Bettchen.

10. Der Student hat schon jetzt nicht genug Geld zur Verfügung. _____ erhöht sich in diesem Monat auch noch die Miete.

11. Der Bus war eingeschneit, _____ wären wir pünktlich gewesen.

12. Die Übung war _____ für den Besten zu schwer.

34 Transformation

Formen Sie das Verb um. Wie heißt die Substantivphrase?

> *Beispiel:* Obwohl es trocken war, ... (Trotz)
> *Trotz der Trockenheit*

1. Weil es gewitterte, ... (Wegen)
2. Weil es heftig hagelte, ... (Durch)
3. Da Schnee fiel, ... (Wegen)
4. Obwohl es glühend heiß war, ... (Trotz)
5. Weil es eisglatt war, ... (Wegen)
6. Während es zunehmend dunkler wurde, ... (Bei)
7. Während sich der Mond verfinsterte, ... (Während)
8. Anstatt dass die Sonne warm scheint, ... (Statt)
9. Kaum, dass das Wetter sich besserte, ... (Kurz nach)
10. Nachdem der Tag angebrochen war, ... (Nach)
11. Bevor der Sturm ausbrach, ... (Vor)
12. Dadurch, dass die Kälte einbrach, ... (Durch)
13. Obschon sich der Nebel auflöste, ... (Trotz)
14. Ehe die Wolken aufzogen, ... (Vor)
15. Indem sich das Hoch verlagert, ... (Durch)

35 Welche Adjektive haben den Akkusativ, welche den Dativ?

1. Das sieht _____ (du) wieder mal ähnlich! 2. Das Baby ist erst _____ (ein) Tag alt. 3. Der Sack Kohlen ist _____ (ein) Zentner schwer. 4. Die Frage ist _____ (er) unangenehm. 5. Kannst du nicht _____ alt _____ Dame behilflich sein? 6. Die Mauer war _____ (ein) Meter dick. 7. Davon weiß ich nichts. Das ist_____ nicht bekannt. 8. Mein Mann war_____ immer treu. 9. Für das Geschenk bin ich_____ (Sie) sehr dankbar. 10. Das ist_____ recht, wenn du mich besuchst. 11. Gute Freunde sind _____ (ich) wichtig. 12. Wir schwammen _____ (ein) Kilometer weit.

36 Elemente

Benutzen Sie:

an – auf – auf – auf – auf – auf – mit – mit – mit – mit – in – über – von – vor

1. Professor / unzufrieden sein / Examen
2. Kanister / voll sein / Benzin
3. Bundesrepublik / arm sein / Erdöl-vorkommen
4. Ich / verliebt sein / Lehrerin
5. Jürgen / eifersüchtig sein / Kollege
6. General / stolz sein / seine Soldaten
7. Straße / frei sein / gefährliches Eis
8. Nachbarn / neidisch sein / Lottogewinner
9. Kranker / glücklich sein / Genesung
10. Zuschauer / blass werden / Schreck
11. Regisseur / aufmerksam werden / junges Talent
12. Opfer / böse sein / Taschendieb
13. Monika / fertig sein / Telefonieren
14. Ich / bekannt sein / Filmstar

37 Kaum zu glauben

Kurze Geschichten als Diktat, Nacherzählung oder zur Diskussion

Fahrerflucht

Als ich heute Morgen Brötchen kaufen wollte, rammte neben mir sehr laut hörbar eine junge Frau beim Einparken einen hinter ihr stehenden schwarzen Mercedes. Der Blechschaden schien erheblich zu sein. Jedenfalls bildete sich sofort ein großer Menschenauflauf. Die Männer wussten es gleich und sagten es auch: Da war wieder eine Frau am Steuer. Die Dame schien sehr in Eile, denn sie würdigte die Menge keines Blicks. Sie zog ihr Notizbuch, riss eine Seite heraus und kritzelte etwas darauf. Dann klemmte sie den Zettel hinter den Scheibenwischer des Mercedes. Auf dem Zettel stand, wie sich später herausstellte: „Jeder von diesen einge-bildeten Männern hier glaubt, dass ich meine Anschrift hinterlasse. Tue ich aber nicht!"

Ein teures Telefonat

Ein Ehemann hatte eine Geliebte, die gelegentlich in seinem Wochenendhaus wohnte. Er hatte ihr versprochen, sich scheiden zu lassen, um sie dann zu heiraten. Schließlich hatte er es sich aber doch anders überlegt und schrieb ihr kurz und knapp, es sei Schluss und sie solle gefäl-ligst die Wohnung verlassen. Als er dann am Wochenende kam, fand er die Wohnung aufgeräumt vor und die Geliebte war tatsächlich ausgezogen. Kein Abschiedsbrief lag da, nur der Telefon-hörer lag neben dem Telefon und aus dem Hörer drangen merkwürdige Laute an sein Ohr. Bei der nächsten Telefonrechnung staunte der Ehemann nicht schlecht. Sie betrug viele tausend Mark. Es stellte sich dabei heraus, dass ein einziges Telefonat mit der automatischen Zeitan-sage in Tokio mehrere Tage gedauert hatte.

5
Aus der Welt der Wirtschaft

Grammatik: *Wortbildung, Partizip, Passiv, Präpositionen*

Ende des Wachstums?

1   Aber woher soll Wachstum noch kommen? Die wirtschaftswissenschaftlichen Institute meinen damit ja nicht hier und da mal ein Prozent Zuwachs des Bruttosozialprodukts. Um Vollbeschäftigung zu erreichen, müsste Westdeutschlands Wirtschaft Jahr für Jahr um sechs Prozent wachsen.

5   Die Gründe dafür sind ganz simpel. Zumindest der vom Arbeitsplatzrisiko betroffene kleine Mann versteht sie sofort. Er nämlich kann das Ende des wilden Wachstums im eigenen Haushalt ablesen: Dort finden sich Kühlschrank, Waschmaschine, Automobil, Küchenmaschinen, Fernsehapparat, alles schön nacheinander angeschafft. Jeder einzelne Gegenstand steht für jeweils einen neuen Wachstumsschub der Volks-

10   wirtschaft, dem regelmäßig der nächste gefolgt war.

Aber seit einigen Jahren sieht der kleine Mann auf dem Konsumgütermarkt nicht mehr viel Neues, was er unbedingt kaufen müsste. Die großen Märkte der Konsumgüter, folgt daraus, sind gesättigt und attraktives Neues gibt es kaum.

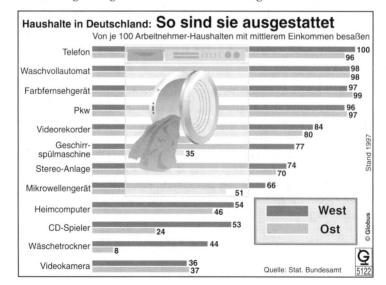

Haushalte in Deutschland: So sind sie ausgestattet
Von je 100 Arbeitnehmer-Haushalten mit mittlerem Einkommen besaßen

Gerät	West	Ost
Telefon	100	96
Waschvollautomat	98	98
Farbfernsehgerät	97	99
Pkw	96	97
Videorekorder	84	80
Geschirrspülmaschine	77	35
Stereo-Anlage	74	70
Mikrowellengerät	66	51
Heimcomputer	54	46
CD-Spieler	53	24
Wäschetrockner	44	8
Videokamera	36	37

Stand 1997

© Globus

Quelle: Stat. Bundesamt

5122

15 Die Tendenz zu weniger Konsum verstärkte sich durch die gestiegenen Energiepreise. Ein Teil der sonst am Binnenmarkt wirkenden Kaufkraft floss in nahöstliche
Länder ab. Zunehmende Marktsättigung und das Ende der billigen Energie, die stets
als Wachstumsdroge gewirkt hatte, waren aufeinander getroffen. Zwei wesentliche
Daten für die wirtschaftliche Expansion wurden dadurch fundamental verändert.
20 Wirtschaftliche Expansion konnte in solcher Lage allenfalls durch wachsende Bevölkerung, große Exportgeschäfte oder dramatische technische Durchbrüche, auch Innovationen genannt, geschehen.
Die enormen Investitionen, die den wirtschaftlichen Aufschwung in den neuen Bundesländern bringen sollten, konnten nur durch höhere Steuern finanziert werden.
25 Auch die Kosten im Gesundheitswesen waren Besorgnis erregend gewachsen.
Das Ende des Zeitalters des Kommunismus ließ zunächst auf Entspannung und verstärkte Wirtschaftsbeziehungen mit den nun demokratischen Ländern des ehemaligen Ostblocks hoffen. Aber die Welle der nationalen Befreiungskämpfe um Souve-
ränität in einigen dieser Länder führte zu noch mehr Armut und Devisenknappheit,
30 so dass der erhoffte Aufschwung der Handelsbeziehungen zu diesen Ländern aus-
blieb.
Die einsetzenden Flüchtlingsströme aus dem Osten stellten für viele Bundesbürger
ein Schreckgespenst dar, denn auch für sie waren Wohnraum und Arbeitsplätze
knapp. Ausländerfeindlichkeit und die Angst vor Überfremdung waren die Reak-
35 tion.
Die weltweite Rezession, die Verschuldung und die Zahlungsnöte vieler Länder der
Dritten Welt und des früheren Ostblocks lassen nun auch die Aufträge aus dem Ausland schrumpfen. Hinzu kommt die schärfere Konkurrenz durch die Japaner und
andere Länder mit niedrigeren Löhnen und Sozialleistungen.
40 Die großen Innovationen gibt es allenfalls noch in der Mikroelektronik. Sie wiederum bringt zwar moderne Technik, doch sie vernichtet Arbeitsplätze. Ohne neue
Märkte, ohne neue Verbraucherkaufkraft und ohne Innovationen aber gibt es auch
keine Investitionen, die Arbeitsplätze schaffen.
Zweifel sind deshalb erlaubt, ob es irgendwo in der industriellen Welt noch jene
45 Wachstumsreserven gibt, die von Professoren und Politikern vermutet werden. Um-
weltschützer hingegen wollen kein Wachstum um jeden Preis: Sie weisen darauf hin,
dass wirtschaftliches Wachstum mit steigendem Energieverbrauch und mit größerer
Umweltzerstörung einhergeht.

Fragen zum Text

1. Was ist „Bruttosozialprodukt"?
   (Wert – Gesamtheit – produzierte Güter –
   Dienstleistungen – Land – ein Jahr)
2. Wer ist der „kleine Mann"? (Z. 6)

3. Welche Faktoren sind für wirtschaftliche
   Expansion von Bedeutung?
4. Nennen Sie positive und negative Auswir-
   kungen der Mikroelektronik.
5. Gibt es Grenzen des Wachstums?

5

Wortbildung

I. Umschreiben Sie die Bedeutung dieser Wörter:

die Vollbeschäftigung *die Beschäftigung für alle Arbeitnehmer*

der Fernsehapparat _____ zum _____

der Konsumgütermarkt _____ für die _____

der Autokauf _____ eines _____

der Energiepreis _____ für _____

die Ölländer _____, in denen _____

die Exportgeschäfte _____ im _____

der Flüchtlingsstrom _____ von _____

der Babyboom _____ an _____

der Staatshaushalt _____ des _____

die Unterhaltskosten _____ für _____

II. Bilden Sie einen Begriff.

eine Prognose für die Konjunktur — *die Konjunkturprognose*

die Lage der Wirtschaft _____

die Suche nach einer Stelle _____

die Karte, die zum Scheck gehört _____

das Recht auf Streik _____

die Prüfung zum Meister _____

der Bund der Gewerkschaften _____

der Anteil des Arbeitgebers _____

ein Gebiet mit viel Industrie _____

die Versorgung mit Energie _____

die Herstellung in Massen _____

die Steuer auf den Lohn _____

das Muster einer Ware _____

die Bedingungen für eine Zahlung _____

die Versicherung für Kranke _____

die Kosten für den Transport _____

Wachstum um jeden Preis?

Setzen Sie die Präposition ein

an – auf – auf – auf – in – mit – nach – um – um – von – zum

1. Ich möchte mich _____ diese Stelle bewerben.

2. Nach der Pause machen wir uns wieder _____ die Arbeit.

3. Die Gewerkschaften rufen _____ Streik auf.

4. Die Beamten streiken nicht, sie machen Dienst _____ Vorschrift.

5. Jeder Mensch sollte ein Recht _____ Arbeit haben.

6. Mein Auto habe ich _____ Raten gekauft.

7. Ich möchte 250 Euro _____ meinem Sparkonto abheben und sie _____ mein Girokonto einzahlen.

8. Mein Geld habe ich _____ Wertpapieren angelegt.

9. Die Preise steigen in diesem Jahr _____ 3%.

10. Eine GmbH ist eine Gesellschaft _____ beschränkter Haftung.

5

Synonyme

Welche Ausdrücke sind bedeutungsähnlich?

1. der Lehrling	a) das Werk
2. die Kündigung	b) der Direktor
3. die Stelle	c) das Abkommen
4. die Belegschaft	d) der Auszubildende
5. die Führungskraft	e) die Entlassung
6. die Vereinbarung	f) der Arbeitsplatz
7. die Fabrik	g) der leitende Angestellte
8. der Chef	h) das Personal

Häufige Abkürzungen

Was bedeuten ...?

GmbH	G_ _el_s_h_ft _it _es_hrä_ _ter _ _ftu_g
OHG	Off_ne H_nd_ _sg_ _ellsc_aft
KG	K_mm_nditg_s_llsch_ft
AG	_kt_ _ng_s_l_s_h_ft
DM	_ _ut_ _ _e M_ _k
Abt.	A_ _ei_ung
e. V.	ein_ _trag_n_r _ere_n
v. H.	von H_ _dert
i. A.	im _uf_rag
Kto.	_ _nto
BLZ	_ _nklei_z_hl
DGB	D_u_s_h_r _ewe_ksch_ftsb_nd
DAG	D_ _t_che Ang_st_llt_ngew_rksch_ft
DBB	_eut_ch_ _ B_amt_nb_nd
IG	Ind_stri_g_w_rk_chaft
ÖTV	Gewe_ks_ _aft f_r Öff_n_lich_ Di_nste, Tr_nsp_rt und V_rkeh_

Berufe raten

1. *Suchen Sie sich einen der nebenstehenden Berufe aus. Lassen Sie ihn von den anderen erraten. Sie selbst dürfen nur mit „ja" oder „nein" antworten. Sie haben gewonnen, wenn Sie zehn Fragen mit „nein" beantworten mussten.*

2. *Oder: Zwei Personen bekommen einen Zettel mit einer Berufsbezeichnung auf den Rücken geheftet. Beide kennen den Beruf des anderen und müssen durch geschicktes gegenseitiges Fragen den eigenen herausfinden. Geantwortet wird nur mit „ja" oder „nein".*

Geschlechtsspezifisch

Emanzipation hin oder her – bei den jeweils zehn häufigsten Ausbildungsberufen lassen sich deutliche geschlechtsspezifische Unterschiede ausmachen: Im Handwerk bleiben die Männer häufig unter sich, weibliche Lehrlinge sind dagegen in vielen kaufmännischen und in den freien Berufen in der Mehrzahl. Anfang 1997 gab es 75 478 junge Männer im Beruf mit den meisten Ausbildungsplätzen, Kfz-Mechaniker/in, aber nur 1440 junge Frauen; das heißt, nicht einmal zwei Prozent der Lehrlinge waren weiblich. Noch geringer sind die Frauenquoten mit jeweils weniger als einem Prozent bei den Elektroinstallateuren, Maurern,

Die Top Ten der Lehrberufe
Auszubildende Anfang 1997
in Deutschland

Junge Männer	Beruf	Junge Frauen	
75 478	Kfz-Mechaniker / Bürokauffrau	Bürokauffrau	51 014
54 731	Elektroinstallateur / Arzthelferin	Arzthelferin	50 946
49 415	Maurer / Zahnarzthelferin	Zahnarzthelferin	42 417
39 878	Tischler / Einzelhandelskauffrau	Einzelhandelskauffrau	41 431
39 584	Maler u. Lackierer / Friseurin	Friseurin	36 771
38 683	Gas-u. Wasserinstallateur / Industriekauffrau	Industriekauffrau	30 884
28 783	Groß- u. Außenhandelskaufmann / Bankkauffrau	Bankkauffrau	25 914
28 149	Zentralheizungs- u. Lüftungsbauer / Fachverkäuferin Nahrungsmittelhandwerk	Fachverkäuferin Nahrungsmittelhandwerk	25 695
26 915	Einzelhandelskaufmann / Hotelfachfrau	Hotelfachfrau	21 118
22 735	Bankkaufmann / Steuerfachangestellte	Steuerfachangestellte	19 934

4678 © Globus

Quelle: Statistisches Bundesamt

Klempnern und Heizungsbauern. Nur das Friseurhandwerk ist mit mehr als 90 Prozent weiblicher Lehrlinge fest in Frauenhand. Daneben sind junge Frauen am häufigsten in Büro- und Praxisberufen zu finden: 51 014 angehende Bürokauffrauen gab es Anfang 1997, nur wenig mehr als Arzthelferinnen (50 964).

Fragen

1. Nennen Sie Berufe, die Ihrer Meinung nach nur für Männer oder nur für Frauen geeignet sind.
2. Was wäre Ihr Traumberuf?
3. Welche Berufe wünschen sich Kinder und warum?
4. Wie hat sich die wirtschaftliche Lage in Ihrem Land in den letzten Jahren entwickelt?

Berufe

Architekt	Gärtner	Krankenschwester	Schriftsteller
Arzt	Gepäckträger	Künstler	Schneider
Automechaniker	Glaser	Landwirt	Seemann
Bäcker	Goldschmied	Lehrer	Sekretärin
Bankier	Hebamme	Makler	Sozialarbeiter
Bergmann	Heilgymnastin	Maurer	Spediteur
Bibliothekar	Hotelbesitzer	Metzger	Staatsanwalt
Bierbrauer	Imker	Musiker	Stewardess
Blumenhändler	Ingenieur	Näherin	Tankwart
Buchdrucker	Journalist	Notar	Tierarzt
Buchhalter	Juwelier	Opernsänger	Uhrmacher
Dachdecker	Kassierer	Pförtner	Verkäufer
Dolmetscher	Kellner	Pilot	Verleger
Elektriker	Kindergärtnerin	Rechtsanwalt	Vertreter
Fahrer	Klempner	Richter	Viehzüchter
Fahrschullehrer	Koch	Schauspieler	Winzer
Feuerwehrmann	Konditor	Schlosser	Zahnarzt
Friseuse	Kosmetikerin	Schornsteinfeger	Zollbeamter

5

Definitionen

Erklären Sie einige der genannten Berufe. Bilden Sie Relativsätze.

> *Beispiele:* Ein Viehzüchter ist jemand, *der* Vieh züchtet.
> Ein Winzer ist ein Mann, ...
> usw.

Vokabeltest

die Ware	herstellen	die Herstellung	der Hersteller
_ _ _ Er_e_ _n_s	erzeugen	_ _ _ E_z_ _gu_g	der Er_ _ _ _ _r
das Produkt	p_o_ _z_ _r_n	die Pr_ _ _kt_ _n	_ _ _ Pr_ _uze_t
_ _ _ F_ _ _ik_t	fab_ _z_ _ _ _en	die Fabrikation	der Fa_ _ik_nt

Synonyme

Welche Ausdrücke sind bedeutungsähnlich? Wie heißen die Artikel?

> Einkommen – Zuwachs – Flaute – Zusammenschluss – Firma – Absprache – Konsum –
> Arbeitnehmer – Besitz – Waren

das Eigentum   *der* _____

_____ Fusion   _____ _____

_____ Verbrauch   _____ _____

_____ Erwerbstätige _____ _____

_____ Güter   _____ _____

_____ Einkünfte   _____ _____

_____ Rezession   _____ _____

_____ Wachstum   _____ _____

_____ Unternehmen _____ _____

_____ Kartell   _____ _____

Fragen

1. Was könnte man einem Ausländer in der Bundesrepublik empfehlen, der in plötzliche finanzielle Schwierigkeiten kommt?

2. Können Sie sich Staaten vorstellen, in denen Geld nicht existiert?

3. Möchten Sie in einem Land leben, in dem jedermann gleich viel verdient?

Zitate

Geld stinkt nicht.
Sueton

Ohne Geld
ist die Ehre nur eine Krankheit.
Racine

Alle Menschen in der Welt
streben nur nach Gut und Geld;
und wenn sie es dann erwerben,
legen sie sich hin und sterben.
Mittelalterlicher Spruch

Geld mag Glück nicht
kaufen können, aber du kannst
damit in Bequemlichkeit
unglücklich sein.
Michael Arlen

Situative Sprechübungen

Reagieren Sie spontan!

1. Ein Fremder bittet Sie auf der Straße, ihm 5 Euro zu leihen.
2. Ihr 14-jähriger Sohn hat ohne Ihr Wissen ein Rennrad auf Raten gekauft.
3. Ihre Nachbarin hat ein Portemonnaie mit 25 Euro vor Ihrer Haustür gefunden.
4. Ihre Tochter will in den Ferien ihr Taschengeld aufbessern und Zeitungen austragen.
5. Die Verkäuferin an der Kasse hat Ihnen versehentlich 10 Cent zu wenig herausgegeben.
6. Sie haben bei einer Wette 50 Euro verloren.
7. Ihr Freund hat vergessen, Ihnen einen geliehenen Geldbetrag zurückzugeben.
8. Sie wollen einen Kredit von Ihrer Bank. Man fragt Sie nach Sicherheiten.
9. Der Kollege hat im Lotto gewonnen.

Wie heißen die Verben?

der Rückgang	*zurückgehen*
die Abnahme	_____
die Verringerung	_____
die Verkleinerung	_____
der Fall	_____
das Sinken	_____

der Anstieg	_____
die Erhöhung	_____
die Zunahme	_____
das Anwachsen	_____
die Vermehrung	_____
die Vergrößerung	_____

5

Statistik, Schaubild, Grafik, Tabelle: Interpretation

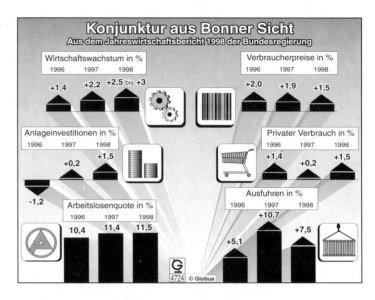

Konjunktur aus Bonner Sicht
Aus dem Jahreswirtschaftsbericht 1998 der Bundesregierung

Wirtschaftswachstum in %
1996 1997 1998
+1,4 +2,2 +2,5 bis +3

Verbraucherpreise in %
1996 1997 1998
+2,0 +1,9 +1,5

Anlageinvestitionen in %
1996 1997 1998
-1,2 +0,2 +1,5

Privater Verbrauch in %
1996 1997 1998
+1,4 +0,2 +1,5

Arbeitslosenquote in %
1996 1997 1998
10,4 11,4 11,5

Ausfuhren in %
1996 1997 1998
+5,1 +10,7 +7,5

4724 © Globus

Bilden Sie Sätze nach diesem Muster:

Aus der Tabelle geht hervor, dass die Pkw-Produktion gestiegen ist.

Aus der	Statistik	geht hervor, dass ...
Der	Grafik	ist zu entnehmen, dass ...
Die	Tabelle	zeigt, dass ...
		lässt erkennen, dass ...

Monatszahlen	1981 Dez.	1985 Dez.	1990 Dez.	1997 Dez.
Produzierendes Gewerbe:				
Pkw-Produktion (in 1000 St.)	255	255	269	330
Industrieumsatz (Mill. Euro)	56 701	64 850	79 017	96 698
Arbeitslose	1 703 862	2 347 129	1 784 150	4 521 583
Einfuhr (Mill. Euro)	15 751	18 956	24 440	33 523
Ausfuhr (Mill. Euro)	18 380	23 020	24 860	39 553
Saldo Handelsbilanz (Mill. Euro)	2 629	4 064	522	6 031
Lebenshaltungskosten (Gesamtindex) (1980 = 100)	126,8	121,4	108,1	117,9
Spareinlagenbestand insgesamt (Mill. Euro)	246 947	311 405	359 681	616 106
Quelle: Stat. Bundesamt				

Berichten Sie auch, welche Tendenzen Ihnen aus Ihrem Land bekannt sind.

1. Arbeitslosenzahl
2. Pkw-Produktion
3. Ausfuhr (Export)
4. Einfuhr (Import)
5. Lebenshaltungskosten
6. Spareinlagen

a) gleich bleiben
b) sich erhöhen
c) sinken
d) zunehmen
e) (an)steigen
f) (an)wachsen
g) sich vergrößern
h) fallen
i) sich verringern
j) abnehmen
k) zurückgehen

Zeugnisse

In der Bundesrepublik darf kein Arbeitgeber einem Arbeitnehmer ein schlechtes Zeugnis ausstellen. So entwickeln sich bei manchen Personalchefs Geheimcodes, die nicht jeder entschlüsseln kann. Vielleicht können Sie zwischen den Zeilen lesen?

Welche Beurteilungen bedeuten die folgenden Aussagen?

Aussagen

1. Er hat die ihm übertragenen Arbeiten stets zu unserer vollsten Zufriedenheit erledigt.
2. Er hat die ihm übertragenen Arbeiten zu unserer Zufriedenheit erledigt.
3. Er hat sich bemüht, die ihm übertragenen Arbeiten zu erledigen.
4. Mit all seinen Vorgesetzten ist er immer auffallend gut zurechtgekommen.
5. Er hat einen eigenen Kopf bewiesen.
6. Er wusste sich gut zu verkaufen.
7. Durch seine Geselligkeit trug er zum Betriebsklima bei.
8. Für die Belange der Kolleginnen besaß er umfassendes Einfühlungsvermögen.
9. Er hat alle ihm übertragenen Arbeiten ordnungsgemäß und den Anweisungen entsprechend erledigt.

Beurteilungen

a) schlechter Mitarbeiter
b) mittelmäßiger Mitarbeiter
c) sehr guter Mitarbeiter
d) neigt zu übertriebenem Alkoholkonsum
e) ist ein Bürokrat ohne Eigeninitiative

f) ist ein Opportunist, der sich gut anpasst.
g) belästigt das weibliche Personal
h) will sich bei jeder Gelegenheit profilieren
i) ist rechthaberisch und will sich immer durchsetzen

5

Finden Sie den Oberbegriff

Welcher Begriff hat die weiteste Bedeutung?

1. die Gewerkschaften, die Arbeitgeberverbände, die Tarifpartner

2. das Wohngeld, die Sozialleistung, die Altersversorgung, das Arbeitslosengeld

3. die Überweisung, das Konto, der Kredit, der Scheck, das Bankwesen

4. die Rezession, die Talsohle, das Wachstum, die Konjunktur, die Depression, der Aufschwung

5. die Mieten, die Investitionen, die Löhne, die Gehälter, die Steuern, die Betriebsunkosten

6. die Werbung, das Plakat, die Annonce, die Anzeige, das Inserat

7. die Aussperrung, der Dienst nach Vorschrift, der Arbeitskampf, der wilde Streik, der Bummelstreik

Was stimmt?

1. Wer ist ein Arbeitgeber?
   a) ein Arbeiter
   b) ein Angestellter
   c) ein Beamter
   d) eine Behörde

2. Ein Arbeitsverhältnis wird durch _____ _____ beendet.
   a) die Einstellung
   b) die Kündigung
   c) die Entlohnung
   d) die Fortsetzung

3. Was ist falsch?
   a) Ein Hausbesitzer kassiert die Miete, ein Student erhält ein Stipendium.
   b) Ein Soldat bekommt einen Sold, ein Matrose eine Heuer.
   c) Ein Arbeiter bekommt ein Gehalt, ein Angestellter einen Lohn.
   d) Ein Arzt erwartet ein Honorar, ein Rentner seine Rente.

4. Die Arbeiter fordern höhere Löhne, weil ihre Firma
   a) pleite ist.
   b) bankrott ist.
   c) Konkurs angemeldet hat.
   d) hohe Renditen erzielt hat.

5. Es gibt drei Arbeitsschichten. Welche gibt es nicht?
   a) die Tagschicht
   b) die Nachtschicht
   c) die Frühschicht
   d) die Spätschicht

6. Das schärfste Kampfmittel der Unternehmer im Arbeitskampf ist
   a) der Streik.
   b) der Kündigungsschutz.
   c) die Aussperrung.
   d) die Lohnfortzahlung.

7. Fließbandarbeiter arbeiten im Akkord. Das heißt,
   a) sie verstehen sich gut untereinander.
   b) sie haben mit dem Chef einen Vertrag geschlossen.
   c) sie werden nach der produzierten Stückzahl bezahlt.
   d) sie sind mit der Arbeit einverstanden.

8. Welche dieser Wörter finden Sie nur im Plural?
   a) die Preise, die Firmen, die Geschäfte, die Verhandlungen
   b) die Streiks, die Löhne, die Gehälter, die Zahlungen
   c) die Einkünfte, die Spesen, die Kosten, die Finanzen
   d) die Vereinbarungen, die Abkommen, die Verträge

Inflation

Es war einmal ein kleines Land, in dem die Menschen gut leben konnten, genug zu essen hatten, schöne Kleidung und große Häuser besaßen. Einige waren aber immer noch nicht zufrieden, denn die Bedürfnisse waren größer als der Bedarf. Sie beteten zu ihrem Gott, er möge sie doch reicher machen. So ließ er einmal statt Regentropfen Geldscheine regnen. Die Menschen des Landes sammelten eifrig die Geldscheine auf, prüften die Echtheit und waren zunächst überglücklich, dass sie nun die doppelte Geldmenge besaßen …

1. Erzählen Sie das Märchen zu Ende.
2. Wie kann man eine Inflation bekämpfen?
3. Gibt es das Problem der Inflation in Ihrem Land? Was sind die Folgen?

Hören und verstehen

I. Hören Sie die Kassette. Was sagen die Leute?

II. Welche Argumente lassen sich für oder gegen das deutsche Ladenschlussgesetz finden?

Erklären Sie die Bedeutungen.

„Man müsste viel mehr Bewegung haben, aber leider sind heute am Sonntag die Kaufhäuser geschlossen."

Zitate

Eine Hand wäscht die andere.
Sprichwort

Handwerk hat goldenen Boden.
Sprichwort

Iss mit deinem Freund, aber mach keine Geschäfte mit ihm.
Aus Armenien

Der Kaufmann hat in der ganzen Welt dieselbe Religion.
Heinrich Heine

5

Das Passiv

I. Bilden Sie einige Sätze nach diesem Muster:

> Beispiele: Brief – Man kann einen Brief schreiben.
> – Ein Brief *wird geschrieben*.
>
> Nadel – Man kann mit der Nadel nähen.
> – Mit der Nadel *wird genäht*.

Zwiebel	Wasser	Museum	Haare	Frage	Weihnachtsbaum
Auto	Gewehr	Streichholz	Luftballon	Fenster	Gemüse
Baby	Stein	Bikini	Foto	Lösung	Fremdsprache
Zahn	Besteck	Hut	Blumen	Weinglas	Hundertmarkschein
Haus	Kohle	Ofen	Fleisch	Hausaufgaben	Geburtstag
Party	Scheck	Fehler	Berg	Pralinen	Geschwindigkeit
Geld	Maus	Chef	Rätsel	Tisch	Lied
Radio	Bild	Pferd	Paket	Ausstellung	Streik
Besucher	Schüler	Fußball	Halstuch	Wohnung	Schwein
Knopf	Zigarre				

Merken Sie sich:

	Aktiv und	Passiv
Präsens:	Man liest die Post.	Die Post **wird gelesen**.
Präteritum:	Man las die Post.	Die Post **wurde gelesen**.
Perfekt:	Man hat die Post gelesen.	Die Post **ist gelesen worden**.

II. Bilden Sie Sätze im Präsens, Präteritum und Perfekt Passiv.

1. Man schreibt die Rechnungen.
2. Man schickt die Kündigung ab.
3. Der Chef beobachtet seine Mitarbeiter.
4. Die Sekretärin bestellt die Waren.
5. Die Spedition liefert alle Produkte.
6. Der Vertreter wirbt den Kunden.

Wie heißen die Verben?

die Pensionierung *pensionieren* die Beendigung _____

die Entlassung _____ der Hinauswurf _____

die Abdankung _____ der Rausschmiss _____

die Absetzung _____ die Kündigung _____

Lesen Sie laut

Ihm ist gekündigt worden.
Er ist in den Ruhestand versetzt worden.
Er ist entlassen worden.
Er ist seines Amtes enthoben worden.
Ihm sind seine Papiere gegeben worden.

Drücken Sie das Gegenteil aus

> *Beispiel:*
> Er hat gekündigt.
> Im Gegenteil, ihm *ist gekündigt worden*.

1. Er tritt in den Ruhestand.
2. Er reicht seine Entlassung ein.
3. Er legt sein Amt nieder.
4. Er bittet um seine Papiere.

„Wenn Sie den Strich jetzt nach unten ziehen, sind Sie entlassen!"

Bilden Sie das Passiv

> *Beispiel:* Ich lasse mir nicht kündigen. Da kündige ich lieber selbst.
> Bevor ich *gekündigt werde*, kündige ich selbst (selber).

1. Ich lasse mich nicht pensionieren. Ich beantrage selbst die Pensionierung.

2. Ich lasse mich doch nicht rausschmeißen! Ich gehe schon von selbst. Ein Saftladen ist das!

3. Mich wird man nicht entlassen. Ich reiche nämlich selbst die Entlassung ein.

4. Der Parteivorsitzende ließ sich nicht seines Amtes entheben. Er stellte selbst sein Amt zur Verfügung.

5. Ich lasse mich nicht in den Ruhestand versetzen. Ich gehe freiwillig.

6. Ich lasse mich doch nicht feuern! Da hänge ich den Job doch gleich selbst an den Nagel.

7. Der General ließ sich nicht verabschieden. Er reichte selbst seinen Abschied ein.

8. Ich lasse mich nicht absetzen. Ich danke lieber selbst ab.

5

Bewerbungsbrief

Jean-Claude Petit
14, avenue Alsace-Lorraine
F-38oo Grenoble   Grenoble, den 20.6.1998

DAAD - Deutscher Akademischer
Austauschdienst
Kennedyallee 5o

53175 Bonn

Bewerbung um ein Stipendium

Sehr geehrte Damen und Herren,

hiermit möchte ich mich bei Ihnen um ein Stipendium für ein Studium in
der Bundesrepublik bewerben.

Ich studiere im 5. Semester Betriebswirtschaft und habe bereits mein
Grundstudium in Frankreich erfolgreich abgeschlossen.

Ich verfüge über gute Deutschkenntnisse. Am Goethe-Institut in Mannheim
habe ich an einem Mittelstufenkurs teilgenommen. Außerdem habe ich bei
der Firma Siemens im Sommer letzten Jahres ein zweimonatiges Praktikum
absolviert.

Da ich meinen zukünftigen Studiengang rechtzeitig planen möchte, würde
ich mich über eine baldige Antwort sehr freuen.

Mit freundlichen Grüßen

J.C. Petit

<u>Anlagen</u> Lebenslauf, Zeugniskopien, Bewerbungsformulare

Kündigung

Der Personalchef Ihrer Firma will Sie entlassen. Er schreibt, Sie seien ihm schon mehrmals unangenehm aufgefallen. Was steht in dem Kündigungsschreiben?

Die Argumente sind natürlich unwahr oder rechtfertigen keine Kündigung. Schreiben Sie ihm einen Brief und protestieren Sie gegen Ihre ungerechtfertigte Entlassung.

Sprechübungen: Schon erledigt

Hören Sie zwei Sprechübungen von der Kassette.

Bilden Sie das Passiv

Benutzen Sie dieselben Zeiten.

1. Die Bundesrepublik exportiert Investitionsgüter in alle Welt.
2. Das industrielle Wachstum der Bundesrepublik nach dem Zweiten Weltkrieg bezeichnete man als Wirtschaftswunder.
3. Man wird wohl auch zukünftig die Automobilindustrie als ein Konjunkturbarometer betrachten.
4. Zu den größten Chemieunternehmen zählt man Hoechst, Bayer und BASF.
5. Man hat nach der Einführung der EDV vielen Mitarbeitern gekündigt.
6. Im Grundgesetz hatte man die Freiheit der privaten Initiative und das Privateigentum garantiert.
7. Der Ölpreisschock traf nicht nur die deutsche Wirtschaft.
8. Die Preise an den Tankstellen wird man sicher in Zukunft mehr beachten.
9. Die öffentliche Hand unterstützt die Bauwirtschaft mit Aufträgen.

5

Aus dem Grundgesetz

EINIGUNGSVERTRAG 1990 zwischen der Bundesrepublik und der DDR

Seit dem 7. Oktober 1949 verstaatlichte Unternehmen werden den früheren Inhabern bzw. Anteilseignern zurückgegeben, soweit das Unternehmen in seiner heutigen Form mit dem Unternehmen im Zeitpunkt der Verstaatlichung noch vergleichbar ist.

GRUNDGESETZ FÜR DIE BUNDESREPUBLIK DEUTSCHLAND: ART. 14, 1 UND 2

Das Eigentum und das Erbrecht werden gewährleistet. Inhalt und Schranken werden durch die Gesetze bestimmt. Eigentum verpflichtet. Sein Gebrauch soll zugleich dem Wohle der Allgemeinheit dienen.

Denksportaufgabe

Benutzen Sie die Passivform:
In unserer Firma **wurde** die Rationalisierung sehr ernst genommen. Auch in der Buchhaltungsabteilung musste gespart _____ . So durfte ein neuer Bleistift erst dann gekauft _____ , wenn ein nur 2 cm kurzer Bleistiftstummel abgeliefert _____ konnte. Da aber die Bleistifte bevorzugt geklaut _____ und uns keine neuen bewilligt _____ , haben wir uns etwas einfallen lassen. Wissen Sie, was?

Erzählen Sie mit folgenden Verben die Lösung im Passiv:

zersägen, anspitzen, abliefern, eintauschen

Sprechübung

Beispiel:	
Was ist mit der Rechnung?	Die *muss bezahlt werden.*

1. Was ist mit dem Scheck? _____
2. Was ist mit dem Brief? _____
3. Was ist mit dem Firmenwagen? _____
4. Was ist mit dem Paket? _____
5. Was ist mit Herrn Müller? _____
6. Was ist mit der Hotelbuchung? _____
7. Was ist mit der Schreibmaschine? _____
8. Was ist mit dem Taxi? _____

Konkurs

I. Finden Sie Redewendungen im Text.

Unser Juniorchef hatte immer nur Rosinen im Kopf. Er selbst wollte natürlich auf großem Fuß leben. Wir sollten uns alle mächtig ins Zeug legen, aber er selbst wollte sich kein Bein ausreißen. Bald war die Firma bei allen Banken in der Kreide. Bei diesen hohen Zinsen konnten wir ja auf keinen grünen Zweig kommen. Das wurde nicht an die große Glocke gehängt. Und wir als Arbeiter wussten natürlich nicht, wie der Hase läuft. Wir dachten, wir sitzen noch fest im Sattel. Und dabei stand der Firma das Wasser bis zum Hals. Eines Tages musste aber auch der Juniorchef klein beigeben. Da hat er die Katze aus dem Sack gelassen und erklärt, dass er uns feuern müsste. Der Betriebsrat hat dann zum Glück alle Hebel in Bewegung gesetzt und so sind wir noch mal mit 'nem blauen Auge davongekommen.

II. Ersetzen Sie die Redewendungen im Text durch die folgenden Entsprechungen:

> hoch hinaus wollen – luxuriös leben – sich sehr anstrengen – sich keine große Mühe geben – verschuldet sein – es zu nichts bringen – bekannt machen – Bescheid wissen – abgesichert sein – in ihrer Existenz gefährdet sein – nachgeben – alles eingestehen – kündigen – alles Mögliche unternehmen – ohne größeren Schaden davonkommen

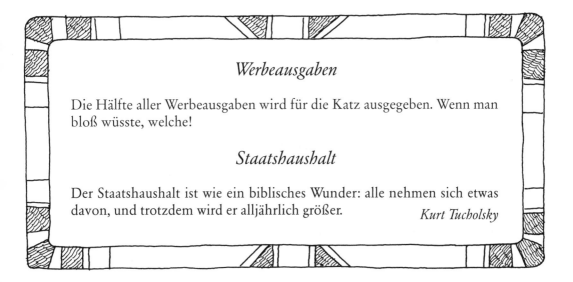

Werbeausgaben

Die Hälfte aller Werbeausgaben wird für die Katz ausgegeben. Wenn man bloß wüsste, welche!

Staatshaushalt

Der Staatshaushalt ist wie ein biblisches Wunder: alle nehmen sich etwas davon, und trotzdem wird er alljährlich größer.
Kurt Tucholsky

5

Vokabelsalat

Ordnen Sie die Vokabeln den folgenden Themen zu:

die Miete, -n	das Girokonto, -konten	die Bankleitzahl
das Erdöl	die Braunkohle	die Postleitzahl
der Mutterschaftsurlaub	das Porto	die Überstunde, -n
die Adresse, -n	das Gehalt, ¨er	der Akkord
der Empfänger,-	der Urlaubsanspruch, ¨e	das Kupfer
die Lagerhaltung	die Überweisung, -en	die Unterschrift, -en
der Wechsel,-	das Eisen	der Mitgliederbeitrag
der Streik, -s	die Kreditzinsen	der Kurs, -e
die Investition, -en	die Anschrift, -en	die Abschreibung

Gewerkschaft: _____

_____

Bank: _____

_____

Rohstoffe: _____

_____

Unkosten: _____

_____

Korrespondenz: _____

_____

Wie heißen die Nomen?

Geld kann man auf der Bank…

1. abheben   2. umtauschen   3. einzahlen   4. auszahlen   5. anlegen   6. überweisen
7. wechseln

Sprechübung: Geld regiert die Welt

Hören und verstehen

Wiederholen Sie die folgenden kurzen Zeitungstexte aus dem Wirtschaftsteil mit Ihren eigenen Worten …

Tonbandübung

Bitte wiederholen Sie:

1. einen Mangel feststellen
2. den Empfang bestätigen
3. den Kaufpreis erstatten
4. ein Angebot unterbreiten
5. einen Betrag überweisen
6. eine Rechnung begleichen

7. eine Ware liefern
8. eine Angelegenheit erledigen
9. um Auskunft bitten
10. eine Bestellung widerrufen
11. einen Auftrag ausführen

Tonbandübung

Beispiele: die Erstattung des Kaufpreises
der Kaufpreis *wurde erstattet*

die Widerrufung der Bestellung
die Bestellung *wurde widerrufen*

1. die Feststellung eines Mangels
2. die Bestätigung des Empfangs
3. die Erstattung des Kaufpreises
4. die Unterbreitung des Angebots
5. die Ausführung des Auftrags
6. die Überweisung des Betrags

7. die Begleichung der Rechnung
8. die Lieferung der Ware
9. die Erledigung der Angelegenheit
10. die Bitte um Auskunft
11. der Widerruf der Bestellung

Aus Geschäftsbriefen

I. Setzen Sie die richtige Verbform ein:

ausführen, beglichen, bestätigen, bestellte, bitten, erfolgt, erlauben, erledigen, erstatten, festgestellt, finden, gelieferte, lauten, überweisen, unterbreiten, verbleiben, widerrufen

1. Bitte _____ Sie uns ein verbindliches Angebot über zwölf Kofferradios mit der Bestellnummer 2318.

2. Wir _____ um Auskunft, bis zu welchem Datum mit Ihrer Lieferung zu rechnen ist.

3. Wir _____ uns, Ihnen folgendes Angebot zu unterbreiten:

4. Die Lieferung _____ per LKW ab Werk.

5. Unsere Zahlungsbedingungen _____: Fälligkeit bei Lieferung per Nachnahme zuzügl. MwSt.

6. Ich sehe mich leider gezwungen, die Bestellung vom 22. d. M. zu _____.

7. Leider können wir zur Zeit Ihren Auftrag nicht in der gewünschten Art und Weise _____.

8. Hiermit _____ wir den Erhalt Ihrer Lieferung. Besten Dank.

9. Die von uns _____ Lieferung ist leider noch nicht bei uns eingetroffen. Wir bitten Sie, die Angelegenheit rasch zu _____.

10. Bedauerlicherweise wurden beim Auspacken der Ware folgende Mängel _____.

11. Beiliegend sende ich Ihnen die fehlerhaft _____ Ware zurück. Ich trete hiermit vom Kauf zurück und bitte Sie, den Kaufpreis umgehend zu _____.

12. Bitte _____ Sie den unten aufgeführten Betrag auf eines unserer Konten.

13. Bei Durchsicht unserer Konten mussten wir feststellen, dass unsere Rechnung vom 20.8. noch nicht _____ wurde. Wir bitten um Überweisung innerhalb einer Woche.

14. Eine Preisliste und ein Muster _____ Sie anbei.

15. In Erwartung einer baldigen Antwort und mit bestem Dank für Ihre Bemühungen _____ wir (mit freundlichen Grüßen) …

II. Versuchen Sie, diesen Sätzen die nachstehenden Überschriften zuzuordnen:

Satz Nr.

_15_	a) Schlussformel	___	i) Übersendung eines Angebots
___	b) Mahnung	___	j) Anlagenvermerk
___	c) Widerruf einer Bestellung	___	k) Rechnung
___	d) Rücktritt vom Kauf	___	l) Reklamation
___	e) Lieferungsverzug	___	m) Eingangsbestätigung
___	f) Ablehnung eines Auftrags	___	n) Lieferbedingungen
___	g) Zahlungsbedingungen	___	o) Frage nach dem Liefertermin
___	h) Bitte um ein Angebot		

Was passt zusammen?

Anrede

1. Sehr geehrte Damen und Herren,
2. Sehr verehrte Dame,
   sehr geehrter Herr,
3. Liebe Elisabeth, lieber Hannes!
4. Liebe Familie Schneider,
5. Sehr geehrter Herr Dr. Schmidt,
6. Ihr Lieben!
7. Meine liebe süße Maus,

Schlußformel

a) Hoffentlich bis bald!
b) Hochachtungsvoll
c) Herzliche Grüße von
d) Mit freundlichen Grüßen
e) Mit besten Grüßen
f) Für immer Dein
g) Herzlichst Euer

Wie heißen die fehlenden Präpositionen?

1. Wir bemühen uns _um_ rechtzeitige Lieferung.
2. Wir nehmen Bezug _____ das oben genannte Schreiben.
3. Wir bitten _____ Ihr Verständnis.
4. Wir informieren Sie gern _____ unsere Produkte.
5. In Antwort _____ Ihr Schreiben senden wir Ihnen einen Prospekt.
6. Wir weisen _____ unsere neue Firmenanschrift hin.
7. Wir fordern Sie _____ umgehenden Überweisung des Betrags auf.
8. Unter Bezugnahme _____ unseren Briefwechsel erklären wir uns _____ Zahlung bereit.

Bilden Sie Sätze

> *Beispiel:*
> Wir danken Ihnen für Ihre Bestellung vom 20. 6. und liefern Ihnen hiermit die gewünschten Maschinen.

1. Wir danken Ihnen für	Auftrag	sich bemühen um	Maschinen
2. Bezug nehmend auf	Angebot	mitteilen	Lieferung
3. Laut	Anfrage	auffordern zu	Preise
4. Ich beziehe mich auf	Rechnung	bitten um	Verspätung
5. Im Hinblick auf	Bestellung	übersenden	Zusendung
6. Entsprechend	Telefonat	informieren über	Zahlung
7. In Antwort auf	Mitteilung	hinweisen auf	Waren
8. Unter Bezugnahme auf	Schreiben	liefern	Mängel
9. Gemäß	Anruf	bedauern	Qualität

5

Neue Vokabeln

Nomen	Plural	Verben	Adjektive

Nomen *Plural*   *Verben*   *Adjektive*

der _____ – _____
der _____ – _____
der _____ – _____
der _____ – _____
der _____ – _____
der _____ – _____
der _____ – _____
der _____ – _____
der _____ – _____
der _____ – _____

Sonstiges

die _____ – _____
die _____ – _____
die _____ – _____
die _____ – _____
die _____ – _____
die _____ – _____
die _____ – _____
die _____ – _____
die _____ – _____
die _____ – _____
die _____ – _____

das _____ – _____
das _____ – _____
das _____ – _____
das _____ – _____
das _____ – _____
das _____ – _____
das _____ – _____
das _____ – _____
das _____ – _____
das _____ – _____
das _____ – _____

Redewendungen

I. ÜBUNGEN ZUM GESPROCHENEN DEUTSCH

1 Übernehmen Sie eine Rolle

a) Sie haben von Ihrer Tante ein Vermögen geerbt. Lassen Sie sich von einem Bankfachmann beraten, wie Sie das Geld am besten anlegen.

b) Sie erhalten von Ihrer Firma eine Lohnsteuerkarte. Fragen Sie einen Kollegen, welchen Zweck sie erfüllt und was man damit macht.

c) Ein freundlicher Deutscher bittet Sie, ein Päckchen für ihn auf dem Flug ins Ausland mitzunehmen.

d) Ihr Chef verlangt, dass Sie wegen der guten Auftragslage Überstunden machen und den bereits genehmigten Urlaub verschieben. Die Flugtickets haben Sie schon gekauft.

e) Sie sind in plötzliche Geldnot geraten und haben Ihre Verwandten im Ausland angerufen, um sie zu bitten, Ihnen einen Geldbetrag per Telex zu überweisen. Der Bankbeamte teilt Ihnen mit, dass das Geld nicht eingetroffen ist.

f) Versuchen Sie, einen Arbeitskollegen zur Mitarbeit in der Gewerkschaft zu überreden.

g) Sie wollen eine größere Anschaffung (z. B. PKW, Waschmaschine, Videogerät, Stereoanlage, Computer) machen. Fragen Sie den Verkäufer nach den Vorteilen und Eigenschaften des Produkts, nach Preis, Rabatt, Lieferzeit, Garantie, Transportkosten usw.

h) Ihr Hausmeister hat, um Ihnen den Weg zur Post zu ersparen, für Sie freundlicherweise eine Nachnahmesendung in Empfang genommen und 74 Euro verauslagt. Er möchte das Geld von Ihnen zurück. Sie haben die Sendung aber nicht bestellt.

i) Spielen Sie ein Gespräch bei einem Berufsberater. Sprechen Sie über Ihre Ausbildung, Ihre Verdienstmöglichkeiten, Art der Tätigkeit, Wunsch der Eltern, eigene Fähigkeiten, Aussichten auf eine Stelle, Zeugnisnoten usw.

2 Ratespiel

Sie befinden sich an einem der folgenden Plätze. Beschreiben Sie, was Sie um sich herum sehen oder was Sie tun, und lassen Sie die anderen erraten, wo Sie sich gerade aufhalten:

Campingplatz, Passkontrolle, Oper, Pferderennbahn, Schatzkammer, Universität, Großraumbüro, Zahnarzt, Autofähre, Beerdigung, Haushaltswarengeschäft, Dichterlesung, Waldlichtung, Utopia, Fahrstuhl, Badezimmer, Zoo, Olympiastadion, Räuberhöhle, Hauptbahnhof, Fundbüro, Luxusdampfer, Bank, Liegewagen, Kino, Gemüsehandlung, Diskothek, Schwimmbad, Nachtclub, Golfplatz, Keller, Reisebüro, Heißluftballon, Strand, Nordpol, Sumpf, Autobahnbrücke, Wohnwagen, Bauernhof, Apotheke, Bunker, Wassermühle, Bäckerei, Optiker, Wäscherei, Frühstückstisch, Eissporthalle, Hochzeitsfest, Müllhalde, Flugplatz, Verkehrsstau

Wie heißen die richtigen Artikel?

3 Gesprächsanlässe

Versuchen Sie, Ihre Ansicht gegenüber der Gesprächspartnerin / dem Gesprächspartner durchzusetzen:

Ihr Partner ist nicht sehr sportlich. Er erzählt Ihnen von einer gefährlichen Urlaubsreise, die er vorhat (z. B. Bergsteigen). Reden Sie mit Ihm und machen Sie ihm einen anderen Vorschlag.

Ihr Partner ist seit einiger Zeit Vegetarier. Er isst weder Fleisch noch andere Tierprodukte. Überzeugen Sie ihn davon, dass diese Ernährung ungesund ist.

Ihr Partner denkt, dass es unnötig ist zu sparen. Überzeugen Sie ihn vom Gegenteil.

4 Große Politik

Nächsten Sonntag ist Wahl. Sie sind Politiker und wollen natürlich wieder gewählt werden. Mehrere Journalisten (Kursteilnehmer) stellen Ihnen einige gezielte Fragen, z. B.:

– Wollen Sie wilde Streiks verbieten lassen?
– Sind Sie dafür, ein Gesetz gegen Tabakwerbung zu erlassen?

(Unterhalt nach Scheidung, Polizeibewaffnung, Telefongebühren, öffentliche Verschuldung, Außenpolitik, Zivildienst, Geheimdienst, Rundfunkgebühren, Sozialhilfe, Müllprobleme, Studienplätze, Entwicklungshilfe, Gleichstellung von Mann und Frau, Rauschgift, Sportförderung, Gentechnologie, Geschwindigkeitsbegrenzung auf Autobahnen, Wohnungsbau, Arzneikosten, Homosexualität, Berufsbeamtentum, Erziehungsurlaub, Sicherheit der Renten, Mineralölsteuer)

5 Terminkalender

Zwei Sekretärinnen versuchen, telefonisch einen gemeinsamen Termin für ihre Chefs zu verabreden. Aber das ist nicht leicht!

> Beispiel:
> Was halten Sie vom 17.4. um 15.30 Uhr? → Der 17.4. um 15.30 Uhr? Tut mir leid, aber da ist er gerade in einer geschäftlichen Besprechung.

1. Wie wäre es denn am —————— um —————— Uhr? → Arbeitsessen
2. Und wie sieht es am —————— um —————— Uhr aus? → Geschäftsreise
3. Würde Ihnen der —————— um —————— passen? → Urlaub
4. Wäre vielleicht am —————— um —————— Uhr Zeit? → Hannover-Messe
5. Ginge es denn am —————— um —————— Uhr? → Empfang im Rathaus
6. Hat er am —————— um —————— Uhr etwas vor? → Finanzamt
7. Könnten wir den —————— um —————— Uhr vereinbaren? → Firmenjubiläum
8. Ist er am —————— um —————— Uhr noch frei? → Tennisclub
9. Am —————— um —————— Uhr? → Ja, das ginge tatsächlich!

6 Telefonieren

Lassen Sie sich verbinden.

> *Beispiel:*
> Würden Sie mich bitte mit Herrn Wacker von der Presseabteilung verbinden?
> Könnte ich Herrn Wacker von der Presseabteilung sprechen?

1. Dr. Müller, Chirurgiestation
2. Herr Schuster, Devisenabteilung
3. Frau Vetter, Versand
4. Irgendjemand, Technischer Dienst
5. Herr Schneider, Hausdruckerei
6. Frau Blume, Buchhaltung
7. Mein Bruder, Apparat 234

7 Telefonieren

Jemand anders meldet sich.

> *Beispiel:*
> – Guten Tag. Ich hätte gern Herrn Wacker gesprochen.
> – Tut mir leid, der ist gerade zu Tisch.

1. Dr. Müller → Dienstreise / San Francisco
2. Herr Schuster → Besprechung / Vorstand
3. Frau Vetter → Kur / Bad Reichenhall
4. Irgendjemand, Kundendienst → 17 Uhr / Feierabend
5. Herr Schneider → Betriebsausflug / morgen erreichbar
6. Frau Blume → bis Ende der Woche / Paris
7. Mein Bruder → eine halbe Stunde / zurück

8 Telefonieren

Möchten Sie vielleicht eine Nachricht hinterlassen?

> *Beispiel:* Könnten Sie ihm/ihr ausrichten, er/sie möchte …
> …, dass …

1. nach Rückkehr / sich melden / Prof. Schulz
2. schnellstens / sich in Verbindung setzen / Kreditabteilung
3. Besprechungstermin / Vertrauensarzt / vereinbaren
4. per Kurier / gelieferte Geräte / Kabel fehlen
5. Einladung / Konzert / nicht vergessen
6. reparierter Fernsehapparat / abholbereit
7. sein Bruder / zurückrufen

9 Bewerbung

Sprechen Sie mit der Personalabteilung wegen einer angebotenen Stelle. Fragen Sie nach:

Terminvorstellung: Stellenantritt, genaue Tätigkeit, Arbeitszeiten, Überstunden, Probezeit, Hilfe bei Wohnungssuche, Kantine, Bezahlung, Zuschuss zum Essensgeld, Urlaubsdauer, Urlaubsgeld, Weihnachtsgratifikation, Krankenversicherung, Arbeitskollegen, Verkehrsverbindungen, Parkmöglichkeiten

10 Bewerbung

Der Personalchef hat ein paar unklare Punkte in Ihrem Lebenslauf entdeckt und stellt Fragen. Geben Sie gute Begründungen.

Studium abgebrochen, Stelle kurzfristig gewechselt, Umzug nach Berlin, zwei Jahre arbeitslos, Besuch einer Fremdsprachenschule, Reise um die Welt

II. ÜBUNGEN ZUR GESCHRIEBENEN SPRACHE

11 Kurzreferat

Wählen Sie eines der folgenden Themen:

1. Berichten Sie, wie sich Ihre persönlichen Einnahmen und Ausgaben zusammensetzen. Sie brauchen nicht immer bei der Wahrheit zu bleiben. Die anderen sollen herausfinden, wo sie kräftig gelogen haben.
2. Berichten Sie, welche positiven/negativen Assoziationen Sie bei dem Wort ,Mauer' haben.
3. Vor- und Nachteile der Werbung.

12 Brief schreiben

Haben Sie Phantasie?

Sie sind seit einiger Zeit in der Bundesrepublik und haben eine Stelle gefunden. Berichten Sie Ihrem Briefpartner über die Art der Stelle, Anfangsschwierigkeiten mit der Tätigkeit, über die Verpflegung, Unterkunft, Einkaufsmöglichkeiten, familiäre und finanzielle Situation, Wohnungseinrichtung, Kontakte zu den Nachbarn, von einer Einladung, über die Verkehrsverbindungen, Erfahrungen mit den Arbeitskollegen, Verbindungen zu Landsleuten am Ort.

13 Inhaltsangabe

Geben Sie den Inhalt eines Films wieder, den Sie vor nicht allzu langer Zeit gesehen haben. Können Sie den Film empfehlen? Begründen Sie Ihre Ansicht.

14 Können Sie den Text richtig schreiben?

dierechtsformenderunternehmen

inderwirtschaftfindenwireineganzereihevonunternehmensformenmanunterscheidetzwi
schenpersonengesellschaftenundkapitalgesellschaftenbeipersonengesellschaftenwiezbder
gesellschaftbürgerlichenrechtsoderderohghaftendieeinzelnengesellschafterauchmitihrem
privatvermögenfürdieverbindlichkeitendieohggehörtzudenverbreitetstengesellschaftsfor
meneinekgunterscheidetsichvoneinerohgdadurchdassdiegesellschafterdiesogenanntenkom
manditistennurmiteinervertraglichfestgelegtenvermögenseinlagehafteneingesellschafterder
sogenanntekomplementärhaftetaberauchunbeschränktmitseinemganzenvermögenzuden
kapitalgesellschaftenzählendieagunddiegmbhfürgroßbetriebederwirtschaftistdieaggedacht
dieaktionärehaftennichtfürgeschäftsverbindlichkeitendieorganeeineragheißenvorstandauf
sichtsratundhauptversammlungmittlereundkleinereunternehmenwählenhäufigdierechts
formeinergmbhihregeschäftsführervertretendiegesellschaftnachaußensiewerdendurch
diesatzungbestimmtodervondergesellschafterversammlunggewählt

15 Sprüche gegen den normalen Wahnsinn des Büroalltags

Was passt zusammen?

1. Kennen Sie die Lösung,
2. Wissen ist Macht,
3. Wo war ich denn,
4. Wo wir sind, klappt nichts,
5. Fahren Sie mich irgendwohin,
6. Vor lauter Kaffeepausen
7. Wer kriecht,
8. Keiner ist unnütz,
9. Operative Hektik
10. Wie kann ich wissen, was ich denke,
11. Eine Lösung hatte ich,
12. Sie können machen, was Sie wollen,
13. Ich antworte mit
14. Die Pflicht ruft,

a) oder sind Sie ein Teil des Problems?
b) er kann immer noch als abschreckendes Beispiel dienen.
c) kann nicht stolpern.
d) ersetzt geistige Windstille.
e) als ich mich am meisten gebraucht habe?
f) aber die passte nicht zum Problem.
g) bevor ich höre, was ich sage.
h) aber nicht so.
i) ich werde überall gebraucht.
j) doch wir können nicht überall sein.
k) kann ich nachts nicht mehr schlafen.
l) nichts wissen macht auch nichts.
m) lass sie schreien.
n) einem entschiedenen Vielleicht.

III. ÜBUNGEN ZUM WORTSCHATZ

16 Nennen Sie vier davon

Saiteninstrumente, Laubbäume, deutsche Bundeskanzler, Ausweise, deutsche Parteien, Dinge für den Raucher, Grundrechnungsarten, Campingausrüstung, Schmuckstücke, Schultypen, Ballspiele, Weltsprachen, öffentliche Gebäude, bedeutende Erfindungen, Raubkatzen

17 Landeskunde

Wie heißen die 16 Bundesländer der Bundesrepublik? Die ausgefüllten Lücken sagen Ihnen –
von oben nach unten gelesen –, dass die Bundesrepublik eine _____
Struktur hat.
(ö → oe). Welche zählen zu den ‚neuen' und welche zu den ‚alten' Bundesländern?

Rheinland-P___alz → Mainz
Schleswig-H___lstein → ...
H___ssen → ...
Bran___enburg → ...
Br___men → ...
Baye___n → ...
H___mburg → ...
Saar___and → ...

Thür___ngen → ...
Sach___en → ...
Sachsen-Anhal___ → ...
Berl___n → ...
Nordrhein-We___tfalen → ...
Me___klenburg-Vorpommern → ...
Niedersac___sen → ...
Bad___n-Württemberg → ...

Welche Städte sind Hauptstädte der Bundesländer? Tragen Sie die richtigen oben ein. In den
Landeshauptstädten haben die _____ ihren Sitz.

Kie___
H___nnover
Mai___z
Düssel___orf
Münch___n
Pot___dam

Schwe___in
Saarbrück___n
Ma___deburg
W___esbaden
Ess___n
Erfu___t

Frankf___rt
Dresde___
Stutt___art
W___imar
Bo___n

18 Notizen machen

Gehen Sie – wenn möglich – in ein großes Warenhaus. Notieren Sie, was es auf den einzelnen
Etagen zu kaufen gibt. Was kann man wozu gebrauchen?

19 Verben mit der Vorsilbe „ver-"

Viele Verben mit der Vorsilbe „ver-" weisen auf einen endgültigen, manchmal auch unangeneh-
men Zustand hin.
Wie heißt der Artikel? Finden Sie ein passendes Verb und schreiben Sie einen kurzen Satz mit
diesem Verb auf.

> *Beispiele:* das Alter → veralten: Der wissenschaftliche Artikel *ist veraltet.*
> die Stimme → verstimmen: Das Klavier *ist verstimmt.*

1. Änderung 2. Arbeit 3. Blüte 4. Blut 5. Brand 6. Buße 7. Dampf 8. Dunst 9. Durst 10. Ebbe
11. Ende 12. Erbe 13. Film 14. Gift 15. Hunger 16. Kalk 17. Klang 18. Krüppel 19. Narbe 20. Re-

gen 21. Riegel 22. Rost 23. Salz 24. Schlaf 25. Schmutz 26. Siegel 27. Speise 28. Sperre 29. Stein 30. Steuer 31. Tausch 32. Teil 33. Trockenheit 34. Waise 35. Wasser 36. Witwe 37. Wunde 38. Wüste 39. Zoll

20 Welchen Pilz würden Sie essen?

Fußpilz, Fliegenpilz, Steinpilz, Schimmelpilz, Atompilz, Glückspilz

21 Welches Blatt ist grün und wächst?

Eichenblatt, Schulterblatt, Sägeblatt, Notenblatt, Buchenblatt, Flugblatt, Weinblatt, Groschenblatt, Kleeblatt

22 In welchem Bett möchten Sie schlafen?

Himmelbett, Wasserbett, Flussbett, Nagelbett, Ehebett

23 Erklären Sie

> *Beispiel:* Was ist ein Pazifist? – Ein Pazifist ist jemand, der für den Frieden und die Abschaffung des Militärs eintritt.

Masochist, Pessimist, Pianist, Germanist, Internist, Egoist, Rassist, Terrorist

24 Auf welchem Bein kann man nicht stehen?

Eisbein, Nasenbein, Hosenbein, Tischbein, Schlüsselbein, Elfenbein, O-Bein, X-Bein, Holzbein

25 Häufig verwechselte Nomen

(Anschrift / Aufschrift)
1. Schreiben Sie Ihre ——————— auf die Rückseite des Umschlags.
2. Das Paket trägt die ——————— „Vorsicht Glas!"

(Gegensatz / Gegenteil)
1. Im ——————— zu seinen Eltern ist er ziemlich wohlhabend.
2. Er behauptet nun das ——————— von dem, was er zu Protokoll gegeben hat.

(Fernseher / Fernsehen)

1. Heute Abend gibt es einen Krimi im _____ .

2. Dein _____ scheint kaputt zu sein.

(Flasche Wein / Weinflasche)

1. Wirf die leere _____ in den Glascontainer!

2. Hast du die _____ ganz allein ausgetrunken?

(Ernährung / Nahrung / Lebensmittel / Grundnahrungsmittel)

1. Einseitige _____ führt zu Krankheiten.

2. Bei Stromausfall verderben die _____ im Gefrierschrank.

3. Die _____ der Wale besteht aus Plankton.

4. Reis, Weizen und Hirse zählen zu den wichtigsten _____ .

(Schuld / Schulden)

1. Wegen seiner _____ wurde sein Haus versteigert.

2. Der Fußgänger hat keine _____ an dem Unfall.

(Worte / Wörter)

1. Deinen _____ müssen auch Taten folgen.

2. Wie viele _____ hat der Satz?

26 Wozu werden diese Produkte verarbeitet?

Beispiel: Aus Kakao wird Schokolade gemacht.

Getreide, Obst, Milch, Ton, Erdöl, Tierhaut, Tabak, Stoff, Pappe, Leder, Glas, Holz, Gold

27 Ändern Sie es!

Beispiel: Messer, stumpf
            Das Messer war zu stumpf. Es ist geschärft worden.

1. Hose, lang 2. Pulli, schmutzig 3. Stromkabel, kurz 4. Hemd, faltig 5. Suppe, heiß 6. Fleisch, roh 7. Kaffee, stark 8. Sprachkenntnisse, schlecht 9. Dichtung, alt 10. Milch, kalt 11. Foto, klein 12. Krankenzimmer, hell

abkühlen, bügeln, erneuern, erwärmen, braten, kürzen, verdünnen, waschen, verbessern, verdunkeln, vergrößern, verlängern

28 Verrückte Tierwelt

Was ist falsch?

1. Grillen wiehern
2. Katzen bellen
3. Ziegen trompeten
4. Gänse singen
5. Schweine zischen

6. Elefanten meckern
7. Schlangen summen
8. Löwen miauen
9. Vögel brüllen
10. Pferde gackern

11. Schafe krähen
12. Hunde zirpen
13. Bienen grunzen
14. Hähne blöken
15. Hühner schnattern

29 Was wird einmal aus ...?

einem Fohlen, einem Küken, einem Zicklein, einem Lamm, einem Kalb, einem Welpen, einem Kätzchen, einem Ferkel

30 Umgangssprache

Finden Sie das passende Tier?

Bär, Bock, Elefant, Ente, Fliege, Floh, Frosch, Fuchs, Gans, Hahn, Katze, Kuckuck, Kuh, Löwe, Mücke, Pudel, Rabe, Sau, Schwein, Vogel, Wolf

1. Er ist ein Dieb: Er klaut wie ein _____. 2. Du übertreibst maßlos: Du machst aus einer _____ einen _____en. 3. Du bist furchtbar langsam: Du bist eine lahme _____ . 4. Man hat dir etwas vorgelogen: Man hat dir einen_____en aufgebunden. 5. Das ist unbeschreiblich und niemandem zuzumuten: Das geht auf keine _____haut. 6. Er wagt sich ins Büro seines autoritären Chefs: Er geht in die Höhle des _____n. 7. Du hast Glück gehabt: Du hast _____ gehabt. 8. Sie ist verrückt; sie spinnt: Sie hat einen _____. 9. Er hat etwas ungeprüft gekauft: Er hat die _____ im Sack gekauft. 10. Er beherrscht viele Tricks, ist gerissen und durchtrieben: Er ist ein schlauer_____. 11. Wer hat dir diese Idee in den Kopf gesetzt? Wer hat dir denn den _____ ins Ohr gesetzt? 12. Ich habe einen Riesenhunger: Ich habe Hunger wie ein_____. 13. Er ist heiser und kann kaum sprechen: Er hat einen _____ im Hals. 14. Sie kann niemandem weh tun: Sie kann keiner _____ etwas zuleide tun. 15. Sie ist jung, unerfahren und kichert immer: Sie ist eine alberne _____. 16. Er ist der einzige Mann in einer Gruppe von Frauen: Er ist der_____ im Korb. 17. Er stand kleinlaut und blamiert da: Er stand da wie ein begossener _____. 18. Du hast einen großen Fehler gemacht: Du hast einen _____ geschossen. 19. Verschwinde endlich! Geh zum _____! 20. Das ist absolut schlecht, völlig untragbar! Das ist unter aller _____!

Weitere Übungen

IV. ÜBUNGEN ZUM GEBRAUCH DER PRÄPOSITIONEN

31 Bilden Sie Nomen und Nomen-Ergänzungen

Beispiel: sich aufregen über (Nachricht) – die Aufregung über die Nachricht

1. sich beschäftigen mit (Hobby) 2. danken für (Unterstützung) 3. bitten um (Antwort) 4. sich entschuldigen für (Versehen) 5. entscheiden über (Investition) 6. sich entwickeln zu (Katastrophe) 7. sich erinnern an (Urlaub) 8. denken an (Zukunft) 9. hinweisen auf (Komplikationen) 10. interessiert sein an (Neuerungen) 11. neigen zu (Wutausbrüche) 12. protestieren gegen (Subventionskürzungen) 13. sich sorgen um (Preisentwicklung) 14. teilnehmen an (Veranstaltung) 15. überweisen auf (Girokonto) 16. wählen zu (Präsident) 17. zweifeln an (Zeugenaussage)

32 Nomen-Ergänzungen

Wie heißt die Präposition?

1. die Ausbildung ————— Betriebswirt 2. die Antwort ————— meine Frage 3. der Bericht ————— das Unglück 4. die Bitte ————— Hilfe 5. die Frage ————— der Zukunft der Menschheit 6. die Gelegenheit ————— einer Pause 7. der Glückwunsch ————— Jubiläum 8. die Nachfrage ————— Lederwaren 9. die Rücksicht ————— die Behinderten 10. der Schutz ————— dem Unwetter 11. die Schuld ————— dem Unfall 12. die Teilnahme ————— der Zeremonie 13. der Unterricht ————— Malerei 14. das Verhalten ————— den Ausländern 15. der Wunsch ————— Ruhe 16. der Gedanke ————— das Wiedersehen

33 Wie heißt die präpositionale Nomen-Ergänzung?

Beispiel: den Helfern danken – der Dank an die Helfer

1. seine Eltern achten – ...
2. Gerechtigkeit fordern – ...
3. Erziehungsmethoden diskutieren – ...
4. Kunst lieben – ...
5. die Frage entscheiden – ...
6. eine gute Ernte erhoffen – ...
7. alte Bekannte sprechen – ...
8. eine Aufenthaltserlaubnis beantragen – ...
9. die Bekannten grüßen – ...
10. die Gäste verabschieden – ...

34 Dativ oder Akkusativ nach „an"?

1. Er starb an ein—— schwer—— Blutvergiftung. 2. Nach der Dopingkontrolle durfte er nicht weiter an ————— Olympische —— Spiele—— teilnehmen. 3. Ich schreibe an mein——

best___ Geschäftspartner. 4. Man wird sich an _____ höher___ Mietpreis ___ gewöhnen müssen. 5. Die Wissenschaft stößt an ihr __ bisherig ___ Grenzen. 6. Ich zweifele nicht an dein___ gut___ Absicht. 7. Mein Kind hat sich an _____ scharf___ Tischkante gestoßen. 8. Man erkannte ihn schon aus der Ferne an sein___ schwerfällig___ Gang. 9. Ich glaube nicht an _____ vorausgesagt___ Untergang des Abendlandes. 10. Bitte sende das Schreiben an all__ unser___ Filialen. 11. Am besten wendest du dich an unser___ gewählt___ Betriebsrat. 12. Richte den Brief an _____ Geschäftsleitung! 13. Ich erinnere mich noch gut an mein___ erst___ Kuss. (Erzählen Sie.)

Notieren Sie die Verben mit „an" + Dat. und „an" + Akk.

35 Präpositionen mit dem Genitiv

Bilden Sie den Genitiv.

> *Beispiel:* beiderseits von den (markieren) Grenzen → beiderseits der markierten Grenzen

1. abseits von der (überfüllten) Autobahn 2. anhand von meinen (handgeschrieben) Aufzeichnungen 3. anstelle von (vergeuden) Investitionen 4. diesseits von dem (umkämpfen) Gebiet 5. infolge von dem (nicht erkennen) Herzinfarkt 6. inmitten von (tanzen) Leuten 7. innerhalb von der (setzen) Frist 8. jenseits von dem (reißen) Fluß 9. beiderseits von der (errichten) Mauer 10. oberhalb von den (zuschneien) Tälern 11. östlich von der (vereinbaren) Oder-Neiße-Linie 12. seitlich von dem (bebauen) Grundstück 13. unterhalb von den (leuchten) Gipfeln 14. zugunsten von den (lachen) Erben 15. zuungunsten von dem (abweisen) Bewerber

36 Ergänzen Sie die fehlenden Präpositionen

> am, an, auf, auf, auf, auf, auf, auf, auf auf, auf, aus, außer, außerhalb, bei, für, für, gegenüber, im, in, in, innerhalb, mit, mit, per, über, über, um, um, unter, von, von, von, vor, während, wegen, zum, zur

1. Wir testen die Maschinen _____ einen längeren Zeitraum.
2. Der Preis _____ die Ware ist _____ 50 % gestiegen, nämlich _____ 10 Euro _____ 15 Euro.
3. Die Vertriebsorganisation wird _____ Grund _____ erneuert.
4. Die Lieferung geschieht _____ Nachnahme.
5. _____ Überweisung innerhalb von 14 Tagen erhalten Sie ein Skonto _____ Höhe _____ 2 %.
6. _____ von 2 Stunden stiegen die Aktienkurse _____ den Jahreshöchststand.

7. _____ lauter Arbeit komme ich nicht _____ Mittagessen.

8. _____ keinen Preis akzeptieren wir die beschädigte Sendung.

9. Der Chef will mich _____ vier Augen sprechen. Bisher hat er sich mir _____ immer fair verhalten.

10. _____ die Dauer geht er mir _____ die Nerven _____ seinen endlosen Geschichten.

11. _____ Wunsch können Sie den Kühlschrank auch _____ bequemen Monatsraten bezahlen. Fast alles kann man bei uns _____ Raten kaufen.

12. Bloß keinen Stress _____ Arbeitsplatz! Lass dich nicht _____ der Ruhe bringen. Das geht _____ deine Kräfte.

13. _____ ziemlicher Sicherheit ist er _____ der Mittagspause nicht _____ seinem Arbeitsplatz.

14. _____ der Bürozeiten ist selbstverständlich nur der Anrufbeantworter einge-schaltet.

15. _____ Feier des Tages hat er für seine Mitarbeiter einen ausgegeben.

16. _____ Ihre Bemühungen danken wir Ihnen _____ Voraus.

17. Ich habe noch Garantie _____ das Gerät. Die Reparatur geschieht deshalb _____ Ihre Kosten.

18. _____ eines Rohrbruchs waren die Pumpen _____ Betrieb.

37 Präpositionen beim Verb

1. Wir freuen uns _____ unser __ Urlaub.

2. Er freut sich _____ d __ Geschenk, das er bekommen hat.

3. Das Segelboot geriet _____ ein __ schweren Sturm.

4. Er geriet bei mir _____ d __ falsche Adresse.

5. Sie ist _____ d __ schiefe Bahn geraten.

6. Der Patient leidet _____ d __ Folgen der Verbrennungen.

7. Das Kind leidet _____ d __ autoritären Erziehung seiner Eltern.

8. Ich halte ihn _____ ein __ fairen Spieler.

9. Was hältst du _____ mein __ Idee?

10. Unser Chef hält sehr _____ Pünktlichkeit im Büro.

11. Er versteht sich gut _____ sein __ Freundin.

12. _____ modern __ Unterhaltungsmusik versteht man Schlager, Rockmusik, Chan-sons, Popmusik und Folklore.

13. Die Sozialarbeiterin versteht sich gut _____ d __ Umgang mit behinderten Kindern.

14. Ich verstehe nicht viel _____ Astronomie.

15. Die Halskette besteht _____ rein __ Gold.

16. Seine Tätigkeit besteht _____ d___ Ausbildung der Lehrlinge.
17. Bitte überweisen Sie den Betrag _____ mein Konto.
18. Der Arzt hat den Patienten _____ ein___ Facharzt überwiesen.
19. Ein Geschiedener muss _____ d___ Unterhalt seiner Kinder sorgen.
20. Man muss sich _____ d___ Wachstum der Weltbevölkerung sorgen.

Bilden Sie eigene Sätze zu diesen Verben.

38 Welche Vorsilbe fehlt?

auf-, auf-, aus-, bei-, durch-, für-, mit-, mit-, mit-, in-, vor-, zu-, zu-

1. Geschwister streiten häufig _____einander.
2. Freunde müssen sich _____einander verlassen können.
3. Bei Konflikten sollte man _____einander reden.
4. Wir sind nicht oft zusammen und würden gern häufiger _____einander sein.
5. Sie waren vom ersten Augenblick an _____einander verliebt.
6. Darf ich Sie _____einander bekannt machen?
7. Die Polizei treibt die Demonstranten _____einander.
8. Die Pokerspieler waren wütend _____einander.
9. Torwart und Elfmeterschütze haben _____einander Angst.
10. Liebende sind _____einander bestimmt und gehören _____einander.
11. Nicht nur im Straßenverkehr gilt: Seid nett _____einander!
12. So eine Unordnung! Alles liegt _____einander!

39 Späte Einsicht

Da Herr K. noch vor seiner Pensionierung einem Herzinfarkt erlag, erfuhr er nicht mehr von seinem Chef, was für ein guter Mitarbeiter er eigentlich gewesen war. In einer Rede erwähnte sein Vorgesetzter all seine guten Eigenschaften:

die Treue _____ Firma

den Mut _____ unkonventionellen Lösungen

den Glauben _____ das Leistungsprinzip

den Stolz _____ das Erreichte

den Reichtum _____ Ideen

die Sorge _____ die bleibende Qualität

den Verzicht _____ Sonderurlaub

die Hoffnung ———— eine Beförderung

das Verständnis ———— seine Kollegen

der Einsatz ———— seine Abteilung

die Einsicht ———— die Notwendigkeit des Personalabbaus

Die Kollegen wussten natürlich Bescheid über

seinen Mangel ———— Durchsetzungsvermögen

seinen Hang ———— Unpünktlichkeit

seine Neigung ———— Trinken

sein Interesse ———— der Chefsekretärin

seine Eifersucht ———— den Chef

seine Wut ———— den Lehrling

seine Angst ———— einer Strafversetzung

seinen Ärger ———— die Gehaltskürzung   Es herrschte Trauer ————

einen lieben Kollegen.

40 „tun" oder „machen"?

1. Du hast deinen Job gut ————. 2. Könnten Sie mir einen Gefallen ————?
3. Mein Weisheitszahn ———— weh! 4. Der kalte Umschlag ———— dir sicher gut.
5. Man kann es ihm einfach nie recht ————. 6. Bitte ———— Sie Platz für den
Rettungswagen! 7. Haben Sie heute schon Ihr Bett ————, Herr Holle? 8. So spät
schon? Da müssen wir uns aber schleunigst auf den Weg ————. 9. Der Einbrecher hat
sich aus dem Staub ————. 10. ———— doch nicht so, als würdest du keine Fehler ————! 11. Jeden Tag Knoblauchpillen schlucken, das ———— fit!
12. Lass den Unsinn, sonst bekommst du es mit mir zu ————. 13. Im Urlaub kann ich
endlich ———— und lassen, was ich will. 14. Seine Freundin will mit ihm Schluss
————. 15. Wir ———— eine Klassenfahrt zum Chiemsee. 16. Leise! ————
nicht so einen Krach! 17. Viele entschuldigten ihr Verhalten damit, dass sie nur ihre Pflicht
———— hätten. 18. Er kann einem wirklich Leid————. 19. Es gibt nichts Gutes,
außer man ———— es. 20. Die Forscher ———— eine Entdeckung.

V. ÜBUNGEN ZUM PARTIZIP

41 Bilden Sie das Partizip Perfekt

Beispiel: das Kind (schlagen) → das *geschlagene* Kind

1. die Braut (verkaufen) 2. die Juwelen (stehlen) 3. die Tomate (schneiden) 4. das Rind (schlachten) 5. der Fisch (fangen) 6. die Suppe (anbrennen) 7. die Kartoffeln (schälen) 8. die Möhren (reiben) 9. die Preise (salzen) 10. die Triebwerke (anlassen) 11. die Brille (wieder finden) 12. der Kaufpreis (erstatten) 13. die Ware (verpacken) 14. der Baum (fällen) 15. der Tiger (dressieren) 16. das Tor (schließen) 17. der Knopf (abreißen) 18. die Kühe (melken) 19. die Flasche (austrinken) 20. das Feld (pflügen) 21. das Versprechen (geben) 22. die Butterbrote (mitbringen)

42 Wie heißt das Partizip Präsens?

Beispiel: das Jahrhundert, das kommt → das *kommende* Jahrhundert

1. die Energiepreise, die steigen 2. die Hoffnungen, die schwinden 3. Flüchtlingsströme, die zunehmen 4. Mieten, die explodieren 5. Steuereinnahmen, die sinken 6. Dienstreisen, die anstrengen 7. ein Wechselkurs, der schwankt 8. die Partei, die regiert 9. Erträge, die fallen 10. ein Wasserhahn, der tropft

43 Wie heißt das Partizip Präsens?

1. diese andauernd___ Streitigkeiten 2. den protestierend___ Studenten 3. unsere bleibend___ Erinnerungen 4. wachsend___ Kritik 5. etliche kichernd ___ Mädchen 6. einige beängstigend ___ Entwicklungen 7. ein zu lösend___ Problem 8. treffend ___ Bemerkungen 9. mit dem behandelnd ___ Arzt 10. für reißend ___ Absatz 11. bei anhaltend ___ Westwind 12. die galoppierend ___ Inflation 13. mit einem weinend ___ und einem lachend ___ Auge 14. dieses strahlend___ Lächeln 15. kochend ___ Wasser 16. viele anregend ___ Gespräche 17. alle schreiend ___ Kinder 18. mehrere sich widersprechend ___ Aussagen 19. mit einem überraschend___ Sieg 20. die sich wiederholend___ Aufgaben 21. einige in der Schlange stehend ___ Kunden 22. viele vorkommend ___ Rohstoffe 23. in den laufend ___ Verhandlungen

VI. ÜBUNGEN ZUM PASSIV

44 Bilden Sie einen Relativsatz im Passiv

Beispiel: In der *künstlich bewässerten* Wüste pflanzte man Zitrusfrüchte.
In der Wüste, die *künstlich bewässert worden war,* pflanzte man Zitrusfrüchte.

1. Den reparierten Drucker holte er mit seinem Wagen ab. 2. Die geimpften Kinder überlebten die Krankheit. 3. Das geliehene Buch wurde zurückgegeben. 4. Der gerettete Nichtschwimmer überlebte. 5. Die Studenten solidarisierten sich mit den ausgesperrten Fabrikarbeitern. 6. Der Lehrer fragte den behandelten Unterrichtsstoff ab.

45 Bilden Sie Sätze im Passiv Perfekt

> *Beispiel:* Unterhaltung → Die Unterhaltung *ist abgebrochen worden.*

Versicherung, Bewerbung, Gehälter, Mehrwertsteuer, Zinsen, Banken, Betriebsrat, Dividende, Mauer, Hundebabys, Tafel, Filiale, Anschrift, Kühlschrank, Reifen

46 Veränderungen

> *Beispiel:* Man findet jetzt leichter eine Wohnung (Wohnungen bauen) → *Es sind* ja auch viele Wohnungen *gebaut worden.*

1. Die Stadt sieht grüner aus. (Bäume pflanzen) 2. Die Häuser wirken freundlicher. (Fassaden streichen) 3. Der Fluss tritt nicht mehr über die Ufer. (Dämme errichten) 4. Ich brauche kein Visum mehr. (Grenzkontrollen aufheben) 5. Dem Patienten geht es schon viel besser. (Blutübertragung geben) 6. Es gibt weniger Schüler pro Klasse. (Lehrer einstellen) 7. Man benutzt mehr öffentliche Verkehrsmittel. (U-Bahn-Netz ausbauen) 8. Viele junge Leute verstehen Deutsch. (Deutschunterricht intensivieren) 9. Es passieren weniger Verbrechen. (Polizisten einsetzen)

47 Was werfen Sie Ihrem Untermieter vor?

Bilden Sie Sätze nach folgendem Muster:

> *Beispiel:* Fensterscheibe zertrümmern
> Die Fensterscheibe *hätte* nicht von Ihnen *zertrümmert werden dürfen*!

1. die Tauben füttern
2. nachts Damenbesuch empfangen
3. die Blumentöpfe auf das äußere Fensterbrett stellen
4. das Fahrrad im Zimmer unterstellen
5. Wäsche sonntags auf dem Balkon aufhängen
6. sich Haustiere anschaffen
7. bis spät in die Nacht Feten feiern
8. die Badewanne nie putzen
9. die Haustür nie abschließen
10. die Herdplatte anlassen
11. Wodka ins Aquarium schütten
12. die Miete zu spät überweisen

48 So ein Pech!

Der Schachweltmeister war krank. Das Turnier hatte verschoben werden müssen.

1. Dirigent Schwächeanfall – Konzert abbrechen 2. Dichter verspätet – Lesung später beginnen 3. Sekretärin schwanger – eine Vertretung einstellen 4. Abendkleid fleckig – zur Reinigung bringen 5. Politiker heiser – Rede unterbrechen 6. Mittelstürmer verletzt – Mannschaftsarzt herbeirufen – 7. Beweismaterial verschwunden – Gerichtsverhandlung vertagen 8. Unfallopfer eingeklemmt – Autokarosserie aufschneiden 9. Braut unentschlossen – Hochzeit verschieben 10. Expeditionsmannschaft verschollen – Suchaktion auslösen

49 Bilden Sie das Passiv

> *Beispiel:* die Absetzung des Vorsitzenden
> Der Vorsitzende *wurde abgesetzt.*
> Der Vorsitzende *ist abgesetzt worden.*

1. die Reparatur der Sturmschäden 2. die Addition der Zahlen 3. die Verbrennung der Akten 4. der Druck der Flugblätter 5. der Fund des Pharaonengrabes 6. die Anerkennung des Asylanten 7. die Besteigung des Gipfels 8. der Beweis seiner Unschuld 9. der Aufwand der Kosten 10. die Übertragung des Endspiels 11. der Austausch der Spione 12. die Beschreibung des Täters 13. die Annahme der Bedingungen 14. die Massage der Muskulatur 15. der Export von Kohle 16. die Rückerstattung der Pfandgebühr 17. die Hypnose des Patienten 18. die Entlassung der Schulabgänger 19. die Bestechung des Beamten 20. die Vernehmung des Zeugen 21. die Anwendung des Gesetzes

50 Umformung

Bilden Sie Infinitivsätze.

> *Beispiel:* Die Beule am Wagen ist *unübersehbar.*
> Die Beule am Wagen ist *nicht zu übersehen.*

1. Der Feldweg ist unbefahrbar. 2. Das Grundstück ist unbezahlbar. 3. Das Erdbeben ist unvorhersehbar. 4. Die Festung ist uneinnehmbar. 5. Die Akten sind unauffindbar. 6. Sein Benehmen ist unentschuldbar. 7. Die Bergwand ist unüberwindbar. 8. Der Gipfel ist unbezwingbar. 9. Das Schicksal ist unabwendbar. 10. Sein Alibi ist unwiderlegbar. 11. Vor dem Frühstück ist er ungenießbar. 12. Die Hintergründe des Militärputsches sind undurchschaubar.

51 Umformung

Bilden Sie Sätze mit Adjektiven auf „-bar".

> *Beispiel:* Die Sterne sind nicht zu zählen.
> Die Sterne sind *unzählbar.*

1. Diese Tatsache ist nicht zu bezweifeln. 2. Sein Verlangen ist nicht zu stillen. 3. Dieses Vorurteil ist nicht auszutilgen. 4. Unsere Meinungsverschiedenheiten sind nicht zu überbrücken. 5. Die Malaria ist nicht auszurotten. 6. Dieser Termin ist nicht zu verschieben. 7. Sein komisches Talent ist nicht nachzuahmen. 8. Ihre Hilfsbereitschaft ist durch nichts zu bezahlen. 9. Der Ausgang der Verhandlungen ist nicht abzusehen. 10. Seine Stimme ist nicht zu verwechseln. 11. Widersprüchliche Positionen sind nicht zu vereinbaren. 12. Diese alten Lehrbücher sind nicht zu gebrauchen. 13. Ihr Lachen ist nicht zu überhören. 14. Seine politische Einstellung ist nicht zu definieren.

VII. VERMISCHTE ÜBUNGEN

52 Bilden Sie Sätze mit „Trotz" und „Trotzdem"

> *Beispiel:* Obwohl er bereute, besserte er sich nicht.
> *Trotz seiner Reue* besserte er sich nicht.
> Er bereute. *Trotzdem* besserte er sich nicht.

1. Sie hatte nur ein dünnes T-Shirt an, obwohl es kalt war.
2. Obwohl er gut bezahlt wird, arbeitet er kaum.
3. Obwohl er müde ist, fährt er mit dem Auto.
4. Er spendiert mir ein Abendessen, obwohl er geizig ist.
5. Obwohl er wenig verdient, reist er um die ganze Welt.
6. Der Eurocity hatte Verspätung, obwohl er planmäßig abgefahren war.
7. Obwohl er an Krebs litt, wurde er geheilt.
8. Obwohl die Studenten friedlich demonstrierten, griff die Polizei ein.
9. Obwohl der Bankräuber genau beschrieben wurde, konnte er nicht gefasst werden.
10. Obwohl ich den Rechnungsbetrag pünktlich überwiesen hatte, bekam ich eine Mahnung.
11. Obwohl wir ihn dringend um Hilfe gebeten hatten, hat er uns im Stich gelassen.

53 Bilden Sie ähnliche Sätze mit ...

1. Schneefall – Sommerreifen 2. Rauchverbot – eine Packung Zigaretten täglich 3. warme Kleidung – Erkältung 4. Ausbau des Verkehrsnetzes – größere Verkehrsprobleme 5. Einsatz von Computern – keine Mitarbeiter einsparen 6. viele Einwände – kein Gehör finden 7. Bankrott – neue Firma gründen

54 Elemente

Schreiben Sie Sätze.

1. Arbeitszimmer / gleichen / Schlachtfeld
2. Einzelheiten / entnehmen / beiliegender Prospekt
3. Karriere / verdanken / sein Fleiß und seine Ausdauer
4. Schuldner / nicht nachkommen / Zahlungsverpflichtungen
5. Kinder / zusehen / Bagger / Ausschachten
6. Verkaufserfolg / Werbekampagne / zuschreiben
7. Verteidiger / beistehen / Angeklagter / Verhandlung
8. Wirtschaftlicher Aufschwung / gelingen / neue Bundesländer
9. Subventionierung der Erzeugerpreise / nützen / Bauern
10. Passives Rauchen / schaden / Gesundheit
11. Redner / danken / Zuhörer / Aufmerksamkeit

55 Leseverständnis (Zuordnung)

Wie es die Kollegin macht, ist es falsch.

Finden Sie die vierte Zeile jeder Strophe?

1. Gibt sie ihre Kinder in die Kinderkrippe –
   ist sie eine Rabenmutter,
   bleibt sie zu Hause –

2. Leistet sie viel –
   verliert sie ihren Charme,
   leistet sie wenig –

3. Verwendet sie Make-up –
   trägt sie „Kriegsbemalung",
   verwendet sie keines –

4. Verrichtet sie anspruchslose Arbeit –
   hat sie keinen Ehrgeiz,
   erfüllt sie qualifizierte Aufgaben –

5. Hat sie studiert –
   ist sie ein Blaustrumpf,
   hat sie promoviert –

6. Zeigt sie ihre Gefühle –
   ist sie eine Heulsuse,
   beherrscht sie sich –

7. Ist sie mit 25 noch ledig –
   kriegt sie keinen mehr ab,
   ist sie mit 19 schon verheiratet –

8. Ist sie sehr attraktiv –
   hält sie die Kollegen von der Arbeit ab,
   ist sie es nicht –

9. Wirkt sie temperamentvoll –
   „ist sie nicht zu halten",
   wirkt sie ruhig und besonnen –

10. Ist sie intelligent –
    darf sie es nicht zeigen,
    ist sie es nicht –

11. Kommt sie trotz Grippe ins Büro –
    steckt sie nur die anderen an,
    bleibt sie zu Hause –

12. Trägt sie „mini" –
    stört sie den Arbeitsfrieden,
    trägt sie „maxi" –

13. Ist sie montags müde –
    lästert man,
    ist sie taufrisch –

14. Geht sie gerne aus –
    ist sie ein Playgirl,
    bleibt sie zu Hause –

15. Ist sie hilfsbereit –
    wird sie ausgenutzt,
    kümmert sie sich nur um ihre eigene Arbeit –

16. Ist sie trinkfest –
    „säuft sie die Männer unter den Tisch",
    verträgt sie nichts –

a) ist mit ihr nichts anzufangen.
b) verkommt sie hinter dem Kochtopf.
c) ist sie ungeeignet für ihre Stellung.
d) fehlt ihr der „Pfeffer".
e) gilt sie als Mauerblümchen.
f) hat sie wohl krumme Beine.
g) ist sie unkollegial.
h) lästert man auch.
i) musste sie wohl.
j) vernachlässigt sie ihr Äußeres.
k) kümmert sich keiner um sie.
l) ist sie mit ihrem Beruf verheiratet.
m) muss sie wenigstens hübsch sein.
n) legt sie sich mit jeder Kleinigkeit ins Bett.
o) ist sie ein Eisberg.
p) musste sie ihren Doktor selber machen.

(Aus: *Werkkreis Literatur der Arbeitswelt. Liebe Kollegin*)

6

Ausländer und Deutsche

Grammatik: *Verben und Nomen mit Präpositionen, Passiv, Genus der Länder, Nebensätze*

Han Koch

Deutsch für Ausländer

Es ist nicht so wichtig,
mein Freund,
in Deutschland
die Sprache.
Ob du nun
bittest,
bettelst
oder
betest.
Man wird dir nichts bieten.

Es ist nicht so wichtig,
mein Freund,
ob du gesessen hast oder bist,
die Folter ferner Freunde tut uns hier nicht weh.
Und Asyl bekommt nur der Feind unseres Feindes.

Bist du nur arm, dann bleib da, wo du bist.
Ob man Mülltonnen leert oder Deutsch lehrt,
entscheidend ist: Wer verdient was?

Und es ist wichtig,
mein Freund,
für dich
in Deutschland:
Ob du hier nur störst oder zerstörst,
ob man kalt ißt oder kalt ist,
ob du frierst oder erfrierst.

Fragen zum Gedicht

1. Bestätigt dieses Gedicht Ihre Erfahrungen mit Deutschen? Können Sie Erfahrungen, an die Sie sich gern erinnern, berichten? Was waren Ihre negativsten Erlebnisse?
2. Welche Verben ähneln einander?
3. Kann man sich ohne Sprachkenntnisse in einem fremden Land wohl fühlen?

Deutsche in Ost und West

1 Viele erinnern sich an die Tage im November 1989, als die Berliner Mauer fiel. Das alte politische Regime der DDR, das seine Bürger daran hinderte, das Land zu verlassen, musste abdanken, denn es konnte sich nicht rechtzeitig an die neuen Entwicklungen in Osteuropa anpassen. Hunderttausende nahmen an Demonstrationen teil und riefen: „Wir sind
5 das Volk!"
Die ökonomischen Probleme der DDR hatten an Schärfe zugenommen. Dies lag an der starren Kommandowirtschaft des Systems. Niemand starb an Hunger, aber es mangelte überall an Dingen, die im Westen zu haben waren. Inzwischen erkennt man einen Sachsen oder Thüringer sicher eher am Dialekt als an der unterschiedlichen Kleidung oder an sei-
10 ner Automarke.
Werden sich die Ostdeutschen an die Westdeutschen angleichen oder auch umgekehrt? Denn 40 Jahre in einem anderen System zu leben, prägte doch das Denken und Fühlen. So glaubten beispielsweise nach der ‚Wende' immerhin 61 von 100 Westdeutschen an Gott, aber nur 21 von 100 Ostdeutschen. Jeder Zweite im Westen, aber nur jeder Siebte im
15 Osten nahm an, dass es ein Leben nach dem Tod gibt.
Haben sich die Deutschen inzwischen daran gewöhnt, in einer Nation zu leben, die mit der Vereinigung am 3. Oktober 1990 an politischer und wirtschaftlicher Macht weiter zunahm? Viele zweifeln daran, dass nun schnell zusammenwächst, was zusammengehört.

Frage

Welche Verben im Text haben die Präposition *an* nach sich? Wo folgt ein Dativ, wo ein Akkusativ?

Westdeutsche über ihre Eindrücke im Osten

1 **Das Land:** Alles weit hinter der Bundesrepublik zurück * alles grau in grau * die Zeit ist dort stehen geblieben * ich fühlte mich zurückversetzt in die dreißiger Jahre, über die ich viel gelesen habe * es sieht dort aus wie nach dem Krieg * ein Land wie die Bundesrepublik Anfang der fünfziger Jahre * am Wochenende sind Lokale und Cafés geschlossen und in
5 den Hotels werden die Zimmer nicht gemacht, wo soll denn der Aufschwung herkommen

* die Fernheizungsrohre verschandeln die Landschaft * Werbung für westliche Waren an allen Ecken * überall Imbiss- und Trinkstände * die Beamten der unteren Verwaltungsebenen haben keinen Mut zu Entscheidungen * Verkäufer in den Geschäften verstecken sich vor den Kunden * viele stürzen sich jetzt ausschließlich auf West-Waren und verschmä-
10 hen, sehr zum Schaden ihrer eigenen Wirtschaft, ihre eigenen guten Produkte wie beispielsweise den Honig * Bier war billig, aber schlecht, die Kneipen waren brechend voll und die Leute rauchten wie die Schlote * man kann an den Ampeln bei Rot rechts abbiegen * die Altstoffverwertung gefiel mir gut * leckere Thüringer Bratwürste.

Die Leute: Die Menschen fühlen sich befreit wie die Deutschen nach dem Einmarsch der
15 Amerikaner * die Leute sind noch nicht so verdorben, aber das bleibt nicht mehr lange so * die Männer sind sehr nett * besonders gefiel mir das Ende der Diktatur und der Optimismus der Bürger * drei Leute nehmen einen Arbeitsplatz ein, den einer ausfüllen kann * schrecklicher sächsischer Dialekt * die Menschen leben sehr primitiv und armselig und stellen Ansprüche an die Westdeutschen * einige glauben, ihnen fliegen gebratene Tauben
20 in den Mund * schlimm war das Anspruchsdenken gegenüber den Bundesdeutschen * Bundesbürger beuten die DDR-Bürger mit überhöhten Preisen für West-Produkte aus * die machen einen total verstörten Eindruck.

Ostdeutsche über ihre Eindrücke im Westen

1 **Das Land:** Es war so schön, es gab alles * toll was los * man kann jeden Tag ausgehen * niemand muss sich anstellen * die Produkte sind so lange haltbar * das griechische Essen war gut * angenehm fiel mir auf, dass die Industriegebiete außerhalb der Städte liegen * viele schön angelegte Spielplätze * alles ist wohldurchdacht und praktisch * in den Gast-
5 stätten ist immer Platz * welch ein Komfort selbst der Sozialwohnungen * besonders gut gefiel mir der Chaos-Computer-Club * Schmutzecken wie in der DDR * für Hunde wird mehr getan als für Kinder * dieses Herumlungern auf den Straßen hat mir gar nicht gefallen * die Schwachen bleiben auf der Strecke * besonders alleinstehende Frauen sind vom sozialen Abstieg bedroht * ältere Leute sind oft einsam * der übertriebene Nationalstolz
10 stieß mir auf * faschistische Schmierereien an vielen Wänden * alles wird nach Geld und Stand ausgerichtet * die Frau wird als Sexobjekt dargestellt * mir missfiel die Reserviertheit Fremden gegenüber (ist durch Kriminalität bedingt!) * Jugendliche in den Zügen und auf der Straße benehmen sich unmöglich * einige betrachten die Autobahn als Spielplatz für zu schnell gewachsene Kinder * dieser Autowahn war schrecklich * alle müssen sich um
15 jeden Preis durchsetzen * die geistigen Werte werden in Geld umgedacht * selbst für die Benutzung des Nordseestrands mussten wir Eintritt bezahlen * ein riesiger Verpackungsaufwand * die Beerdigungskosten sind sehr hoch.

Die Leute: Ich war überwältigt und kann meine guten Gefühle nicht in Worte fassen * unmittelbar nach der Grenzöffnung, als wir wie Heuschreckenschwärme über sie kamen,

waren die Menschen sehr freundlich * nach einem Verkehrsunfall gefiel mir besonders gut
die Freundlichkeit und Fürsorge der Polizei und die uneigennützige Hilfe einer Werkstatt
* die Frauen sind so ausgeglichen * Gleichaltrige haben eine so offene Lebensweise *
Frauen können ganz für ihre Familien da sein * bei der Mehrheit der Menschen sah man
heitere Gesichter * bei vorgezeigter Freundlichkeit sind sie in Wahrheit kalt *die sind ja
25 überkandidelt * jeder macht nur seins * die Westdeutschen sind unehrlich, kleinbürger-
lich und kontaktscheu * sie lassen sich nicht in die Karten schauen * die bilden sich ein,
besser und klüger als wir zu sein * manche Bundesbürger sind neidisch, weil DDR-Bürger
in den Gewinnlisten der Rätselzeitungen stehen * sie sagen, dass wir Faulpelze seien, denen man erst das Arbeiten beibringen müsse * gegenüber den DDR-Menschen, deren Le-
30 ben sie sich nur schwer vorstellen können, haben die Bundesbürger ein überhebliches Lächeln * als DDR-Bürger wurde man immer als Bettler angesehen * ich war froh, als ich
wieder in der DDR war.

(Aus: SPIEGEL SPEZIAL 1/1991)

Frage

Welche Eindrücke über Land und Leute werten Sie als positiv, welche als negativ?

(Aus: SPIEGEL SPEZIAL 1/1991)

6

Im Westen die besseren Deutschen

Anhand von 20 Eigenschaftspaaren (Beispiel: „bescheiden – überheblich") schätzten die einstigen DDR-Bürger erst die West-Deutschen, dann sich selbst ein. Sie sollten ihr Kreuz in eines von sieben Kästchen setzen und konnten so differenzieren. Die Mittelwerte:

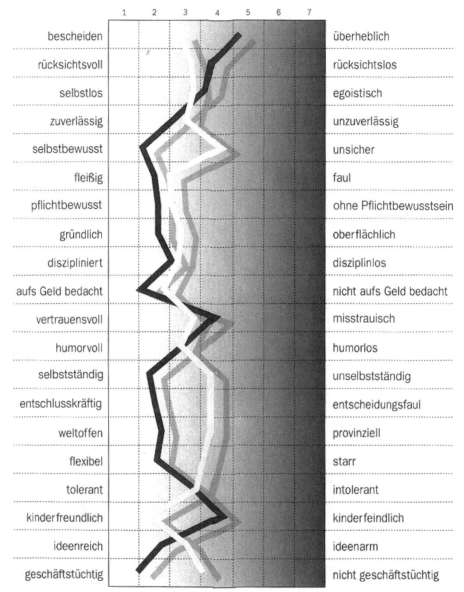

(Aus: SPIEGEL SPEZIAL 1/1991)

224

Fragen

1. Wie schätzen Sie die Deutschen insgesamt und die Bewohner Ihres Landes ein? Begründen Sie Ihre Meinung mit einigen Erfahrungen und Beispielen.
2. Wodurch ist Ihr Bild von den Deutschen geprägt worden?

	1	2	3	4	5	6	7	
bescheiden								überheblich
rücksichtsvoll								rücksichtslos
selbstlos								egoistisch
zuverlässig								unzuverlässig
selbstbewusst								unsicher
fleißig								faul
pflichtbewusst								ohne Pflichtbewusstsein
gründlich								oberflächlich
diszipliniert								disziplinlos
aufs Geld bedacht								nicht aufs Geld bedacht
vertrauensvoll								misstrauisch
humorvoll								humorlos
selbstständig								unselbstständig
entschlusskräftig								entscheidungsfaul
weltoffen								provinziell
flexibel								starr
tolerant								intolerant
kinderfreundlich								kinderfeindlich
ideenreich								ideenarm
geschäftstüchtig								nicht geschäftstüchtig

*Worüber wird hier diskutiert?
(z. B. Probleme in der Schule,
Mieterhöhung, Ladendieb-
stahl oder ...?)
Spielen Sie den Dialog.*

Benutzen Sie dabei folgende Redemittel:

Zustimmung:

Ich bin ganz Ihrer Meinung.

Da haben Sie völlig Recht.

Das stimmt sicherlich.

Ganz meiner Meinung.

Das finde ich auch.

Das ist völlig richtig.

Das sehe ich auch so.

Das halte ich für richtig.

Widerspruch:

Das stimmt doch ganz und gar nicht.

So ein Quatsch / Blödsinn / Unsinn.

Das halte ich für absolut falsch.

Da bin ich aber anderer Meinung.

Das ist an den Haaren herbeigezogen.

Nein, das Gegenteil ist der Fall.

Das kann ich mir nicht vorstellen.

So kann man das unmöglich sagen.

Einspruch:

Darf ich bitte mal ausreden?

Ich möchte das noch zu Ende führen.

Sie unterbrechen mich ja dauernd.

Darf ich an der Stelle Sie mal kurz unterbrechen?

Da hätte ich einen Einwand zu machen.

Entschuldigung:

Jetzt habe ich den roten Faden verloren.

Jetzt weiß ich nicht mehr, was ich eigentlich
sagen wollte.

Das habe ich falsch verstanden.

Das habe ich akustisch nicht verstanden.

Entschuldigen Sie meine Frage.

Verzeihen Sie meine Bemerkung.

Redemittel

Reagieren Sie spontan mit Zustimmung oder Widerspruch!

1. Die Deutschen essen dreimal täglich eine warme Mahlzeit.
2. Die meisten Deutschen haben Haustiere lieber als kleine Kinder.
3. Gastarbeiter verdienen weniger als ihre deutschen Kollegen.
4. Die Bundesdeutschen fahren gern in die Länder, aus denen die Gastarbeiter kommen.
5. Die Gewaltkriminalität ist bei den Gastarbeitern zehnmal so hoch wie bei Deutschen.
6. In der Bundesrepublik gibt es Fernsehsendungen für ausländische Arbeitnehmer.
7. Kein Ausländer darf ohne Visum in die Bundesrepublik einreisen.

Verben mit Präpositionen

Wie heißen die zugehörigen Präpositionen im Lesetext? Bilden Sie einige Beispielsätze.

1. gehören	zu	6. mangeln	_____	11. verpflichten	_____
2. führen	_____	7. abhängig sein	_____	12. werden	_____
3. betrachten	_____	8. zunehmen	_____	13. denken	_____
4. verteidigen	_____	9. einbeziehen	_____	14. rechnen	_____
5. bezeichnen	_____	10. helfen	_____		

Warum wird der Mann kontrolliert?
Spielen Sie den Dialog.

6

ABC der Vorurteile

Schreiben Sie auf, welche Vorurteile gegen einige dieser Gruppen bestehen:

Was macht denn der da oben?

Asylanten, Alte, Arbeitslose, Asoziale, Alkoholiker
Bayern, Bettler, Bartträger, Beamte, Behinderte
Christen, Charakterschwache, Chefs
Deutsche, Drogenabhängige, Depressive, Dicke
Emanzen, Entmündigte, Epileptiker
Farbige, Frauen, Fürsorgeempfänger, Flüchtlinge
Gammler, Geistliche, Gastarbeiter, Geisteskranke
Heimkinder, Hässliche, Hippies, Homosexuelle, Hundebesitzer
Idealisten, Ideologen, Intellektuelle
Jesus People, Juden, Jusos
Kriegsdienstverweigerer, Kernkraftgegner, Künstler
Landstreicher, Langhaarige, Ledige, Linkshänder, Linke
Mütter, Märtyrer, Müllmänner, Mischlinge, Mönche
Neger, Nichtsesshafte, Nonnen, Nichtraucher
Obdachlose, Ostermarschierer, Ostfriesen
Politiker, Polizisten, Pazifisten, Penner
Querschnittsgelähmte, Querulanten
Radikale, Raucher, Rocker, Rentner, Rothaarige
Säufer, Selbstmörder, Soldaten, Straffällige, Süchtige
Tippelbrüder, Transvestiten, Theoretiker
Uneheliche Kinder, Unverheiratete, Utopisten
Vaterlandsverräter, Vorbestrafte, Verwahrloste
Wehrdienstverweigerer, Witwen, Waisen
Xanthippen, X-Beliebige
Zigeuner, Zeugen Jehovas, Zugereiste

In einem fremden Land

Kommentieren Sie einige Probleme, die einem im Ausland begegnen können:

1. Anerkennung akademischer Grade
2. Aufenthaltserlaubnis
3. Arbeitserlaubnis
4. Führerschein
5. Sprachunterricht
6. Familiennachführung
7. Geldüberweisung
8. Grenzarbeitnehmer
9. illegale Einreise
10. Essen und Trinken
11. Kraftfahrzeug
12. Kindergeld
13. Krankenversicherung
14. Kriminalität
15. Kündigung
16. politische Betätigung
17. Rundfunk und Fernsehen
18. Schulausbildung
19. Unterkunft
20. Zoll

§ 14 Ausländergesetz

Formen Sie die Sätze schriftlich um. Benutzen Sie dabei nebenstehendes Vokabular:

Ein Ausländer *darf nicht* in einen Staat abgeschoben werden, *in dem* sein Leben oder seine Freiheit wegen seiner Rasse, *Religion*, Staatsangehörigkeit, seiner Zugehörigkeit zu einer bestimmten sozialen Gruppe oder wegen seiner politischen Überzeugung bedroht ist. Dies *gilt* nicht für einen Ausländer, der aus schwerwiegenden Gründen als eine Gefahr für die Sicherheit *anzusehen ist* oder eine *Gefahr* für die Allgemeinheit bedeutet, weil er *wegen eines besonders schweren Verbrechens* rechtskräftig verurteilt wurde.	nicht legal wo Glauben Gültigkeit bedeutet gefährlich Schwerverbrecher

Verben mit Präpositionen: Dativ oder Akkusativ?

Wenn Sie nicht sicher sind, ob bei den folgenden Verben mit der Präposition „an" der Dativ oder Akkusativ folgen muss, fragen Sie sich, ob ein beabsichtigtes Ziel (Akkusativ) oder mehr ein bestehender Zustand (Dativ) ausgedrückt werden soll.

denken an	+ *den Gast*	schreiben an	+ _____
leiden an	+ _____	sterben an	+ _____
glauben an	+ _____	mit/wirken an	+ _____
an/knüpfen an	+ _____	hängen an	+ _____
appellieren an	+ _____	zerbrechen an	+ _____
erkennen an	+ _____	zweifeln an	+ _____
teil/haben an	+ _____	ändern an	+ _____
teil/nehmen an	+ _____	beteiligt sein an	+ _____
interessiert sein an	+ _____	erinnern an	+ _____
mangeln an	+ _____	arbeiten an	+ _____

Bilden Sie Sätze

1. Viele Gastarbeiter / leiden / Heimweh.

2. Sie / hängen / ihre Heimat / und / zerbrechen / manchmal / Gefühlskälte / Deutschland.

3. Keiner / sterben / Deutschland / Hunger / aber / mancher / leiden / Isolation / oder / Vorurteile.

4. Es / mangeln / Verständnis / auf beiden Seiten.

5. Vorurteil / Ausländer / mehr / beteiligt sein / Gewaltverbrechen / Deutsche.

6. Deutsche / Ausländer / arbeiten / ohne Probleme / dieselben / Maschinen.

7. Ausländische Frauen / oft / nicht / teil-haben / öffentliches Leben.

8. Sie / glauben / ihre Werte / und / anknüp-fen / heimatliche Traditionen.

9. Man / erkennen / sie / manchmal / bunte Kleidung / oder / Kopftuch.

10. Viele Deutsche / zweifeln / Möglichkeit / Integration / Gastarbeiter / und / wollen / Situation / nichts / ändern.

11. Andere / mitwirken / deutsch-ausländi-sche Feste / und / teilnehmen / Folklore / Tanz.

12. Andere / appellieren / Toleranz / Bevölke-rung / und / schreiben / beispielsweise / Leserbrief / Zeitung.

13. Ausländerfeindlichkeit / erinnern / Zeit / Drittes Reich.

14. Deutschland / noch heute / schwer tra-gen / dunkelste Epoche / seine Ge-schichte.

15. Die meisten Deutschen / interessiert sein / gutes Zusammenleben / ausländische Gäste.

Umwandlungsübung

Wie heißt das Verb?

> *Beispiel:* der Gedanke an die Heimat – *an* die Heimat *denken*

1. das Leiden an der Einsamkeit _____

2. der Appell an die Vernunft _____

3. der Glaube an die Wahrheit _____

4. die Teilnahme an Veranstaltungen _____

5. das Interesse an der Kultur _____

6. die Erinnerung an die Familie _____

7. der Mangel an Geld _____

8. die Arbeit an einem Fließband _____

9. das Schreiben an die Behörde _____

10. der Zweifel an seinen Fähigkeiten _____

11. die Mitwirkung an einem Projekt _____

Lückentest

Ein Ausländer _____ nicht in einen Staat abgeschoben _____, in dem _____ Leben oder seine Freiheit wegen seiner Rasse, Religion, Staatsangehörigkeit, seiner Zugehörigkeit _____ einer bestimmten sozialen Gruppe oder wegen seiner politischen _____ bedroht ist. Dies _____ nicht _____ einen Ausländer, der aus schwerwiegenden _____ als eine Gefahr _____ die Sicherheit anzusehen ist oder eine Gefahr_____ die Allgemeinheit bedeutet, weil er wegen eines besonders schweren _____ rechtskräftig verurteilt _____.

*Gibt es ein Asylanten-
problem in Ihrem Land?*

Asylrecht

a) Religion:
Die Unterdrückung der religiösen Überzeugung kann erst dann als Unterdrückung ange-
sehen werden, wenn sie zur unmittelbaren Gefahr für Freiheit, Leben oder wirtschaftliche
Existenz geworden ist. Die Verfolgungshandlung muss sich unmittelbar gegen den Asyl-
suchenden als Einzelperson, nicht aber gegen eine bestimmte Religionsgemeinschaft als
Ganzes gerichtet haben.

b) Nationalität:
Auch hier reichen allgemeine Maßnahmen, die sich gegen eine Volksgruppe auswirken, nicht
aus. Vielmehr müssen unmittelbar gegen den Einzelnen gerichtete Verfolgungsmaßnahmen
vorliegen.

c) Soziale Gruppen:
Die Verschlechterung wirtschaftlicher Verhältnisse allein ist nicht als Verfolgung anzusehen.
Dagegen ist die Beschränkung des wirtschaftlichen oder beruflichen Fortkommens jeden-

falls dann als Verfolgungsmaßnahme anzusehen, wenn die wirtschaftliche Existenzgrundlage durch staatliche Maßnahmen vernichtet oder der Vernichtung nahe gebracht wird.

d) Politische Überzeugung:
Die politische Überzeugung, die die Anerkennung herbeiführen soll, muss durch entsprechendes Verhalten auch äußerlich erkennbar gewesen sein. In Betracht kommt z. B. die Kritik an staatlichen Maßnahmen. Dagegen wird die Ablehnung, der Staatspartei beizutreten, nur ausnahmsweise als Beweis für ein politisch motiviertes regimefeindliches Verhalten angesehen werden können.

e) Wehrdienstverweigerung:
Wer in seinem Heimatstaat den Kriegsdienst mit der Waffe aus Gewissensgründen verweigert und gleichwohl wegen Wehrdienstentziehung mit Freiheitsstrafe bestraft werden kann, hat Anspruch auf Asyl.

(Aus: *Beiträge zum Ausländerrecht*)

Aufgabe

Fassen Sie schriftlich zusammen:

Unter welchen Bedingungen kann ein
Ausländer in der Bundesrepublik Asyl
bekommen?

Ländernamen, Nationalitäten, Sprachen

1. Schreiben Sie mindestens zwanzig europäische Länder auf ein Blatt Papier. Wer die meisten Ländernamen Europas richtig geschrieben hat, bekommt einen kleinen Preis.
2. Nennen Sie die sechs Kontinente.
3. Welche Sprachen zählen Sie zu den Weltsprachen und warum?
4. Welche Sprachen würden Sie gern lernen und warum?
5. Welches Volk finden Sie besonders sympathisch? Begründen Sie Ihre Meinung.
6. An welche Länder grenzt die Bundesrepublik?

QUIZ: Genus der Länder

Die meisten Länder sind nicht politisch, sondern grammatisch neutral. Welche Länder sind maskulin, feminin oder stehen im Plural?

maskulin	*feminin*	*Plural*
der I___k	die Sch___ ___z	die __SA
der S__dan	die __sch__ch__sche Republik	die V__rein__gt__ __ S__aa __ __n
der V__t__ka__	die Mon__o__ei	die __ied__rla__de
der Li__ano__	die __ürk__i	die Ph__l__p__inen
	die __und__s__e__ub__ik	
	die U__ra__ne	

Merken Sie sich:

	maskulin	*feminin*	*Plural*
Wo?	**im** Irak	**in der** Schweiz	**in den** USA
Wohin?	**in den** Irak	**in die** Schweiz	**in die** USA
Woher?	**aus dem** Irak	**aus der** Schweiz	**aus den** USA

Tonbandübung

Bitte wiederholen Sie die Ländernamen mit Artikel. Bei neutralen Ländernamen lassen Sie den Artikel weg.

Kanada	Vereinigte Staaten	Brasilien	Niederlande
England	USA	China	Griechenland
Tschechoslowakei	Lettland	Türkei	Deutschland
Spanien	Litauen	Israel	Bundesrepublik
Schweiz	ehemalige DDR	Holland	Japan

Partnerarbeit: Vorstellung

Bitte interviewen Sie einen Partner in Ihrer Gruppe. Fragen Sie ihn nach Abstammung, Heimatland, Sprachkenntnissen, Reisewünschen, Sympathien gegenüber anderen Nationalitäten, Interessen.
Stellen Sie anschließend diesen Partner der Gruppe vor.

6

Nationalitäten

Wie heißen die Endungen?

der Deutsch_e_   der Dän____   der Kanadi____   der Spani____

der Franzos____   der Tschech____   der Holländ____   der Italien____

der Pol____   der Jugoslaw____   der Brasilian____   der Amerikan____

der Russ____   der Rumän____   der Südamerikan____   der Österreich____

der Chines____   der Vietnames____   der Europä____   der Schweiz____

der Portugies____   der Afrikan____   der Norweg____

der Schwed____   der Belgi____

Plural: **-en**   *Plural:* **-er**

Bilden Sie den Plural

Wie heißen die Einwohner von...?

Holland	Brasilien	Afrika	Frankreich
Europa	Belgien	Südamerika	Deutschland
Kanada	Russland	Polen	
Vietnam	Asien	Dänemark	
China	Spanien	Österreich	

Denksportaufgabe: Die fünf Botschafter

Im Bonner Diplomatenviertel stehen fünf ganz verschiedene Häuser nebeneinander. Die Botschafter, die darin wohnen, kommen aus aller Welt. Sie fahren unterschiedliche Automarken und haben verschiedene Lieblingsspeisen. Der Botschafter der Schweiz wohnt im grünen Haus in der Mitte. Er gibt für die anderen Botschafter ein Essen.

1. Der Holländer bedankt sich für die Einladung.
2. Einer der Botschafter hat einen Ford.
3. Der Franzose wohnt in einem weißen Haus.
4. Die amerikanische Botschaft ist weiter von der französischen entfernt als die anderen Botschaften.

5. Ganz rechts in der Straße steht eine rote Villa.

6. Rechts neben dem grauen Bungalow steht ein gelbes Haus.

7. Der Amerikaner mag den Fischgeruch aus dem Nachbarhaus nicht.

8. Das Reihenhaus steht direkt zwischen dem Bungalow und dem Hochhaus.

9. Der Chinese erzählt vom Swimmingpool neben seinem roten Haus.

10. Übrigens: Der Franzose mag Schweinshaxe.

11. Der VW steht immer in der Garage des Reihenhauses.

12. Der Schweizer kocht schon wieder sein Leibgericht: Sauerbraten.

13. Der Chinese ist mit seinem Audi ganz zufrieden.

14. Der Mercedesfahrer liebt die deutschen Bratwürste.

15. Vor dem Fachwerkhaus steht, um es noch zu erwähnen, immer der Porsche des Besitzers.

Welcher der Herren ist Vegetarier?
Wer hat seinen Mercedes auf dem Bürgersteig geparkt?

Grün

Vokabeltest

Sprache:	Land:	männlich:	weiblich:
Russisch	– Russland	– der Russe	– die Russin
Französisch	–	–	–
	–	– der Belgier	–
	– Dänemark	–	–
Spanisch	–	–	–
	–	–	– die Holländerin
	– Portugal	–	–
	–	– der Chinese	–
	– die USA	–	–
Polnisch	–	–	–
	–	–	– die Schwedin

6

Substantivierte Adjektive

Die Deutschen spielen gern eine Sonderrolle; auch in der Grammatik:

Merken Sie sich die Endungen:					
der Deutsch**e**	ein Deutsch**er**	viele	Deutsch**e**	alle	Deutsch**en**
die Deutsch**e**	eine Deutsch**e**	einige	Deutsch**e**	keine Deutsch**en**	
die Deutsch**en**	Deutsch**e**	wenige Deutsch**e**			
		etliche Deutsch**e**			

Bilden Sie Sätze.

Formulieren Sie

Beispiel:
Ich komme *aus Deutschland*.
Ich bin *in Deutschland* geboren.
Ich bin *Deutsche(r)*.
Meine Eltern sind auch *Deutsche*.
In meinem Land spricht man *Deutsch*.
Ich fahre natürlich gern *nach Deutschland* zurück.

1. Türkei   2. USA   3. Japan   4. Schweiz   5. Ihr Herkunftsland

Situative Sprechübungen

Was würden Sie spontan sagen?

1. Sie suchen den Weg zum Arbeitsamt.
2. Sie wollen Informationen über Sprachkurse in der Bundesrepublik.
3. Sie wollen ein Zimmer im Studentenwohnheim.
4. Der Arzt fragt nach der Krankenversicherung.
5. Ein Betrunkener beschimpft Sie in einem Lokal und will sich mit Ihnen schlagen.
6. Ein Polizist sagt, dass Ihre Aufenthaltsgenehmigung abgelaufen ist.
7. Der Vermieter ruft an: Ihr Mietpreis wird ab nächsten Monat verdoppelt.
8. Sie müssen Ihren Stipendienantrag mündlich begründen.
9. Ihr deutscher Kollege bekommt mehr Lohn für gleiche Arbeit.
10. Sie bekommen eine offizielle Einladung, haben aber Ihren Anzug noch nicht aus der Reinigung zurückbekommen.
11. Jemand möchte Sie in einen Gottesdienst mitnehmen.
12. Die Reiseschecks sind verschwunden.
13. Nach einem teuren Essen im Restaurant haben Sie nicht genug Geld bei sich.

236

Flaggen erraten

Beschreiben Sie eine allgemein bekannte Flagge. Lassen Sie die Nation von einem Partner erraten.

Lied der Deutschen

Einigkeit und Recht und Freiheit
für das deutsche Vaterland!
Danach lasst uns alle streben
brüderlich mit Herz und Hand!
Einigkeit und Recht und Freiheit
sind des Glückes Unterpfand –
Blüh' im Glanze dieses Glückes,
Blühe deutsches Vaterland.

Aufgaben

1. Warum sind Flaggen und Nationalhymnen für die meisten Menschen so wichtig?
2. Referieren Sie kurz den Inhalt Ihrer Nationalhymne.

Setzen Sie die Präposition ein

Als ausländischer Arbeitnehmer wünsche ich mir, dass mehr Deutsche

für mich eintreten,

sich _____ mir unterhalten,

_____ mir arbeiten,

sich _____ mich kümmern,

_____ mich Rücksicht nehmen,

_____ mich denken,

_____ meine Probleme Bescheid wissen,

_____ mir halten,

_____ mir sprechen.

6

Sprechübung: Miteinander

Hören Sie die Sprechübung von der Kassette.

Umwandlungsübung

Finden Sie das Nomen mit der Präposition.

> *Beispiel:* an die Heimat *denken* – der *Gedanke an* die Heimat

1. an den Möglichkeiten zweifeln _____
2. an der Kultur interessiert sein _____
3. an die Gerechtigkeit glauben _____
4. sich an die schöne Zeit erinnern _____
5. an die Toleranz appellieren _____
6. an Trinkwasser mangeln _____
7. an einem Sprachkurs teilnehmen _____
8. an die Behörde schreiben _____
9. an einem Projekt mitwirken _____
10. an einer guten Sache beteiligt sein _____
11. an einer Krankheit leiden _____
12. an Reformen arbeiten _____

Wortschatz-Spiel

Versuchen Sie, mit den Buchstaben, die in einem bestimmten Wort enthalten sind, innerhalb von fünf Minuten möglichst viele neue Wörter zu bilden. Wer die meisten findet, hat gewonnen.

> *Beispiel:* „Wortschatz"
>
> Ort, Trotz, Tat, tot, Chor, rot, Schwatz, Zar, rosa, Ast, Tor, wach, Wachs, zwar, Trost, hat, zart, rasch, Salz, Start, schwarz, satt, Rost, Rast, Art, hart, Rat, Watt, Wort, Schatz, Schrot, schwatzt usw.

Spiel mit Wörtern im Plural

Meine Tante hat einen Laden...

Jemand sagt: „Meine Tante hat einen Laden und verkauft darin alles, was mit ‚A‘ beginnt ..."
Die anderen schreiben, was ihnen dazu einfällt: z. B. Apfelsinen, Affen, Aprikosen, Autos, Anzüge, Automaten usw.
Wer nach drei Minuten die meisten richtigen Lösungen gefunden hat, sagt wieder: „Meine Tante hat ..." mit einem anderen Buchstaben.

Spezielle Pluralformen

Nennen Sie den Singular.

1. Bauten
2. Kaufleute
3. Themen
4. Regenfälle
5. Streitigkeiten
6. Kommata
7. Lexika
8. Fotoalben
9. Rhythmen
10. Abstrakta
11. Visa
12. Materialien
13. Atlanten
14. Kakteen
15. Gymnasien
16. Museen
17. Firmen
18. Villen
19. Konten
20. Individuen

Adressen

Zentralstelle für Arbeitsvermittlung der
Bundesanstalt für Arbeit (ZAV)
Feuerbachstr. 42–46
60325 Frankfurt/M.

Bundesanstalt für Arbeit
Ref. Vermittlung und Beschäftigung
ausländischer Arbeitnehmer aufgrund
von Regierungsvereinbarungen,
Eingliederungsmaßnahmen
Regensburger Str. 104
90478 Nürnberg

6

Neue Vokabeln

Nomen	Plural	Verben	Adjektive

der _____ - _____

der _____ - _____

der _____ - _____

der _____ - _____

der _____ - _____

der _____ - _____

der _____ - _____

der _____ - _____

der _____ - _____

der _____ - _____

Sonstiges

die _____ - _____

die _____ - _____

die _____ - _____

die _____ - _____

die _____ - _____

die _____ - _____

die _____ - _____

die _____ - _____

die _____ - _____

die _____ - _____

die _____ - _____

Redewendungen

das _____ - _____

das _____ - _____

das _____ - _____

das _____ - _____

das _____ - _____

das _____ - _____

das _____ - _____

das _____ - _____

das _____ - _____

das _____ - _____

das _____ - _____

I. ÜBUNGEN ZUM GESPROCHENEN DEUTSCH

1 Übernehmen Sie eine Rolle

a) Sie haben 6 Richtige im Lotto! Dann stellen Sie fest, dass der Lottoschein noch im Jackett Ihres Partners steckt.
b) Sie leiden unter dem Zigarettenqualm am Arbeitsplatz. Ihr Kollege ist Kettenraucher und hält viel von seiner Freiheit.
c) Ihre Tochter möchte im Ausland studieren. Sie sind dagegen.
d) Schwatzen Sie Ihrem Nachbarn eine Lebensversicherung auf.
e) Beim Friseur: Erklären Sie, was Sie wünschen.
f) Ihre Katze ist überfahren worden. Ihr Kind möchte eine neue.
g) Bei einem Waldspaziergang haben Sie in der Nähe einer alten Burg eine unbekannte Höhle mit einem unterirdischen Geheimgang entdeckt. Berichten Sie und beantworten Sie die Fragen der anderen Kursteilnehmer.

2 Übernehmen Sie eine Rolle

Nächsten Sonntag ist Wahl. Sie sind Politiker und wollen natürlich wieder gewählt werden. Ein Journalist stellt Ihnen gezielte Fragen.

Themen: Schadstoffarme Autos, Alkoholsteuer, Mietwucher, Arbeitslosigkeit, Kindergeld, Arzthonorare, Gastarbeiter, Asylanten, Mindesturlaub, Schulsystem, Mehrwertsteuer, Gefängnisse, Subventionen für die Landwirtschaft, alternative Energien, Altstadtrestaurierung, Prostitution, Schwarzarbeit, Schwangerschaftsabbruch, Behinderte und Alte, Stipendien, Promille-Grenze, Nulltarif bei öffentlichen Verkehrsmitteln, Krankenhäuser, Wohngeld, Verbraucherschutz, Parkprobleme, Waffenexporte

3 Ungewöhnliches. Was würden Sie tun?

a) Sie bereiten den Nachtisch für die Gäste vor. Beim Öffnen der Ananasdose finden Sie eine tote Maus darin.
b) Ihr Besuch lässt sich neben den brennenden Kerzen Ihres Weihnachtsbaums fotografieren. Plötzlich stehen die blonden Haare Ihrer Schwägerin in Flammen.
c) Von Ihrer Wohnzimmerdecke fallen Tropfen auf Ihren Teller.
d) Beim Wachwerden steht ein Mann mit Sonnenbrille, Schal und einem dicken Wintermantel neben Ihrem Bett. Sie erinnern sich an nichts.
e) Ihr korpulenter Gast setzt sich auf Ihre neue Ledercouch, die mit einem lauten Krach in sich zusammenfällt.

4 Übernehmen Sie die Rolle des Diskussionsleiters

In einer Diskussion mit dem Vorsitzenden des Tierschutzbundes und dem Leiter eines Pharmazieunternehmens. Das Thema lautet: „Sind Tierversuche notwendig?"

Mit welchen Worten würden Sie

– die Teilnehmer begrüßen?
– sich und die anderen vorstellen?
– das Thema nennen?
– die Diskussion eröffnen?
– die Teilnehmer zur Stellungnahme auffordern?
– jemand das Wort erteilen?
– jemand an das Thema erinnern?
– jemand unterbrechen?
– jemand auffordern, sich kurz zu fassen?
– jemand das Wort entziehen?
– eine Gruppe von aufgebrachten Tierschützern beruhigen?
– das Ergebnis zusammenfassen?
– die Diskussion abschließen?

5 Übernehmen Sie eine Rolle

a) Sie beobachten, wie jemand beim Einparken ein anderes Auto beschädigt und weggehen will. Reden Sie mit ihm!
b) Jemand will Sie ins Fußballstadion mitnehmen. Sie zögern.
c) Ein Arbeitskollege belästigt immer Ihre Freundin. Beschweren Sie sich beim Chef!
d) Überzeugen Sie jemand am Telefon, dass Sie eine bekannte Persönlichkeit sind.

II. ÜBUNGEN ZUM GESCHRIEBENEN DEUTSCH

6 Brief schreiben

Haben Sie Phantasie?

Ihr ausländischer Kommilitone hat Ihnen berichtet, dass er sehr unter der sozialen Isolation an der Uni leidet. Sie haben über seine Situation nachgedacht und geben ihm einige Ratschläge.

Beispiele: Tanzkurs, Mitarbeit bei Amnesty International, Volkshochschule, Sport treiben, Urlaub, gemeinsames Kochen, Studentenheim, Arbeitsgruppen, musizieren, Bekannte einladen, Sprachkurs, bedürftigen Menschen Hilfe anbieten, Faschingsfete, neues Hobby, therapeutische Beratung usw.

7 Kurzreferat

Bitte bereiten Sie zu Hause stichwortartig ein Kurzreferat vor, das nicht länger als fünf Minuten dauern soll. Sie können über die Bundesrepublik oder Ihr eigenes Land berichten. Die Themen zur Wahl sind:

- Die Geschichte des Landes
- Regierungssystem, Parteien und Interessenverbände (z. B. Gewerkschaften, Kirchen usw.) des Landes
- Tourismus und die einheimische Küche
- Geographie und Klima
- Einige berühmte Persönlichkeiten des Landes

III. ÜBUNGEN ZUM WORTSCHATZ

8 Nennen Sie vier davon

Blasinstrumente, rote oder blaue Früchte, Planeten, Wohnzimmermöbel, Tugenden, Laster, Kernobst, Nadelbäume, gefährliche Großtiere, Insekten, Flugzeugtypen, entferntere Verwandte, Vögel, Werkzeuge, Unternehmensformen, Jahreszeiten

9 Wortschatz

Welche Vorsilben kennen Sie zum Verb „fahren"? Schreiben Sie einige Sätze damit auf.

10 Nennen Sie den Artikel und die Pluralform

Attraktion, Jahrhundert, Tuch, Autotour, Apfel, Katholik, Studienfach, Ortschaft, Brauch, Tradition, Ideal, Staat, Stadt, Provinz, See, Plakat, Teppich, Sack, Fass, Dokument, Vorschrift, Mantel, Anzug, Zeitschrift, Analphabet, Projekt, Augenblick, Vorteil, Gewinn, Verlust

11 Liebe ist international

Sie mag (flirtet mit, verehrt, umarmt, himmelt ... an, denkt ständig an, telefoniert mit) ...

ein Grieche, ein Portugiese, ein Jugoslawe, ein Finne, ein Schwede, ein Russe, ein Pole, ein Tscheche, ein Deutscher

12 n-Deklination

Ergänzen Sie die Endungen.

1. Erzählst du die Geschichte vom Hase____ und vom Igel?
2. Die Wohnung meines Neff____ ist typisch für einen Junggesell____ .
3. Sie liebt diesen Student____ von ganzem Herz____ .
4. Ich begrüße meinen Kollege____ , den Theolog____ Klaus Müller.

5. Den Name___ dieses Franzose___ kann ich nicht aussprechen.
6. Sie haben einen tiefen Glaube___ und beten für den Friede___ .
7. Er hat einen starken Wille___ . Des Mensch___ Wille ist sein Himmelreich.
8. Bei dem Gedanke___ an die Nummer des Artist___ dreht sich mir der Magen um.
9. Ich habe einen Jurist___ zum Nachbar___ .
10. Die Umlaufbahn des Planet___ interessiert meinen Junge___ .
11. Der Hauptgewinn geht an Herr___ Schneider, einen Bauer___ aus Buxtehude.

Versuchen Sie andere Fremdwörter nach der n-Deklination zu finden und bilden Sie einige Sätze damit:

-ant (Lieferant)   -ist (Kommunist)   -ot (Chaot)
-ent (Dirigent)   -at (Soldat)   -oge (Astrologe)
-graph (Seismograph)   -et (Magnet)   -soph (Philosoph)
-ast (Gymnasiast)   -it (Meteorit)   -nom (Ökonom)

13 Wie heißen die fehlenden Adjektive auf „-ig"?

Beispiel: unser Anruf (gestern) – unser *gestriger* Anruf

1. auf meiner Stelle (vorher) 2. die Freundin (damals) 3. mit seinen Klassenkameraden (ehemals) 4. die Notoperation (sofort) 5. meine Absichten (derzeit) 6. meine Pläne (heute) 7. mit seinem Versuch (nochmals) 8. alle Ergebnisse (bisher) 9. die Situation (dort) 10. das Gymnasium (hier) 11. der Besuch (morgen) 12. der Lottogewinn (erstmals) 13. eine Frage (nochmals)

14 Partizip I oder Partizip II?

Was wäre Ihnen lieber? Warum?

1. eine reizende Ehefrau – eine gereizte Ehefrau
2. sinkendes Fieber – gesunkenes Fieber
3. ein bestechender Politiker – ein bestochener Politiker
4. brennende Mandeln – gebrannte Mandeln
5. ein fressender Hai – ein gefressener Hai
6. ein laufender Film – ein gelaufener Film
7. ein regierendes Volk – ein regiertes Volk
8. ein scheidender Mann – ein geschiedener Mann
9. ein denkender Liebhaber – ein gedachter Liebhaber
10. ein beißendes Tier – ein gebissenes Tier
11. kochende Suppe – eine gekochte Suppe
12. ein beherrschendes Angstgefühl – ein beherrschtes Angstgefühl

15 Transformation

Bilden Sie Wörter mit dem Suffix „-los".

1. Er ging hinaus, ohne ein Wort zu sprechen.
2. Sie ist seit einem halben Jahr ohne Arbeit.
3. Im Bürgerkrieg wurde ohne Erbarmen gekämpft.
4. Sein Versprechen ist für mich ohne Bedeutung.
5. Die Frist ist leider ohne Nutzen verstrichen.
6. Sie können ein Angebot anfordern, ohne dass Kosten entstehen.
7. Bitte legen Sie doch das Jackett ab! Hier geht es ganz ohne Zwang zu.
8. Seine Neugierde kannte keine Grenzen.
9. Wir leben in einer Welt ohne Frieden.
10. Die Konferenz wurde ohne Ergebnis abgebrochen.

16 Bilden Sie einige Sätze

> *Beispiel:* Die Börse eröffnete mit *lustlosem* Kaufverhalten.

aussichtslos, gedankenlos, obdachlos, schlaflos, sinnlos, kopflos, mutlos, gefühllos, maßlos, leblos, spurlos, fassungslos, geschmacklos, hilflos

17 Setzen Sie das Suffix „-mäßig" oder „-los" ein

1. Die Züge verkehren nach dem Streik wieder fahrplan _____ .
2. Die Lage der verschütteten Bergleute war aussichts _____ .
3. Vor dem Abbiegen ordnet er sich vorschrifts _____ links ein.
4. Ich bin der recht _____ Besitzer des Erbes.
5. Der alters _____ Unterschied betrug nur zwei Jahre.
6. 1945 musste das Deutsche Reich bedingungs _____ kapitulieren.
7. Du solltest dich für dein rücksichts _____ Betragen entschuldigen.
8. Die Entscheidung zur Heirat war eine rein gefühls _____ .
9. Zwischen Frankreich und der Bundesrepublik gibt es regel _____ Konsultationen.
10. Obwohl ich samstags ausschlafen könnte, werde ich gewohnheits _____ um sieben wach.
11. Immer mehr Ehen bleiben kinder_____ .
12. Tu nicht so, als wärst du ahnungs _____ .
13. Seine Schrift kann niemand lesen, die ist wirklich sau _____ !
14. Ein Kind ohne Vater erziehen zu wollen, findest du das verantwortungs _____ ?
15. Da kann man nichts machen. Die Lage ist hoffnungs _____ .

IV. ÜBUNGEN ZUM PASSIV

18 Was passiert in unserer Stadt?

> *Beispiel:* Eröffnung der „Grünen Woche" (= Landwirtschaftsmesse)
> Die „Grüne Woche" *soll eröffnet werden.*

1. Start der Aktion „Saubere Umwelt". 2. Einweihung des neuen Gymnasiums. 3. Übergabe der Goethe-Medaille. 4. Ernennung des Abgeordneten zum Vizepräsidenten. 5. Abriss der baufälligen Häuser. 6. Sprengung des Bunkers. 7. Eröffnung der Olympischen Spiele. 8. Ehrung eines Literaturpreisträgers. 9. Übergabe des neuen Studentenwohnheims. 10. Errichtung eines Mahnmals für die Opfer des Faschismus. 11. Wiedereröffnung des alten Stadttheaters. 12. Ausstellung der Sammlung „altägyptische Kunst" in dieser Woche. 13. Uraufführung eines Films im Zoo-Palast.

19 Passiv Perfekt

Am Abend sagte der Radiosprecher:

> Die „Grüne Woche" *ist eröffnet worden.* Usw.

20 Nachwuchs

Gratuliere! Sie sind Mutter (oder Vater) geworden.

> *Vater:* Hier die Windeln. Das Kind muss noch gewickelt werden.
> *Mutter:* Das hätte schon längst gewickelt werden müssen!

Kamm, Creme, Puder, Badewanne, Handtuch, Jäckchen, Waage, Fläschchen

21 Ein vergesslicher Typ

Vorwürfe nach der Abreise

> *Beispiel:* Blumen – Die Blumen *hätten* noch *gegossen werden müssen*!

Wasserhahn, Steuererklärung, Einladung, Katze, Elektroherd, Nachbarn, Fensterläden, Zeitung, Geschenk, Badehose, Telefonrechnung, Visum, Wohnungsschlüssel

V. ÜBUNGEN ZU DEN PRÄPOSITIONEN

22 Bilden Sie Sätze nach folgendem Muster

> *Beispiel:*
> Ungarn → Tschechien
> Ich komme *aus Ungarn* und fahre *nach Tschechien*. Ich bleibe nicht *in Tschechien*, sondern fahre zurück *nach Ungarn*.

1. USA → Kanada 2. Mexiko → Vereinigte Staaten 3. Rumänien → Türkei 4. Deutschland → Polen 5. Belgien → Niederlande 6. Ägypten → Israel 7. Italien → Österreich 8. Irak → Iran 9. Mongolei → Russland 10. China → Japan 11. Philippinen → Indonesien 12. Bundesrepublik → Frankreich 13. Spanien → Marokko 14. Sudan → Äthiopien 15. Schweiz → Liechtenstein

23 Elemente

Welche Präposition ist richtig? „Für", „um" oder „gegen"?
Bilden Sie Sätze.

1. Ich / halten / Rad / größte Erfindung
2. Patient / sich bedanken / Blumenstrauß
3. Krankenschwester / sich kümmern / Patient
4. Hinterbliebene / trauern / Tote
5. Firmenname / bürgen / Qualität
6. Kinder / sich zanken / Spielzeug
7. Eheleute / sich streiten / Haushaltsgeld
8. UNO / sich bemühen / Konfliktlösung
9. Redner / bitten / Glas Wasser
10. Truppen / kämpfen / Partisanen
11. Eltern / besorgt sein / Schulbildung / Kinder

24 Antworten Sie spontan

> *Beispiel:* Woran denken Sie am liebsten? – An meine Freundin.

1. Woran erkennen Sie Ihren Partner / Ihre Partnerin mit verbundenen Augen? 2. Woran mangelt es Ihnen am meisten? 3. Wofür würden Sie sterben wollen? 4. Wogegen würden Sie protestieren? 5. Woran arbeiten Sie zur Zeit? 6. Woran erinnern Sie sich gern? 7. Woran kann man nichts ändern? 8. Woran hängen Sie am meisten? 9. Woran leiden Sie manchmal? 10. Womit spielen Sie am liebsten? 11. Woran sind Sie sehr interessiert?

Stellen Sie Ihrem Nachbarn diese Fragen.

Weitere Übungen

VI. ÜBUNGEN ZU DEN NEBENSÄTZEN

25 Bilden Sie Infinitivsätze mit „zu"

Beispiel: Es ist ratsam, bei hohem Fieber den Arzt *aufzusuchen*.

Es ist notwendig, ...   Es ist nützlich, ...
Es ist keine Kunst, ...   Es ist schwer, ...
Es ist unmöglich, ...   Es ist traurig, ...

26 Bilden Sie Infinitivsätze mit „zu"

Beispiel: Er bittet um eine Gabe.
          Er bittet darum, ihm etwas *zu geben*.

1. Er fordert die Einstellung der Kampfhandlungen.
2. Sie verlangt von ihm eine schnelle Entscheidung.
3. Wir bemühen uns um eine Erhöhung der Produktion.
4. Er zwingt sie zur Aufgabe ihres Berufs.
5. Nach dem Segelkurs fing er mit dem Surfen an.
6. Die Gesundheitsbehörde verbietet das Baden im See.
7. Den Soldaten wird die Heimfahrt am Wochenende gestattet.
8. Ich helfe gern beim Anschleppen des Autos.
9. Ich schlage die Wiederholung der Übung vor.

27 Wo kann man nur „Seit" und nicht „Seitdem" benutzen?

1. _____ meiner Kindheit wünsche ich mir, Pilot zu werden.

2. _____ vier Jahren hat er epileptische Anfälle.

3. _____ ich meine Freundin kenne, interessiere ich mich für Bildhauerei.

4. _____ dem Beitritt der DDR zur Bundesrepublik gibt es fünf neue Bundesländer.

5. _____ die Erde besteht, gibt es Wasserstoff.

6. _____ einem tragischen Unfall liegt sie im Koma.

7. _____ seinem Start sind wenige Minuten verstrichen.

8. _____ sie einen Dackel hat, ist sie nicht mehr so einsam.

9. _____ er zur Kur war, macht er einen vitalen Eindruck.

28 Bilden Sie Sätze mit „Dadurch, dass" oder „Indem"

1. Durch dein Schweigen machst du alles noch schlimmer. 2. Durch regelmäßige Lektüre der Bild-Zeitung spart man das Abitur. 3. Durch Schläge werden die Kinder nicht besser erzogen. 4. Durch Bestellung per Fax wird die Lieferzeit kürzer. 5. Durch regelmäßigen Gebrauch des Shampoos vermeidet man Schuppenbildung. 6. Durch Einsatz aller Kräfte wurde die Produktivität erhöht. 7. Durch Zuhören erreicht man oft mehr als durch Reden. 8. Durch eine Blutuntersuchung kann man den Krankheitserreger entdecken. 9. Durch Lagerung kann man den Geschmack des Weins verbessern.

29 Bilden Sie weitere Sätze mit „Durch", „Dadurch, dass" und „Indem"

1. Reisen – Allgemeinbildung 2. Verzehr von Vollkornbrot – Vitamine und Ballaststoffe 3. fossile Brennstoffe – Treibhauseffekt 4. Brieffreundschaft – Sprachkenntnisse 5. Training mit Gewichten – Muskeln 6. Einbau eines Thermostats – Heizkostenersparnis

30 Bilden Sie Sätze mit „Dadurch, dass" oder „Indem"

Beispiel: Durch Knopfdruck schaltest du die Maschine an.
Dadurch, dass du den Knopf drückst, schaltest du die Maschine an.
Indem du den Knopf drückst, schaltest du die Maschine an.

1. Durch Proteste macht ihr alles noch schlimmer.
2. Durch Fernsehen lernt man, Fremdsprachen besser zu verstehen.
3. Durch Training wird dein Kreislauf stabiler.
4. Durch zu strenge Erziehung deformiert man die Persönlichkeit eines Kindes.
5. Durch Kenntnis der Lawinengefahr vermeidet man ein Unglück.
6. Durch Blockade der Zufahrtswege will man den Einmarsch verhindern.
7. Durch Übernahme der Ladenkette will der Konzern seine Marktposition stärken.

VII. ÜBUNGEN ZUM KONJUNKTIV

31 Bilden Sie Sätze im Konjunktiv II

Beispiel: Brauchen Sie Streichhölzer? –
Nein, die *bräuchte* ich nur, wenn ich rauchen wollte.

einen Pelzmantel, eine Krawatte, heißes Wasser, Sonnenöl, ein Aspirin, einen Film, eine Programmvorschau, einen Bindfaden, Skiwachs, ein Arbeitszeugnis, einen Krankenschein, einen Regenschirm, einen Fahrplan, ein Alibi, einen Lappen

32 Was würden Sie sich wünschen, und warum?

Beispiel: Ich *würd' mir* ein Pferd *wünschen,* weil ich dann ausreiten könnte.

Sauna, Luftgewehr, Sekretärin, gute Abiturnoten, Trampolin, Fremdsprachenkenntnisse, Tischtennisplatte, Plattenspieler, Surfbrett, Ski, Geldautomat, Computer, Drachen

33 Zu spät!

Bilden Sie Sätze mit „hätte" oder „wäre".

Beispiel: Ich wollte nicht anrufen. → *Hätten Sie mich doch bloß angerufen!*

stören, vorbeikommen, wegrennen, länger warten, sich entschuldigen, sich anmelden, eine Versicherung abschließen, die Tür aufmachen, den Schnee wegschaufeln und Salz streuen, die Wette eingehen

34 Stellen Sie eine Rückfrage

Beispiel: Hast du dich geärgert? –
Worüber hätte ich mich ärgern sollen?
Über wen hätte ich *mich ärgern sollen?*

1. Hast du dich gefreut? 2. Hast du Angst gehabt? 3. Hast du gewartet? 4. Warst du böse?
5. Warst du wütend? 6. Hast du dich entschuldigt? 7. Warst du stolz? 8. Hast du dich bedankt?
9. Hast du dich unterhalten?

35 Antworten Sie

Würden (Könnten) Sie mir mal den Kuli *leihen?* – Tut mir leid, das ist nicht meiner.

Fernglas, Taschenmesser, Sonnencreme, Zeitschrift, Bildband, Decke, Anorak, Schraubenzieher, Abschleppseil, Walkman, Kassetten

36 Antworten Sie

Soll ich das unterschreiben? – Ja, wenn Sie vielleicht hier *unterschreiben würden.*

1. Platz nehmen 2. den Oberkörper freimachen 3. den Tisch reservieren 4. den Brief einwerfen
5. die Schuhe ausziehen 6. die Kinder beruhigen 7. mit dem Bohren aufhören 8. das Paket entgegennehmen

Reisen, Auto und Verkehr

Grammatik: *Verben mit Präpositionen, Komparation*

Gedicht

von Bertolt Brecht

Ich sitze am Straßenhang.
Der Fahrer wechselt das Rad.
Ich bin nicht gern, wo ich herkomme.
Ich bin nicht gern, wo ich hinfahre.
Warum sehe ich den Radwechsel mit Ungeduld?

Hilfen zum nachfolgenden Fachtext

Finden Sie im Text bedeutungsähnliche Wörter und unterstreichen Sie diese:

entscheidend	*ausschlaggebend*	der Motor	_____
das Ansehen	_____	abgasarm	_____
weltweit	_____	die Verminderung	_____
gehören zu	_____	die Lärmbegrenzung	_____
bestmöglich	_____	die Materialien	_____
herkömmlich	_____		

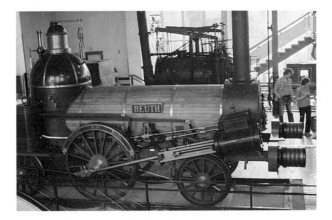

7

Fortschritte im Automobilbau

Forschung und Entwicklung sind ausschlaggebende Faktoren für den guten Ruf deutscher Automobilmarken in aller Welt. Zu den Schwerpunkten dieser Arbeit zählen heute:

- konstruktive Verbesserungen in Richtung Sicherheitsauto
- optimale Kraftstoffnutzung bei konventionellen Otto- und Dieselmotoren
- Entwicklung neuer Antriebsaggregate mit Alternativ-Kraftstoffen
- Umweltschutz (Betrieb mit emissionsarmen Kraftstoffen, Schadstoff-Reduktion im Abgas der Verbrennungsmotoren, Geräuschdämmung bei den Fahrzeugen)
- Erforschung und Entwicklung neuer Werkstoffe und Produktionsverfahren

(Aus: *Bundesrepublik Deutschland*, Inter Nationes)

Welche Rolle spielen Industrieroboter?

Richtig oder falsch?

Wird das im Text gesagt? Wenn ja, an welcher Stelle?   Ja   Nein

1. Forschung und Entwicklung tragen zum Ansehen der bundesrepublikanischen Autotypen bei.   ○   ○
2. Sicherheitsautos halten die Fahrtrichtung besser ein.   ○   ○
3. Autos sollen mit weniger Benzin auskommen.   ○   ○
4. Andere Kraftstoffe als Benzin kommen nicht in Frage.   ○   ○
5. Autos sollen leiser und durch weniger Schadstoffe im Abgas umweltfreundlicher werden.   ○   ○
6. Neue Materialien und Herstellungstechniken werden erprobt.   ○   ○

Diskussion

1. Auf den Straßen der Bundesrepublik sterben jährlich etwa 12 000 Menschen. Zu den Opfern gehören viele Kinder.

2. Auch das „Waldsterben" wird unter anderem auf die Umweltbelastung durch das Auto zurückgeführt.

Was könnte man Ihrer Meinung nach dagegen tun?

Opfer des Straßenverkehrs
Bei Verkehrsunfällen in Deutschland Getötete

| 1980 | '81 | '82 | '83 | '84 | '85 | '86 | '87 | '88 | '89 | '90 | '91 | '92 | '93 | '94 | '95 | '96 | 1997 |

15 050 · 13 635 · 13 450 · 13 553 · 12 041 · 10 070 · 10 620 · 9 498 · 9 862 · 9 779 · 11 046 · 11 300 · 10 631 · 9 949 · 9 814 · 9 454 · 8 758 · 8 511

Quelle: Stat. Bundesamt

© Globus 4675

Denksportaufgabe

Auf einer schmalen Straße gibt es eine Ausweichstelle für breite Fahrzeuge. Dort begegnen sich vier LKWs: Zwei kommen aus dem Süden und zwei kommen aus dem Norden. Nur an der Ausweichstelle haben zwei LKWs nebeneinander Platz. Die Fahrer überlegen nicht lange, wie sie rangieren müssen, damit sie möglichst schnell weiterfahren können. Und Sie?

7

Dumme Sprüche

1. Wer sein Auto liebt, der schiebt.

2. – Kennst du die größte Sekte?
   – Nein.
   – Das sind die VW-Fahrer!
   – Wieso denn das?
   – Die glauben, sie hätten ein Auto.

3. Autofahren ist teuer. „AUTO" fängt deshalb mit „AU" an und hört mit „O" auf!

4. Das Auto ist eine tolle Erfindung. Man kommt damit viel schneller in die nächste Werkstatt, als das zu Fuß möglich ist.

5. – Ich schreibe gerade ein Buch. Es soll eine Autobiographie werden.
   – Sag bloß! Seit wann interessierst du dich für Autos?

Merken Sie sich:
sich interessieren für + Akk.
Interesse haben an + Dat.
interessiert sein an + Dat.
etwas liegt in meinem Interesse
etwas oder jemand interessant finden
etwas oder jemand interessiert mich

Bilden Sie Beispielsätze.

Finden Sie die passenden Wörter

Interessant

– Interessiert *dich* das Mädchen?
– Natürlich, ich hatte schon immer Interesse _____ hübschen Mädchen und schnellen Autos. Und die Blonde da _____ ich ziemlich interessant.
– Immer dasselbe. Interessierst du dich denn _____ nichts anderes?
– Hör auf! Wie ich dich kenne, bist du selbst _____ ihr interessiert.
– Sehr sogar. Ich hätte auch Interesse dar_____ zu wissen, ob sie sich _____ dich interessiert.
– Das geht dich gar nichts an. Das hat dich überhaupt nicht _____ interessieren.
– Hast du dir gedacht. Das ist nämlich meine Tochter. Und es liegt nicht _____ meinem Interesse, dass du dich _____ sie interessierst.

Ratespiel

Denken Sie an einen der unten stehenden Begriffe. Ein anderer soll ihn durch Fragen erraten. Sie antworten nur mit „ja" oder „nein".

Autobiographie	Autodidakt	Autobahn	Autobus
Automobil	Autokino	Autogramm	Autofahrer
Autonomie	Automat	Autor	Autorität

Die Komparation

> *Umlaut oder nicht?*
>
> Viele einsilbige Adjektive mit den Stammvokalen *a*, *o* oder *u* nehmen in der Komparativ- und Superlativform einen Umlaut an:
>
> alt: die **ä**lteste U-Bahn
> flach: die fl**a**chste Uhr

I. Setzen Sie den Vokal ein:

1. der l__ngste Weg   2. die kl__rste Sicht   3. die k__rzeste Strecke   4. das h__rteste Material
5. der w__rmste Sommer   6. der k__lteste Winter   7. der st__rkste Mann   8. der h__chste Turm   9. die schw__chste Leistung   10. der sch__rfste Senf   11. der gr__bste Fehler   12. die t__llste Idee   13. das z__rteste Filet   14. der kl__gste Schüler   15. der __rmste Bettler
16. das J__ngste Gericht   17. die r__scheste Entscheidung   18. der st__lzeste Ritter
19. die schl__nkste Figur   20. das gr__ßte Kamel

Merken Sie sich diese Ausnahmen:

viel	– mehr	– am meisten	hoch	– höher	– am höchsten
		der, die, das meiste			der, die, das höchste
viele	– mehr	– die meisten	teuer	– teurer	– am teuersten
wenig	– weniger	– am wenigsten			der, die, das teuerste
		der, die, das wenigste	nah	– näher	– am nächsten
wenige	– weniger	– die wenigsten			der, die, das nächste
			dunkel	– dunkler	– am dunkelsten
					der, die, das dunkelste
			gern	– lieber	– am liebsten
Mehr (nicht verwechseln mit *mehrere*) und					der, die, das liebste
weniger werden nicht dekliniert, das heißt,			bald	– eher	– am ehesten
dass sich diese Wörter nicht verändern.					der, die, das eheste

255

7

II. Was ist richtig?

1. Motorradfahrer verursachen_____ Unfälle als Autofahrer.
   a) mehrere
   b) die meisten
   c) mehr
   d) meistens

2. Kleinwagen verbrauchen natürlich _____ Sprit als Straßenkreuzer.
   a) weniger
   b) wenigstens
   c) wenig
   d) am wenigsten

3. Ein Porsche ist _____ als ein VW-Käfer.
   a) teuer
   b) teuerer
   c) teurer
   d) am teuersten

4. Der Preis für Super ist _____ als für Normalbenzin.
   a) hoch
   b) höcher
   c) mehr hoch
   d) höher

5. Ich nehme den _____ Bus zum Bahnhof.
   a) nähere
   b) nächste
   c) nächsten
   d) nächstes

6. Das Abblendlicht ist _____ als das Fernlicht.
   a) dunkler
   b) mehr dunkel
   c) dunkeler
   d) dünkler

7. Einen Mercedes hätte ich _____ ein Mofa.
   a) so lieb als
   b) am liebsten
   c) lieber wie
   d) lieber als

8. Rufen wir ein Taxi! Das kommt _____ _____ der Bus.
   a) so bald als
   b) so wie
   c) eher als
   d) am ehesten

Bilden Sie Sätze mit ...

1. schneller als
2. (genau) so schnell wie
3. nicht so schnell wie
4. je schneller, desto gefährlicher
5. immer schneller

Benutzen Sie auch: hoch, nah, oft, dunkel.

Elemente

Bilden Sie Sätze.

1. Rakete / hoch / Flugzeug.
2. S-Bahn / schnell / Straßenbahn.
3. Je / dicht / Autoverkehr / schlecht / Luft.
4. Parkplätze / Innenstadt / immer / wenig.
5. Ich / frage / kurz / Weg / Bahnhof.
6. Fahrt / Landstraße / nicht / sicher / Fahrt / Autobahn.
7. Benzin / werden / immer / teuer.
8. Nach / Zugfahrt / nicht / müde / nach / Autofahrt.
9. Je / Straßen / glatt / passieren / Unfälle.
10. Trampen / billig / Bahnfahren.
11. Je / alt / Auto / Reparaturen.

Spielen Sie den Reporter.

Auto-Superlative

Das erfolgreichst___ unter den erst___ Autos, die mit Benzin betrieben wurden, hatte drei Räder und ¾ PS. Es wurde von Carl Benz 1885 gebaut und konnte 15 km/h fahren. Einen stärker___ Wagen mit 1,5 PS baute Benz zwei Jahre später und bekam dafür bei der Münchner Industrieausstellung als höchst___ Auszeichnung eine Goldmedaille.

7

Ein junger amerikanischer Elektriker namens Henry Ford erkannte damals, dass es wichtig—— war, für möglichst viele Menschen preiswert—— und einfach—— Autos zu produzieren als die luxuriösen Einzelstücke für eine Minderheit. Ford entwickelte eine neue und weitaus billig—— Methode, nämlich die Produktion am Fließband.

Das ält———— Auto, mit dem man heute noch fahren könnte, stammt aus dem Jahre 1886. Es gehört sicher zu den interessant———— Oldtimern und steht nun im Werksmuseum der Firma Benz. Gottlieb Daimler baute schließlich ein Auto, das beim erst—— Autorennen auf der Strecke Paris – Rouen im Schnitt 32 km/h fuhr. Der erst—— Mercedes entstand 1901. Diese Automarke zählt heute zu den bekannt———— und teuer———— deutschen Autos.

Schnell—— als der Schall raste 1979 ein Raketenauto über einen Luftwaffenstützpunkt in Kalifornien. Mit 1190 km/h fuhr es die höch———— Geschwindigkeit, die bis dahin jemals ein Auto erreicht hatte. Dieses Raketenauto wurde mit einer der modern———— Maschinen (48 000 PS) angetrieben. Die zweitschnellst———— Autos sind die mit Düsenantrieb. Sie werden in den großen Salzebenen der USA, den flach———— und einsam———— Gegenden der Welt, erprobt. Aber im dichten Straßenverkehr hilft leider auch so ein Auto nicht weit————, schnell———— geht es dann mit dem Fahrrad.

Der umsatzstärk———— Automobilkonzern ist General Motors in Detroit. Dieser Konzern zählt zu den größt———— der Welt und stellt auch viele andere Produkte her – von der Waschmaschine bis zum Flugzeugtriebwerk. Das größ———— Unternehmen der Welt, das ausschließlich Autos produziert, ist das Volkswagenwerk in Wolfsburg.

Erklären Sie die Bedeutung dieser Verkehrszeichen

Benutzen Sie den Komparativ.

 1. Geschwindigkeits-
begrenzung 100 km/h

 3. zulässiges Gesamt-
gewicht 5,5 t

 2. Tunnelhöhe 3,5 m

 4. Geschwindigkeitsgebot
50 km/h auf Autobahn

Kreuzworträtsel

Hinweis: Die Umlaute werden mit nur einem Buchstaben geschrieben! ß = ss

Waagerecht:

1A Auf dem Stadt_____ ist jede Straße einge-
zeichnet.

1F Die Abkürzung für Personenkraftwagen ist
_____.

1J In der Umgangssprache nennt man einen
Lastwagen auch _____.

2C Die Abkürzung für die Internationale Auto-
mobilausstellung (in Frankfurt): _____.

2J Wir fahren auf einen Rastplatz, um etwas zu
_____.

3A Nationalitätskennzeichen holländischer
Autos.

3D Ich surfe gern. Auf meinen Dachgepäckträger
passt sogar das _____ .

4A Se fahrn ooch nach Bayern, wa? _____,
det kenn ick schon.

4D Die Autositze sind mit _____ bezogen.

4K Ein Kombi hat fünf _____.

5A Die Straße ist _____glatt.

5D Auf der Reise habe ich im _____
übernachtet.

5L Einen Volkswagen nennt man _____.

6B Der Wagen rollt rückwärts! Zieh die
_____!

6M Er ist _____ guter Autofahrer.

7C Großer deutscher Mineralölkonzern.

7G Mein Sohn ist drei Jahre alt. Er fährt auf
einem _____.

7M Ich hätte auf der Straße im Wald fast ein
_____ überfahren.

8A Wir fahren _____ und zu an die See oder
in die Berge.

8D Die Versicherung haftet für alle _____-
_____ am fremden Wagen.

8L Abkürzung für Lastkraftwagen: _____.

9A Die Karosserie besteht aus _____.

9F Manche hören zu laute _____ beim
Fahren.

9K Die Rennfahrer _____ mit ihren Autos
durch die Kurve.

10G Das Wichtigste am Auto sind Bremse und
_____.

11A Ohne _____ kann man keinen Radiosender empfangen.

11L Wenn du überholen willst, dann gib _____!

12A Im Winter fahre ich _____ in den Alpen.

12D Dieses Jahr möchte ich _____ die Schweiz
zum Skilaufen.

12H Da steht ein _____. Wollen wir den
nicht mitnehmen?

13A Brems lieber! Die Ampel ist schon _____!

13F Auf der Autobahn sollte man im vierten
_____ fahren.

13K Leg eine _____ unter die Füße, damit
das Auto sauber bleibt!

14A Ein Oldtimer ist ein ____altes Auto.

14D _____ ist gefährlich, allein zu trampen.

14K Die Abkürzung für Pferdestärken ist ____.

15C Jeder, der im Auto sitzt, ist ein _____-
_____.

15M Vielleicht war die wichtigste Erfindung der
Menschen das _____.

16A Das Überqueren der Brücke ist nur für Fahrzeuge mit maximal einer _____ (1000 kg)
Gesamtgewicht erlaubt.

16F Bitte _____ eure Kinder nicht auf die Vor-
dersitze!

16K Vergiss nicht, im Tunnel das _____ ein-
zuschalten!

7

Senkrecht:

1A Wir hatten eine _____-_____. Der ADAC hat uns geholfen.

1D Die Straße wird gefährlich glatt, wenn sie _____ wird.

1G Die _____ fürs Gepäck sind in den Autos unterschiedlich groß.

1J Du hast vergessen zu tanken! Der Tank ist schon fast _____!

1K Der Sturm hat einen dicken _____ auf die Straße geworfen.

1M Im Hochsommer wird der _____ auf der Straße weich.

1N Einen Citroen 2 CV nennt man bei uns eine _____.

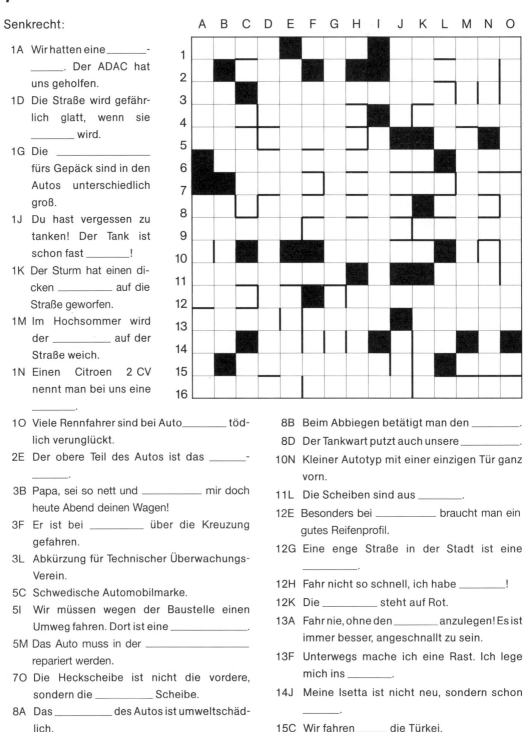

1O Viele Rennfahrer sind bei Auto_____ tödlich verunglückt.

2E Der obere Teil des Autos ist das _____-_____.

3B Papa, sei so nett und _____ mir doch heute Abend deinen Wagen!

3F Er ist bei _____ über die Kreuzung gefahren.

3L Abkürzung für Technischer Überwachungs-Verein.

5C Schwedische Automobilmarke.

5I Wir müssen wegen der Baustelle einen Umweg fahren. Dort ist eine _____.

5M Das Auto muss in der _____ repariert werden.

7O Die Heckscheibe ist nicht die vordere, sondern die _____ Scheibe.

8A Das _____ des Autos ist umweltschädlich.

8B Beim Abbiegen betätigt man den _____.

8D Der Tankwart putzt auch unsere _____.

10N Kleiner Autotyp mit einer einzigen Tür ganz vorn.

11L Die Scheiben sind aus _____.

12E Besonders bei _____ braucht man ein gutes Reifenprofil.

12G Eine enge Straße in der Stadt ist eine _____.

12H Fahr nicht so schnell, ich habe _____!

12K Die _____ steht auf Rot.

13A Fahr nie, ohne den _____ anzulegen! Es ist immer besser, angeschnallt zu sein.

13F Unterwegs mache ich eine Rast. Ich lege mich ins _____.

14J Meine Isetta ist nicht neu, sondern schon _____.

15C Wir fahren _____ die Türkei.

Lückentest

Finden Sie die passenden Adjektive.

1. Die _____ Straße der Welt liegt am Toten Meer 393 m unter dem Meeresspiegel.

2. Die _____ Passstraße Europas ist die Großglockner-Hochalpenstraße mit 2575 m.

3. Die _____ Straße der Bundesrepublik liegt im Harz und hat durchschnittlich 20% Steigung.

4. Die _____ Autobahn der Welt ist die Berliner AVUS. Mit ihrem Bau wurde bereits 1912 begonnen.

5. Das _____ Autobahnnetz hat die Bundesrepublik. Manche sagen, das Land sei bald zubetoniert.

Kombinieren Sie

Ich fahre leider nicht so gut Auto wie meine Frau. Vielleicht hätte ich in der Fahrschule besser aufpassen sollen.

Ich wollte nämlich...

die Kupplung	aufpumpen
die Handbremse	geben
Gas	ziehen
das Schiebedach	prüfen
den Reifen	öffnen
den Ölstand	montieren
Benzin	einstellen
den Gang	tanken
die Schneeketten	ausbeulen
die Karosserie	treten
den Rückspiegel	einlegen

Meine Frau sagte: „Du musst ..."

die Kupplung treten

Testauswertung
(zu „Der leichte Weg zum Führerschein", Seite 262)

Unter 200 Punkten: Lassen Sie uns wissen, wann Sie am Steuer sitzen. Wir bleiben dann lieber in der sicheren Wohnung. Wollen Sie den Führerschein im Lotto gewinnen?

Unter 600 Punkten: Sie sind sympathisch und hübsch. Lassen Sie aber lieber Gummibäume pflanzen, wenn Sie Auto fahren wollen.

Unter 1500 Punkten: Sie machen alles falsch, Sie haben bestanden. Herzlichen Glückwunsch!

DER LEICHTE WEG ZUM FÜHRERSCHEIN

DER OFFIZIELLE TESTBOGEN FÜR DIE 90er JAHRE!

© *RYBA*

Vor Ihnen fährt eine Kuh Fahrrad. Dürfen Sie in obiger Situation überholen?
a) Nein, da die Kuh nach links ausscheren könnte.
(19 Punkte)
b) Kühe dürfen gar nicht Rad fahren, es handelt sich offensichtlich um eine Fangfrage. (0 Punkt)

Sie fahren auf einer Landstraße und beobachten obige Szene. Was tun Sie?
a) Ich werfe ein Warndreieck ins Wasser, um die Schifffahrt zu warnen. (123 Punkte)
b) Ich benachrichtige die nächste Umweltschutzdienststelle. (7 Punkte)

Was bedeutet dieses Verkehrsschild?
a) Achtung! Alle 50 m überquert ein Hirsch die Fahrbahn.
(0 Punkte)
b) Achtung! 50 m lange Hirsche überqueren die Fahrbahn.
(77 Punkte)
c) Durchfahrverbot für Hirsche mit einer zulässigen Gesamtlänge von über 50 m. (109 Punkte)

Dieser Fahrer verhält sich falsch. Warum?
a) Auf dem Nummernschild fehlt die TÜV-Plakette.
(12 Punkte)
b) Ich finde nicht, dass sich dieser Fahrer falsch verhält.
(299 Punkte)

Sie haben sich in der Fahrbahn geirrt. Wie verhalten Sie sich?
a) Ich fahre rückwärts in den Tunnel zurück, um nach einer Abzweigung zu suchen. (87 Punkte)
b) Ich lasse den Wagen im Tunnel stehen, suche eine Telefonzelle und rufe die Auskunft an. (3 Punkte)

Im Rückspiegel Ihres Wagens sehen Sie obiges Bild. Was tun Sie?
a) Ich notiere mir die Nummer des Fahrzeuges und zeige den Fahrer wegen Erregung öffentlichen Ärgernisses an.
(100 Punkte)
b) Ich drehe den Rückspiegel meines Wagens um 180°.
(1000 Punkte)

Rollenspiele

1. Sie sind Fahrlehrer. Erklären Sie, wie man mit dem Auto losfährt. Ein Spielpartner imitiert den Fahrschüler und führt das aus, was Sie sagen.
Benutzen Sie diese Vokabeln:

> der Zündschlüssel – stecken – das Zündschloss – der Motor – anspringen – die Kupplung – treten – der erste Gang – einlegen – den Blinker setzen – der Rückspiegel – die Handbremse – lösen – die Kupplung langsam kommen lassen – Gas geben – anfahren

2. Szene während der Fahrt: Ihr Fahrschüler macht noch einige Fehler beim Fahren. Sagen Sie ihm, was er besser machen muss.

3. Sie sind mit Ihrem Freund auf einer Party. Er hat einiges getrunken und will mit seinem Auto heimfahren.

4. Verkaufsgespräch: Sie wollen Ihr altes Auto verkaufen.

> Baujahr – Kilometerstand – Extras – Reifen – Rost – TÜV – Austauschmotor – Bremsen

5. Ihr Sohn ist gerade achtzehn geworden und will sich ein schweres Motorrad kaufen. Reden Sie mit ihm.

6. Ihre Tochter wurde beim Schwarzfahren in der U-Bahn erwischt. Sie meinen, dass sie die 30 Euro Strafe von ihrem Taschengeld selbst bezahlen soll ...

7. An der Tankstelle: Spielen Sie ein Gespräch mit dem Tankwart.

Wortschatz

Die fehlenden Buchstaben ergeben (von oben nach unten gelesen) Dinge, die zur Sicherheit im Straßenverkehr beitragen.

__cheibenwischer, -	__toßstange, -n	__erkehrsmittel, -
Re__fen, -	A__hse, -n	L__nkrad
S__heinwerfer, -	Sic__erung, -en	Numme__nschild, -er
Fü__rerschein	Ha__dbremse	Getrie__e
B__nzintank	Kaross__rie	R__d, ¨er
Rese__vekanister	Höchstg__schwindigkeit	Fer__licht
Gebrauc__twagen, -	Zünd__erze, -n	Abblen__licht
V__rbrauch	Br__mse,-n	Re__erverad
Bl__nker, -	Fahr__, -en	Ben__in
Kraf__stoff, -e	Ba__terie	P__dal, -e
Au__puff	Birn__, -n	A__torennen, -
Gan__, ¨e	Kupplu__g	Werkzeu__
Schla__ch, ¨e		
Moto__, -en		*Wie heißen die fehlenden Artikel?*
Plat__en		

7

Das Fließband

Einer beginnt: „Ich baue ein Auto und nehme die Karosserie."
Der Nächste: „Ich baue ein Auto und nehme die Karosserie und den Motor."
Der Nächste: „Ich baue ein Auto und nehme die Karosserie, den Motor und vier Räder."
Usw.
Sinn des Spiels ist es, sich genau an die Reihenfolge der schon genannten Autoteile zu erinnern. Wer ein Teil vergisst, muss ausscheiden.

„Mach die Scheinwerfer an. Es ist ja schlagartig dunkel geworden."

Finden Sie die entsprechenden Verben

Hören Sie die Nomen von der Kassette.

Schreiben Sie

...einen Brief oder eine Tagebuchnotiz. Berichten Sie z. B. von...

1. einer Panne
2. einem Verkehrsunfall
3. einem Autokauf
4. einem Autodiebstahl
5. einem Autorennen

6. einer Reklamation nach einer Reparatur
7. Ihrem Fahrlehrer
8. Ihren Erlebnissen beim Trampen
9. Ihren Erlebnissen mit der Verkehrspolizei

Denksportaufgabe

In der Bundesrepublik (ca. 79 Mill. Einwohner) schafft man sich durchschnittlich alle 8 Jahre ein neues Auto an. Ein Auto wiegt etwa 2000 Kilo. Um wie viel schwerer wäre die Erde im Jahr 2000 bei 4 Mrd. Erdbewohnern, wenn weltweit so viele Autos gekauft würden wie in der Bundesrepublik?

Silbenrätsel für Spezialisten

Finden Sie aus den Silben

BANDS – DUNG – KA – KRAFT – PA – PIE – RAD – RE – RIE – ROS – SE – STOFF – VER – WERK
– ZEUG – ZEUG – ZÜN

einen Oberbegriff zu:

1. Zange, Schraubenschlüssel, Wagenheber _____

2. Autodach, Kotflügel, Haube _____

3. Felge, Reifen, Schlauch _____

4. Diesel, Normal, Super _____

5. Zündkerze, Lichtmaschine, Kabel _____

6. Binden, Pflaster, Medikamente _____

7. Führerschein, Personalausweis, Kfz-Schein _____

Schreiben Sie

Geben Sie ein Inserat in der Zeitung auf.

1. Sie wollen Ihr Auto verkaufen.
2. Sie suchen eine Mitfahrgelegenheit (Mfg).
3. Sie suchen einen Partner für eine Weltreise.

Spiel

Auto zeichnen

Bilden Sie zwei Gruppen. Wählen Sie in jeder Gruppe einen Zeichner. Rufen Sie Ihrem Zeichner Vokabeln zu. Nur diese Autoteile darf er zeichnen.

Eine Jury entscheidet, wer das sicherste und schönste Auto gezeichnet hat.

Loriot

7

Wortbildung

So schreibt man:		So redet man:
hinaus, heraus	=	raus
hinein, herein	=	rein
hinunter, herunter	=	runter
hinauf, herauf	=	rauf
hinüber, herüber	=	rüber

1. Jemand ist ins Wasser gefallen. – Hol ihn *raus*!

2. Es klopft. – Komm _____, die Tür ist auf!

3. Die Fußgängerampel ist rot. – Du sollst nicht _____gehen!

4. Das Wetter ist prima. – Warum willst du nicht _____gehen?

5. Tolle Sicht. Wo ist die Zugspitze? – Schau mal da _____!

6. Mit dem Fahrrad fahre ich natürlich den Berg lieber _____ als _____!

7. Das Auto steht noch draußen. – Fahr's in die Garage _____!

8. Eine Floßfahrt nach München? – Ja, die ganze Isar _____!

9. Im Zimmer ist eine Überraschung. – Geh noch nicht _____!

10. Da oben hängt noch ein Apfel. – Willst du _____klettern?

11. Du hast in der Kneipe nichts zu suchen. – Verschwinde! Mach, dass du _____kommst!

12. Fährt der Lift hoch? – Nein, der fährt _____ .

13. Bleibt er draußen? – Ja, er will nicht _____ .

Die Reiseplanung

Sie planen mit der Familie eine Urlaubsreise ins Ausland. Woran sollten Sie denken, und warum?

Hier einige Stichwörter:

Schulferien, Hotelbuchung, Reisepass, Reiseführer, Wörterbuch, Landkarte, Führerschein, Badesachen, Reiseschecks, Impfungen, Urlaubsapotheke, Haustiere, Reisegepäckversicherung, Post und Zeitungen, Blumen, Urlaubsanschrift, Fotoausrüstung, Spiele und Bücher

Kettensatz-Spiel

Ich verkaufe eine Lokomotive

Jeder Satz muss an den vorherigen anknüpfen.
Der erste Spieler beginnt z. B. so: „Ich verkaufe eine Lokomotive. Sie steht im Hauptbahnhof."
Der Nächste: „Vor dem Hauptbahnhof parken einige Taxis."
Der Nächste: „Ich nehme ein Taxi und fahre in die Schillerstraße."
Der Nächste: „In der Schillerstraße gibt es ein gutes Restaurant."
Usw.

Spiel

Kein … ohne …

„Kein Licht ohne Schatten", sagt ein Mitspieler. Der Nächste: „Kein Auto ohne Lenkrad." Und weiter: „Keine Antwort ohne Frage." Wem nichts mehr einfällt, der muss ausscheiden.

Können Sie gut beobachten?

Bringen Sie zur nächsten Stunde einige Fotos (z. B. aus Illustrierten) mit in den Unterricht. Zeigen Sie sie einige Sekunden lang der Gruppe. Lassen Sie dann von den Mitspielern beschreiben, was alles auf dem Foto zu sehen war.

Joachim Ringelnatz

Die Ameisen

In Hamburg lebten zwei Ameisen,
Die wollten nach Australien reisen.
Bei Altona auf der Chaussee,
Da taten ihnen die Beine weh,
Und da verzichteten sie weise
Dann auf den letzten Teil der Reise.

Eine Fahrt durch Deutschland

Spielregeln zum Spiel auf der letzten Umschlagseite

Sie brauchen einen Würfel und für jeden Mitspieler eine kleine Figur (Knopf, Geldstück oder etwas Ähnliches). Wer die höchste Zahl würfelt, darf anfangen.
Die Rundreise beginnt in Hamburg. Es wird reihum gewürfelt. Die gewürfelte Zahl entspricht der Nummer der Aufgabe, die der Spieler lösen muss. Nur wenn er die richtige Lösung weiß, darf er (falls nichts anderes gesagt wird) zur nächsten Stadt vorrücken. Bei einem Fehler muss er bis zur nächsten Spielrunde stehen bleiben. Nun ist der nächste Spieler an der Reihe. Gewinner des Spiels ist, wer zuerst wieder in Hamburg ankommt.

Hamburg

1. Sie machen eine interessante Rundfahrt _____ den Hamburger Hafen.
2. Besuchen Sie unbedingt _____ Sonntagmorgen den Hamburger Fischmarkt!
3. Auf der Reeperbahn sind die Lokale bis _____ frühen Morgen geöffnet.
4. Im Hafen liegen Schiffe aus _____ Welt.
5. _____ Sie in den Tierpark Hagenbeck hineingehen, müssen Sie Eintritt bezahlen.
6. Sie wollen zum Hamburger Michel fahren und halten ein Taxi _____.

Kiel

1. Kiel ist die Landeshauptstadt _____ Schleswig-Holstein.

2. _____ Jahr im Juni findet die „Kieler Woche" statt.
3. Kiel liegt an _____ Ostsee.
4. Der Nord-Ostsee-Kanal ist die meistbefahren_____ künstliche Wasserstraße der Welt.
5. Das Hotel, _____ Adresse man Ihnen gab, ist recht preiswert.
6. Sie bleiben ein paar Tage, _____ die Seeluft tut Ihnen gut.

Lübeck

1. Das bekannteste Bauwerk Lübecks, das Holstentor, sehen Sie auf jedem Fünfzigmark_____.
2. Das Lübecker Marzipan _____ Ihnen besonders gut.
3. Lübeck ist der Geburtsort des bekannten deutschen Erzählers Thomas _____.
4. Die Stadt ist nur ca. 50 km _____ entfernt von Hamburg.
5. Sie besichtigen in der Altstadt zahlreich_ bedeutende Baudenkmäler.
6. Sie bedanken sich bei einem Passanten, _____ Ihnen den Weg zur Marienkirche gezeigt hat.

Hannover

1. Auf der weltbekannten Hannover-_____ stellen viele Firmen ihre Produkte aus.

2. Hannover ist die Landeshauptstadt von _____.

3. In Hannover spricht man keinen Dialekt, _____ Hochdeutsch.

4. Sie entschließen sich _____ Besuch der alten Kaiserstadt Goslar am Rande des Harzes.

5. Der Harz ist ein _____ südöstlich von Hannover.

6. Der _____ Hannover-Langenhagen ist wegen Nebels geschlossen. Sie können momentan leider nicht nach Berlin fliegen. (Eine Runde warten!)

Rostock

1. Nicht Rostock wurde die Landes-_____, sondern Schwerin.

2. Die Stadt _____ im Jahre 1942 stark zerstört.

3. Die Nikolai- und die Petrikirche sowie das Rathaus _____ aus dem 13. und dem 14. Jahrhundert.

4. Der Rostocker Überseehafen steht _____

Konkurrenz _____ Hamburger Hafen.

5. Wir machen einen Tagesausflug nach Stralsund. Von dort geht es nach Rügen, Deutschlands größter _____.

6. Rostock liegt in _____-Vorpommern.

Berlin

1. Die ehemalige DDR-Regierung hatte am 13. August 1961 eine Mauer durch die Stadt bauen _____.

2. Diese Mauer _____ im Herbst 1989 nach einer friedlichen Revolution.

3. Die Museen der Stadt gehören _____ den schönsten Deutschlands.

4. Es lohnt sich bestimmt, das Pergamon-Museum _____ besuchen.

5. Berlin ist _____ 1990 die Hauptstadt Deutschlands.

6. Machen Sie einen Tagesausflug _____ Potsdam.

Dresden

1. Die Höchstgeschwindigkeit betrug 100 _____ auf Autobahnen.

2. Der Dresdner Zwinger zählt _____ den besonderen Attraktionen Ihrer Reise.

3. Die Einkommen der Menschen in den Städten sind höher _____ die auf dem Lande.

4. In Dresden leben die Sachsen. Hier spricht man also _____ Dialekt.

5. Sie wissen nicht, _____ sich ein Besuch im Leipziger Industriegebiet überhaupt lohnt. (Bei richtiger Lösung fahren Sie direkt weiter in die schöne Stadt Weimar!)

6. Die ehemalige „Nationale Volksarmee" der früheren DDR ist jetzt Bestandteil der _____.

Leipzig

1. Sie sind sehr _____ Besuch der Leipziger Messe interessiert.

2. In Leipzig lebte und starb der berühmte _____ Johann Sebastian Bach.

3. Sie nehmen an einem Sprachkurs im Herder-Institut in Leipzig _____.

4. Sie haben eine Ansichtskarte vom Alten Rathaus geschrieben und werfen sie in einen _____.

5. Ihr Zug hat _____. Er kommt leider nicht planmäßig in Leipzig an. Sie können also noch nicht nach Weimar weiterfahren!

6. Die Leipziger Bevölkerung war maßgeblich _____ der Revolution 1989 beteiligt.

Weimar

1. In Weimar lebten und starben Johann Wolfgang von Goethe und dessen Freund Friedrich von _____ .

2. Nach einer Vorstellung im Deutschen Nationaltheater sind Sie _____ müde, dass Sie frühzeitig schlafen gehen.

3. Vor dem Goethe-Haus stehen die Besucher aus aller Welt _____ .

4. Können Sie mir sagen, _____ ich zum Schloss Belvedere komme?

5. Sie besuchen die Nationale Mahn- und Gedenkstätte Buchenwald. Hier wurden im _____ Reich viele Menschen ermordet.

6. Die Häuser von Goethe, Schiller, Cranach und Liszt sind sehr sorgfältig renoviert _____ .

Eisenach

1. Auf der Wartburg bei Eisenach hat Martin Luther das Neue Testament aus dem Griechischen ins Deutsche _____ .

2. Sie _____ auf einem Esel den Berg hinauf zur Wartburg.

3. In Eisenach _____ man Automobile her.

4. Nach einer _____ durch den schönen Thüringer Wald tun Ihnen die Füße weh. Ruhen Sie sich aus! Reisen Sie noch nicht weiter nach Kassel!

5. Seit Luthers Reformation ist Norddeutschland überwiegend evangelisch. Die meisten Süddeutschen blieben aber _____ .

6. Sie fahren _____ dem Zug weiter nach Kassel.

Kassel

1. _____ vier Jahre findet in Kassel die „Documenta" statt. Das ist eine Ausstellung internationaler moderner Kunst.

2. Wenn Sie mehr Zeit _____ , würden Sie sich gern das Schloss Wilhelmshöhe anschauen.

3. Kassel ist eine Stadt, _____ _____ viele Maschinen und Fahrzeuge hergestellt werden (Rheinstahl, Hanomag-Henschel).

4. Im Museum Fridericianum _____ Sie nicht mit Blitzlicht fotografieren!

5. Sie haben Glück! Jemand nimmt Sie beim Trampen (bei richtiger Lösung) direkt bis Nürnberg _____.

6. Sie wollen _____ der Autobahn weiter nach Würzburg fahren.

Würzburg

1. Sie haben Ihren Pass im Hotel in Kassel vergessen und _____ jetzt leider ein Feld zurück!

2. _____ der starken Zerstörung Würzburgs im Krieg sind die meisten alten Bauten erhalten geblieben.

3. Von der Festung Marienburg haben Sie einen herrlichen _____ über die ganze Stadt.

4. Sie wollen entweder das Mozartfest (in der zweiten Julihälfte) _____ die Würzburger Bachtage (Ende November) besuchen.

5. Die Alte Universität besteht schon seit dem sechzehnten _____.

6. _____ Sie diese Aufgabe lösen, dürfen Sie direkt weiter nach München fahren.

Nürnberg

1. Nürnberg ist die zweit_____ Stadt Bayerns.

2. _____ Sie schon die Nürnberger Lebkuchen probiert?

3. Sie fahren _____ des Christkindlesmarktes nach Nürnberg.

4. Nach dem _____ Weltkrieg fanden in Nürnberg die Kriegsverbrecherprozesse der Alliierten statt.

5. In Nürnberg wurde Albrecht Dürer geboren, der ein bekannter deutscher _____ war.

6. Die erste deutsche Eisenbahnstrecke verlief _____ den Städten Nürnberg und Fürth.

München

1. In München fanden 1972 die Olympischen Spiele _____.

2. Nicht weit von München sind die Alpen, das _____(groß) Gebirge Europas.

3. Sie wollen ins Hofbräuhaus, um eine bayerische Maß Bier _____ trinken.

4. _____dem Marienplatz stehen viele Touristen und bestaunen das Glockenspiel im Rathausturm.

5. Das _____ Museum ist das bekannteste technisch-naturwissenschaftliche Museum der Welt.

6. Besuchen Sie München zum Oktoberfest _____ September!

Prien

1. Sie entscheiden _____ für einen Deutschkurs in Prien am Chiemsee.

2. Bei einem Tagesausflug nach Salzburg lernen Sie eine der reizvollsten österreichischen Städte _____.

7

3. Sie besuchen Herrenchiemsee. Dieses Schloss _____ der bayerische König Ludwig II. erbauen.
4. Sie rudern gern. Noch _____ segeln Sie. Aber am liebsten surfen Sie auf dem Chiemsee.
5. Prien _____ an der Bahnstrecke zwischen München und Salzburg.
6. Lassen Sie bitte den Zimmerschlüssel bei der Abreise im Schloss _____!

Garmisch-Partenkirchen

1. Sie finden Garmisch-Partenkirchen sehr reizvoll. Ganz besonders gefällt _____ die alte Pfarrkirche.
2. Sie fahren _____ der Zahnradbahn auf die Zugspitze.
3. Die Zugspitze ist mit 2963 m der _____ (hoch) Berg Deutschlands.
4. Sie kaufen sich eine Lederhose und finden, dass sie _____ sehr gut steht.
5. Im Olympia-Eisstadion _____ Sie das ganze Jahr über Schlittschuh laufen.
6. Nicht weit von Garmisch-Partenkirchen liegt Oberammergau, _____ Sie das Passionstheater besuchen können.

Freiburg

1. Baden-Württemberg heißt das Bundesland, _____ _____ die schöne Stadt Freiburg liegt.
2. Freiburg ist nicht weit entfernt von der _____ und schweizerischen Grenze.
3. _____ Freiburg besucht, der besucht auch sicher den Schwarzwald.
4. In der Freiburger Gegend _____ ein guter Wein angebaut.
5. Die Freiburger Universität gilt _____ eine der schönsten der Bundesrepublik.
6. Freiburg liegt im Breisgau und hat ein sehr _____ (mild) Klima.

Stuttgart

1. _____ länger ich in Stuttgart bin, desto besser gefällt mir die Stadt.
2. In Stuttgart _____ Sie unbedingt mal die bekannten „Spätzle" probieren!
3. Wußten Sie, _____ der Philosoph Hegel aus Stuttgart stammt?
4. Vom Fernsehturm aus haben Sie einen herrlich___ Blick über die ganze Stadt.

5. Stuttgart ist bekannt _____ seine Elektro-
und Fahrzeugbauindustrie (Bosch, AEG,
SEL, IBM, Porsche, Daimler-Benz).

6. Sie machen einen Tagesausflug nach
Tübingen; das ist ein mittelalterlich___
Städtchen südlich von Stuttgart.

Rothenburg

1. Von Stuttgart aus fahren Sie _____
Schwäbisch Hall weiter nach Rothenburg
ob der Tauber.

2. Sie machen einen Spaziergang auf der
alten Stadtmauer rund _____ die Stadt.

3. Rothenburg ist eine _____ reizvollsten
mittelalterlichen Städte Deutschlands.

4. Am Pfingstmontag _____ Sie am
Historischen Festzug teil.

5. Sie freuen sich schon _____ die Reichs-
stadt-Festtage, die Mitte September in
Rothenburg stattfinden.

6. Sie _____ großes Interesse an den mittelalterlichen Fachwerkhäusern der Stadt.

Heidelberg

1. Heidelberg ist eine schöne alte Stadt _____
Neckar.

2. Hier finden Sie die _____ (alt)
deutsche Universität.

3. Ein bekanntes Lied heißt „Ich hab' mein
Herz in Heidelberg _____".

4. Sie erinnern sich gern _____ die zahlreichen historischen Studentenlokale.

5. Denken Sie _____, das Schloss zu besichtigen! Im Keller sehen Sie das legendäre Heidelberger Weinfass.

6. _____ Abend fahren Sie in die Nachbarstadt Mannheim zur Internationalen Filmwoche.

Frankfurt

1. Frankfurt liegt _____ Main.

2. Die Frankfurter Rundschau und die Frankfurter Allgemeine sind wichtige überregionale _____ .

3. Viele Hochhäuser gehören den großen _____ , z. B. der Deutschen Bank, der Dresdner Bank und der Commerzbank.

4. _____ Frankfurt stammt der Dichter Johann Wolfgang von Goethe.

5. Frankfurt hat den _____ (wichtig) deutschen Flughafen.

6. _____ wollen Sie beim Stadtbummel den Römer besichtigen, danach die Paulskirche und zuletzt den Dom.

Bonn

1. Der Umzug der Regierung _____ Bonn _____ Berlin ist sehr teuer.

2. Die Verfassung der Bundesrepublik _____ man „das Grundgesetz".

3. Sie wissen, dass Bonn bis 1990 die Hauptstadt _____ Bundesrepublik war.

4. In Bonn finden Sie das Geburtshaus Ludwig van Beethovens. Der berühmte Komponist wurde in dieser Stadt _____ .

5. CDU/CSU, SPD, FDP sind _____ im Bundestag.

6. Sie interessieren sich _____ eine Rheinfahrt zur Loreley.

Köln

1. Am Rheinufer: Die Schiffe fahren langsamer den Rhein hinauf als _____.
2. Das bekannteste Bauwerk Kölns ist der _____.
3. _____ Jahr findet in Köln der Karneval statt.
4. _____ Ihres Aufenthaltes in Köln besuchen Sie das Römisch-Germanische Museum.
5. _____Köln besucht, der besucht auch die Altstadt und probiert ein Glas Kölsch.
6. Aus Köln stammte der Schriftsteller und Nobelpreisträger Heinrich _____.

Düsseldorf

1. Düsseldorf ist die Landeshauptstadt von Nordrhein-_____.
2. Der Düsseldorfer Dichter Heinrich Heine schrieb einmal: „Denk ich an Deutschland in der Nacht, dann bin ich um den Schlaf _____."
3. An der „längsten Theke Europas" (Düsseldorfer Altstadt) haben Sie ____viel Altbier getrunken und müssen sich nun ausschlafen. Sie dürfen noch nicht weiter nach Dortmund fahren!
4. Die bekannte Königsallee wird von den Düsseldorfern einfach „die Kö" _____.
5. In der Nachbarstadt Wuppertal _____ Sie mit der Schwebebahn gefahren, die einzigartig in der ganzen Welt ist.

6. Sie planen, von Düsseldorf mit dem Schiff bis Bonn zurück_____. Zwei Felder zurück!

Dortmund

1. Dortmund ist eine Industriestadt im Ruhr-_____.

2. In den _____ der Stadt wird ein gutes Bier gebraut.

3. Sehenswert _____ bestimmt die Westfalenhalle und der Westfalenpark.

4. Heute wird weniger Kohle aus den Bergwerken gefördert _____ früher.

5. Die Stahlproduktion ist in den letzten Jahren _____ (sinken).

6. Im Ruhrgebiet leben mehr _____ vier Millionen Menschen.

Münster

1. Im Friedenssaal des Rathauses _____ im Jahr 1648 der Dreißigjährige Krieg beendet.

2. Die Altstadt Münsters ist nach dem Zweiten Weltkrieg wieder aufgebaut _____.

3. Ihnen fallen die vielen _____ auf, die mit dem Rad zur Wilhelms-Universität fahren.

4. Sie sind _____ der Schönheit des Doms und der Lamberti-Kirche beeindruckt.

5. Sie wollen einen Tagesausflug in den Teutoburger _____ zum Hermannsdenkmal machen. Sie fahren deshalb noch nicht weiter nach Bremen!

6. Sie müssen nun leider nach Dortmund zurück. Sie _____ sicher lieber nach Bremen gefahren...

Bremen

1. Bremen ist das _____ (klein) Bundesland der Bundesrepublik.

2. Auf den Bremer Werften _____
   große Schiffe gebaut und repariert.

3. Die Nachbarstadt Bremerhaven ist nicht
   so groß _____ Bremen.

4. _____ Ihrem Rundgang durch die Altstadt
   lernen Sie das schöne Schnoorviertel und
   die Böttcherstraße kennen.

5. Vor _____ Rathaus sehen Sie die Roland-
   Säule.

6. Bremen hat den zweitgrößten deutschen
   Seehafen und ist ein bedeutend___ Welt-
   handelsplatz.

Adressen

Allgemeiner Deutscher Automobilclub (ADAC)
Am Westpark 8
81373 München

Automobilclub von Deutschland (AvD)
Lyoner Str. 16
60528 Frankfurt/M.

Deutsche Verkehrswacht
Am Pannacker 2
53340 Meckenheim

7

Lösungen zur Fahrt durch Deutschland

	1.	2.	3.	4.	5.	6.
Hamburg	durch	am	zum	aller	Wenn, Ehe	an
Kiel	von	Jedes	der	ste	dessen	denn
Lübeck	schein	schmeckt	Mann	weit	e	der
Hannover	Messe	Nieder-sachsen	sondern	zum	Gebirge	Flughafen
Rostock	hauptstadt	wurde	stammen	in, zum	Insel	Mecklen-burg
Berlin	lassen	fiel	zu	zu	seit	nach
Dresden	km/h	zu	als	sächsischen	ob	Bundeswehr
Leipzig	am	Komponist	teil	Briefkasten	Verspätung	an
Weimar	Schiller	so	Schlange	wie	Dritten	worden
Eisenach	übersetzt	reiten	stellt	Wanderung	katholisch	mit
Kassel	Alle	hätten	in der	dürfen	mit	auf
Würzburg	müssen	Trotz	(Aus)blick	oder	Jahrhundert	Wenn, Falls
Nürnberg	größte	Haben	wegen	Zweiten	Maler	zwischen
München	statt	größte	zu	Auf	Deutsche	im
Prien	sich	kennen	ließ	lieber	liegt	stecken
Garmisch	Ihnen	mit	höchste	Ihnen	können	wo
Freiburg	in dem	franzö-sischen	Wer	wird	als	mildes
Stuttgart	Je	müssen, sollten	daß	en	für	es
Rothenburg	über	um	der	nehmen	auf	haben
Heidelberg	am	älteste	verloren	an	daran	Am, Gegen
Frankfurt	am	Zeitungen	Banken	Aus	wichtigsten	(Zu)erst
Bonn	von/nach	nennt	der	geboren	Parteien	für
Köln	hinunter	Dom	Jedes	Während	Wer	Böll
Düsseldorf	Westfalen	gebracht	zu	genannt	sind	zufahren
Dortmund	gebiet	Brauereien	sind	als	gesunken	als
Münster	wurde	worden	Studenten	von	Wald	wären
Bremen	kleinste	werden	wie	Bei	dem	er

Neue Vokabeln

Nomen	Plural	Verben	Adjektive

der _____ – ___

der _____ – ___

der _____ – ___

der _____ – ___

der _____ – ___

der _____ – ___

der _____ – ___

der _____ – ___

der _____ – ___

der _____ – ___

Sonstiges

die _____ – ___

die _____ – ___

die _____ – ___

die _____ – ___

die _____ – ___

die _____ – ___

die _____ – ___

die _____ – ___

die _____ – ___

die _____ – ___

die _____ – ___

Redewendungen

das _____ – ___

das _____ – ___

das _____ – ___

das _____ – ___

das _____ – ___

das _____ – ___

das _____ – ___

das _____ – ___

das _____ – ___

das _____ – ___

das _____ – ___

I. ÜBUNGEN ZUR GESPROCHENEN SPRACHE

1 Gruppenarbeit

Machen Sie mal Urlaub!

Gehen Sie in ein Reisebüro und bitten Sie um einen Reiseprospekt. Planen Sie mit einem Partner Ihren Traumurlaub: Termin, Preise, Kinder, Flug-, Schiffs-, Bahn-, Busreise, Autovermietung, Halb- oder Vollpension, Unterbringung, Ausflüge, Aktivitäten usw. Erzählen Sie der Gruppe, was Sie planen.

2 Übernehmen Sie eine Rolle

a) Sie holen Ihr Auto von der Reparatur ab. Der Rechnungsbetrag ist um 100 % höher als der Kostenvoranschlag.
b) Eine Dame hatte Sie am Bahnsteig gebeten, einen Moment auf Ihren Koffer aufzupassen, während sie selbst noch eine Fahrkarte kaufen muss. Sie waren so freundlich, aber Ihr Zug fährt in wenigen Minuten ab und von der Dame ist weit und breit nichts zu sehen. Sprechen Sie jemand an.
c) Im Schlafwagen: Teilen Sie dem Schaffner Ihre Wünsche mit (Rauchen, Bettwäsche, Kopfschmerzen, Diebstahl, Weckzeit, Frühstück, Schnarchen)
d) Auf dem Flugplatz: Sie sind in Düsseldorf gelandet, Ihr ganzes Gepäck aber in Jakarta. Erklären Sie der Dame am Schalter, was Sie jetzt dringend in den nächsten zwei Tagen fürs Hotel benötigen.
e) Sie planen mit Ihrem Partner ein Picknick mit Grill im Grünen. Woran sollten Sie denken?
f) Sie haben ein Au-Pair-Mädchen in die Familie aufgenommen und sind unzufrieden mit ihr. Reden Sie mit ihr.
g) Sie haben Ihr Auto netterweise Ihrer Freundin geliehen. Als sie heimkehrt ...
h) Im Restaurant: Ein freundlicher Herr unterhält sich angeregt mit Ihnen und isst dabei von Ihrem Gemüse und trinkt aus Ihrem Bierglas.

3 Stadtrundfahrt

Sie sind Touristenführer auf einer kurzen Stadtrundfahrt mit dem Bus durch eine Ihnen vertraute Stadt. Erzählen Sie den Leuten, was Sie vor sich sehen. Berichten Sie auch von den Sitten und Eigenschaften der Menschen in dieser Stadt. Machen Sie sich zuvor Notizen oder nehmen Sie alles auf Kassette auf.

4 Kurzreferat

Bitte bereiten Sie zu Hause ein Kurzreferat vor, das nicht länger als fünf Minuten dauern soll. Sie können über die Bundesrepublik oder Ihr eigenes Land berichten. Die Themen sind:

– Innere und äußere Sicherheit
– Die Wirtschaft

- Die Medien
- Das Bildungswesen
- Probleme des Umweltschutzes
- Soziale Aspekte: z. B. Rolle der Frau, Jugend, Drogenprobleme, Probleme älterer Menschen, Arbeitslosigkeit, Gesundheitswesen

5 Spiel Städtereise

Ihr Nachbar fährt in Gedanken in eine europäische Hauptstadt. Sie versuchen herauszufinden, wo er ist, ohne ihn nach Land und Sprache zu fragen.

6 Mit welcher deutschen Stadt verbinden Sie ...?

das Brandenburger Tor, das Oktoberfest, die Reeperbahn, den Christkindlmarkt, die Stadtmusikanten, die Buchmesse, die Wartburg, den Zwinger, Marzipan und Thomas Mann, Beethovens Geburtshaus?

7 Bilden Sie drei Sätze nach diesem Muster

> *Beispiel:* Die italienische Hauptstadt ist Rom.
> Rom ist die Hauptstadt Italiens.
> In Italien leben Italiener.

Athen, Berlin, Bern, Brüssel, Budapest, Bukarest, Helsinki, Kopenhagen, Lissabon, London, Madrid, Moskau, Oslo, Paris, Prag, Sofia, Stockholm, Warschau, Wien

8 Bilden Sie Gegensätze

Benutzen Sie „dagegen", „hingegen", „jedoch", „im Gegensatz dazu" oder „während".

> *Beispiel:* Er hat sein Vermögen geerbt; sie *hingegen* hat es hart erarbeitet.

1. In der Stadt hat man viele Einkaufsmöglichkeiten.
2. Mein Zimmer zum Hof ist ziemlich ruhig.
3. Vor einem Elefant brauchst du dich nicht zu fürchten.
4. Menschen in Hochhäusern fühlen sich oft isoliert.
5. Das Saarland ist ein kleines Bundesland.
6. Bei Fremden sagt sie keinen Ton.
7. Im Naturschutzgebiet gibt es noch diese Vogelarten.
8. Wenn er Alkohol trinkt, wird er aggressiv.
9. In der Schule müssen die Kinder gehorchen.
10. In der Kantine schmeckt es mir nicht.

9 Umgangssprache

Setzen Sie das passende Adjektiv in die Redensarten ein.

blass, blau, böse, eigen, eisern, falsch, fremd, ganz, gleich, golden, groß, grün, gut, heil, heiß, hoch, lang, leicht, letzt-, nackt, offen, rein, roh, sauer, schmutzig, schief, trocken, voll

1. etwas in den _____ Hals kriegen 2. etwas auf die _____ Schulter nehmen 3. etwas auf die _____ Bank schieben 4. sein _____ Wunder erleben 5. etwas an die _____ Glocke hängen 6. auf die _____ Bahn geraten 7. in den _____ Apfel beißen müssen 8. eine gute Miene zum _____ Spiel machen 9. keinen _____ Dunst haben 10. vor der _____ Tür kehren 11. mit _____ Besen kehren 12. einem _____ Mann kann man nicht in die Tasche greifen 13. das _____ Hemd hat keine Taschen 14. _____ Türen einrennen 15. _____ Tisch machen 16. jemanden wie ein _____ Ei behandeln 17. sein Schäfchen ins _____ bringen 18. das Leben in _____ Zügen genießen 19. _____ Wäsche waschen 20. sich eine _____ Nase verdienen 21. Geld auf die _____ Kante legen 22. Gleiches mit _____ vergelten 23. kein _____ Haar an jemandem lassen 24. nichts Halbes und nichts _____ 25. mit _____ Haut davonkommen 26. ein _____ Eisen anfassen 27. auf keinen _____ Zweig kommen 28. sich mit _____ Federn schmücken

10 Verstehen Sie diese Verben aus der Umgangssprache?

1. Er hat nicht lange gefackelt. 2. Er wurde gefeuert. 3. Er hat dran glauben müssen. 4. Er hat sich was aufgehalst. 5. Er hat sich was eingebrockt und muss das nun ausbaden. 6. Er hat alles ausposaunt. 7. Er ist eingeschnappt. 8. Er ist von der Schule geflogen. 9. Etwas ist flöten gegangen. 10. Er ist geliefert. 11. Er hat ihm eine geschmiert. 12. Er kann mir gestohlen bleiben. 13. Er ist schief gewickelt. 14. Er heult. 15. Er hat was läuten hören. 16. Er hat rotgesehen. 17. Er hat gesessen. 18. Er hat sie veräppelt. 19. Er hat sich verknallt. 20. Er hat ihn vermöbelt.

a) Er war im Gefängnis.
b) Er hat etwas Schlimmes erlebt; er ist gestorben.
c) Er hat etwas Unangenehmes übernommen.
d) Er hat sich verliebt.
e) Er hat ihn verprügelt.
f) Ich brauche ihn nicht mehr, will ihn nicht mehr sehen.

g)   Er hat etwas Vertrauliches anderen mitgeteilt.
h)   Er hat etwas in Erfahrung gebracht.
i)   Ihm wurde gekündigt.
j)   Er irrt sich.
k)   Er hat sich einen Spaß mit ihr erlaubt.
l)   Er war wütend.
m)   Er weint.
n)   Er hat ihm eine Ohrfeige gegeben.
o)   Ihm ist nicht mehr zu helfen.
p)   Er hat nicht gezögert.
q)   Er ist beleidigt.
r)   Er muss für seine Dummheit büßen.
s)   Er ist verloren gegangen.
t)   Er ist von der Schule verwiesen worden.

II. ÜBUNGEN ZUR GESCHRIEBENEN SPRACHE

11 Formbrief

Reklamation einer Ferienwohnung

Sie hatten in Deutschland eine Ferienwohnung gemietet. Mit der Wohnung waren Sie gar nicht zufrieden, weil sie erhebliche Mängel hatte. Deshalb schreiben Sie nun an den Hausverwalter in Deutschland.

Nennen Sie den Grund Ihres Schreibens. Berichten Sie, wo und wann Sie Urlaub gemacht haben. Erinnern Sie den Hausverwalter an die Beschreibung der Wohnung, die Sie in einem Katalog für Ferienwohnungen gefunden hatten und die Sie zum Mieten der Wohnung veranlasst hatte. Beschreiben Sie die Mängel der Wohnung und reklamieren Sie. Bitten Sie um Rückerstattung eines Teils der Miete. Weisen Sie auf mögliche Konsequenzen hin.

Vergessen Sie auch nicht Absender, Empfänger, Anrede und Gruß und achten Sie darauf, dass Sie die Form eines formellen Briefs einhalten.

12 Ausarbeitung eines Referats

Sie haben die Aufgabe, schriftlich ein Referat auszuarbeiten, das Sie vor Ihrer Klasse halten sollen. Das Thema lautet: Die Bedeutung des Tourismus für mein Heimatland.

Eröffnen Sie Ihr Referat mit einer Begrüßung Ihrer Zuhörer und gehen Sie dann auf die folgenden Punkte ein:

– die Bedeutung des Tourismus für ein besseres Verständnis der verschiedenen Nationalitäten und Völker,
– die Bedeutung des Tourismus für die Wirtschaft Ihres Heimatlandes,
– Gegebenheiten in Ihrem Heimatland (z. B. Flughäfen, Verkehrswege, Hotels), die den Tourismus begünstigen oder seine Ausbreitung verhindern,
– günstige und ungünstige Reisezeiten (Klima, Wetter),
– besondere touristische Attraktionen und Sehenswürdigkeiten
– besondere Schwierigkeiten bzw. Vorteile, die noch mehr Tourismus für Ihr Heimatland mit sich bringen würde.

Schließen Sie Ihr Referat mit einem Dank an Ihre Zuhörer ab. Für Ihre Darstellung sollen Sie Gedanken zu den aufgeführten Punkten sammeln und die Gedanken so miteinander verbinden, dass ein zusammenhängender Text entsteht.

13 Spiele erraten

Schach, Halma, Dame, Mühle, Go, Gobang, Reversi, Gänsespiel, Backgammon, Fang den Hut, Mensch-ärgere-dich-nicht, Malefiz, Domino, Scrabble, Quartett, Schwarzer Peter, Mau-Mau, Mogeln, 17 und 4, Skat, Tarock, Canasta, Rommé, Bridge, Poker, Patience, Mikado, Schiffe versenken, Memory, Chicago

Kennen Sie zwei dieser Spiele? Schreiben Sie die Spielregeln auf und lassen Sie die Namen der beiden Spiele von den anderen erraten.

14 Diktat zur Groß- und Kleinschreibung

Wetten Sie mit einem Deutschen, dass er auch bei diesem einfachen Diktat Fehler macht …

Es geschah SAMSTAG MORGEN, MORGENS FRÜH um ZEHN, als HUNDERTE von Menschen, ALTE und JUNGE, mit dem AUTO oder RAD am WOCHENENDE ins BLAUE fuhren. Mit der DEUTSCHEN BAHN fuhren nur WENIGE. Jeder EINZELNE wollte sich mit RECHT das strahlende Wetter ZUNUTZE machen und ein PAAR Stunden RAD FAHREN oder MOTORRAD fahren.

Das FOLGENDE ereignete sich: Ein Trabbi machte mit Motorschaden auf der Autobahn HALT und wurde von einem Porsche abgeschleppt. Der Trabbifahrer erklärte dem Porschefahrer, er würde laut hupen, wenn ihm die Fahrt zu schnell ginge.
Auf der Autobahn will natürlich jeder der SCHNELLSTE sein. Schnelle Autos überholen die LANGSAMEN. Nichts ANDERES hatte ein anderer Porschefahrer im SINN. Der HINTERE nämlich wollte überholen. Der mit dem Trabbi im Schlepp jedoch wollte sich nicht überholen lassen. Die BEIDEN Porschefahrer gaben VOLLGAS. Keiner wollte den KÜRZEREN ziehen. Dem Trabbifahrer wurde ANGST. Er war nicht SCHULD an dem Wettrennen. Er konnte einem wirklich LEID tun. In großer ANGST tat er sein MÖGLICHSTES und hupte wie ein WILDER.

Ein noch schnellerer Mercedesfahrer näherte sich von HINTEN. Er meinte, dass die beiden Porschefahrer dem Trabbifahrer UNRECHT täten, weil sie ihn trotz des lauten HUPENS nicht überholen ließen, obwohl dieser die Porschefahrer eines BESSEREN belehren wollte.

15 Groß oder klein?

1. Vor KURZEM traf ich ihn wieder.
2. Er gab ohne WEITERES zu, verliebt zu sein.
3. Von KLEIN auf nannte man ihn „Hänschen".
4. Er ist mit ihr durch DICK und DÜNN gegangen.
5. Über KURZ oder LANG möchte ich ihn wiedersehen.
6. Er würde gern die Angelegenheit ins REINE bringen.
7. Fürs ERSTE weiß ich genug. Ich habe alles MÖGLICHE erfahren.
8. Ich möchte auf dem LAUFENDEN gehalten werden.
9. Ich tue mein MÖGLICHSTES, um zu helfen.
10. Deine kritische Bemerkung hat ins SCHWARZE getroffen.
11. Du hast seinen Diskussionsbeitrag ins LÄCHERLICHE gezogen.
12. Er bestand zu RECHT auf seiner Forderung.
13. Sie behielt natürlich RECHT.
14. Er war im RECHT.

III. ÜBUNGEN ZUM WORTSCHATZ

16 Nennen Sie vier davon

Sternzeichen, deutsche Seen, Monate, deutsche Schriftsteller, Werke von Goethe, Uhren, Tageszeiten, heiße Getränke, deutsche Wochenzeitschriften, neue Bundesländer, Kopfbedeckungen, menschliche Organe, medizinische Berufe, Züge im Schienenverkehr, Teile eines Computers, deutsche Fernsehsender, Zeiteinheiten, deutsche Maler, Tiere im Wald

17 Sie dürfen mal alles kaputtmachen!

Bilden Sie Sätze mit „zer-", und deuten Sie durch eine Geste an, was Sie tun.

> *Beispiel:* Ich *zerreiße* das Foto.

> bröckeln, hacken, knacken, knüllen, kratzen, legen, mahlen, schneiden, schlagen, stampfen

Äste, Brot, Geschirr, Kaffeebohnen, Kartoffeln, Lack, Nuss, Motor, Serviette, Stoff

18 Bilden Sie Sätze mit „ver-"

1. Mach das Zimmer dunkler! 2. Sie hat ihrem Mann Gift gegeben. 3. Er ist zu früh gekommen. 4. Der Himmel wird düster. 5. Von den Video Clips wird man blöde. 6. Der Verlierer ärgert sich. 7. Die Kindheitserinnerungen werden blasser. 8. Das Benzin wird teurer. 9. Die Äpfel am Baum werden faul. 10. Ich habe das falsch geschrieben. 11. Die beiden haben Krach miteinander. 12. Die Nachbarn sind Feinde. 13. Das Metall ist flüssig geworden. 14. Er ist in die falsche Richtung gefahren. 15. Die Bevölkerung in Ländern der Dritten Welt wird ärmer.

19 Pluralbildung

1. Berlin hat über 3,4 (Million) (Einwohner).
2. Im Angebot gibt es (günstig / Geschirrspülmaschine), (preiswert / Elektroherd), (billig / Kühlschrank), (gebraucht / Fernsehapparat), (modern / Kaffeeautomat) zu (niedrig / Preis) mit (hoch / Preisnachlass).
3. Alle (langjährig / Arbeitskraft) erhalten (höher / Betrag) als (Lohn) und (Gehalt) ausgezahlt.
4. Nicht alle (clever / Geschäftsmann) sind (schlimm / Kapitalist).
5. Auf meinem (Ausflug) filmte ich (klar / Bach), (weit / Fluss), (breit / Kanal), (fruchtbar / Acker), (hoch / Berg) und (eng / Tal).
6. In den (Klinik) arbeiten (Professor), (Arzt) und (Krankenschwester), um den (Patient) zu helfen.
7. Als (weit gereist / Tourist) und (zahlend / Gast) kommen hauptsächlich (Japaner) und (Chinese) zu uns. Aber auch (Schwede), (Däne), (Norweger) und (Finne) sind (häufig / Kunde) unserer (Verkehrsamt). Sie erhalten (nützlich / Auskunft) und (gedruckt / Informationsmaterial).
8. Die (heftig / Zusammenstoß) der (beritten / Polizist) mit den (vermummt / Demonstrant) verliefen unblutig.
9. In den (klein / Seebad) auf den (ostfriesisch / Nordseeinsel) gibt es zum Glück keine (laut / Privatauto), wohl aber einige (Taxi).
10. Während der (wild / Streik) warteten (unschuldig / Passagier) auf den (spanisch / Flughafen). (Dutzend) schliefen auf (hart / Bank) und (Stuhl), andere versuchten, (neu / Auskunft) zu bekommen. Auf den (örtlich / Bahnhof) und (zentral / Busstation) sah es nicht viel besser aus. Nur die (einheimisch / Taxichauffeur) machten (glänzend / Umsatz).
11. Deine (gestrig / Notiz) enthalten nach meinen (bisherig / Eindruck) viele (schwer / Irrtum).

20 Geographie

Wo liegen diese Städte? Welche Flüsse sind maskulin? Bilden Sie Sätze.

Oder, Rhein, Spree, Neckar, Donau, Leine, Weser, Saale, Main, Elbe, Inn, Mosel

z. B.: An welchem Fluss liegt München ? – *An der Isar.* Ich fahre gern *an die Isar.*

Heidelberg, Bonn, Bremen, Dresden, Berlin, Hannover, Wien, Frankfurt (2 mal), Trier, Halle, Innsbruck

IV. ÜBUNGEN ZUR KOMPARATION

21 Sie sind begeistert. Bilden Sie Superlative

> *Beispiel:* Cocktail – Das war *der raffinierteste* Cocktail, den ich je(mals) getrunken habe.

Mann, Abenteuer, Geld, Turnübung, Kleid, Preis, Menü, Krimi, Hotel, Kaffee, Telefonat, Wasserfall, Lippen, Angebot, Beruf

22 Geographie

> *Beispiel:* (Afrika, Europa, Asien, Südamerika) Südamerika hat das größte Bevölkerungswachstum nach Afrika.

Wählen Sie die beiden richtigen Begriffe aus der Klammer und bilden Sie einen Satz.

1. (der Chiemsee, die Müritz, der Bodensee, der Starnberger See) _____ _____ hat die _____ Ausdehnung nach _____ _____ .
2. (Hamburg, München, Köln, Berlin) _____ hat die _____ Einwohner nach _____ .
3. (der Bayerische Wald, die Alpen, der Taunus, der Schwarzwald) _____ ist das höchste Gebirge nach _____ _____ .
4. (Sylt, Borkum, Rügen, Fehmarn) _____ ist die _____ Insel nach _____ .
5. (der Rhein, die Donau, die Weser, der Main) _____ _____ ist innerhalb der deutschen Grenzen der _____ Fluß nach _____ _____ .
6. (das Saarland, Hessen, Bayern, Niedersachsen) _____ ist das größte Bundesland nach _____ .

23 Setzen Sie „wie" oder „als" ein

1. Der Vulkanausbruch war so heftig, _____ vorhergesagt worden war. 2. Du bist dümmer, _____ die Polizei erlaubt. 3. Werde erst mal so alt, _____ du aussiehst! 4. Kräht der Hahn wohl auf dem Mist, ändert sich das Wetter oder es bleibt, _____ es ist. 5. Der Neubau wird teurer, _____ du glaubst. 6. Die Mumie war älter, _____ bisher vermutet worden war. 7. Es passierte alles so, _____ ich es zuvor geträumt hatte. 8. Die Sonnenuntergänge am Meer waren so farbenprächtig _____ in einem kitschigen Prospekt, viel schöner _____ man sich das vorstellen kann. 9. Sie hat mehr Verstand, _____ du glaubst. 10. Die Immunschwächekrankheit ist tückischer, _____ bisher angenommen wurde.

Test 4-7

ABSCHLUSSTEST LEKTIONEN 4-7

I. Strukturen und Wortschatz

1 *„stehen" oder „stellen"? Ergänzen Sie das passende Verb.*

1. In unserer Bibliothek _____ dem Benutzer neben Büchern und Zeitschriften auch Schallplatten und Videokassetten zur Verfügung.

2. Aufgrund finanzieller Schwierigkeiten war die Fertigstellung des Tunnels unter dem Ärmelkanal erneut in Frage _____ .

3. Die Zunahme der Aggressivität in Großstädten _____ in engem Zusammenhang mit den erschwerten Lebensbedingungen.

4. Sein Verhalten _____ in krassem Widerspruch zu den Forderungen, die er vertritt.

5. Wir bedauern, dass wir Ihnen zu dem gewünschten Datum keine Reisebegleiterin zur Verfügung _____ können.

6. Um in Deutschland arbeiten zu können, _____ er einen Antrag auf Aufenthaltsgenehmigung.

	1
	1
	1
	1
	1
	1

| | 6 |

2 *Sagen Sie das Gleiche in offiziellerem Ton.*

> *Beispiel:* Die Währungsunion zwischen der Bundesrepublik und der DDR galt ab 1. Juli 1990. (Kraft)
> Die Währungsunion zwischen der Bundesrepublik und der DDR *trat* am 1. Juli 1990 *in Kraft.*

1. Die Währungsunion hatte gravierende Veränderungen im wirtschaftlichen Bereich nach sich gezogen. (Folge)
Die Währungsunion hatte gravierende Veränderungen im wirtschaftlichen Bereich _____

| | 2 |

2. Viele Ausländerkinder waren aufgrund ungenügender Sprachkenntnisse nicht fähig, dem Unterricht in deutschen Schulen zu folgen. (Lage)
Viele Ausländerkinder _____ aufgrund ungenügender Sprachkenntnisse _____ , dem Unterricht in deutschen Schulen zu folgen.

| | 2 |

3. Es ist schwer, sich unter diesen Bedingungen sofort zu entscheiden. (Entscheidung)

Es ist schwer, unter diesen Bedingungen _____

_____

| 2 |

4. Bei Charterflügen muss der Reisende oft mit längeren Wartezeiten rechnen. (Kauf)

Bei Charterflügen muss der Reisende oft längere Wartezeiten _____

_____

| 2 |

5. Er war gerade dabei, das Haus zu verlassen, als der Postbote ihn mit der Nachricht von seinem Lottogewinn überraschte. (Begriff)

Er _____ ,

| 2 |

das Haus zu verlassen, als der Postbote ihn mit der Nachricht von seinem Lottogewinn überraschte.

| 10 |

3 *Wie werden die folgenden Verben betont? Setzen Sie die entsprechenden Zeichen.*

Beispiele: úmsteigen, unterstréichen

1. überweisen   2. sich unterhalten   3. ausfüllen   4. teilnehmen   5. überzeugen   6. auffallen   7. erfüllen   8. sich einschreiben   9. fortsetzen

| 9 |

4 *Formen Sie die Sätze nach folgendem Beispiel um:*

Der Arbeitgeber *hat* die Jugendlichen für die Teilnahme am Berufsschulunterricht *freizustellen.*
Die Jugendlichen *sind* vom Arbeitgeber für die Teilnahme am Berufsschulunterricht *freizustellen.*
Der Arbeitgeber *muss* die Jugendlichen für die Teilnahme am Berufsschulunterricht *freistellen.*
Die Jugendlichen *müssen* vom Arbeitgeber für die Teilnahme am Berufsschulunterricht *freigestellt werden.*

1. Der Arbeitgeber muss die Ausbildungsvergütung auch für die Unterrichtszeit zahlen.

a) Der Arbeitgeber hat _____

_____

| 2 |

b) Die Ausbildungsvergütung ist _____

_____

| 2 |

c) Die Ausbildungsvergütung muss _____

_____

| 2 |

Test 4–7

2. Die Miete ist vom Mieter am Monatsende zu überweisen.

   a) Der Mieter muss _____

   _____ [2]

   b) Die Miete muss _____

   _____ [2]

   c) Der Mieter hat _____

   _____ [2]

   [12]

5 *Formen Sie die Sätze nach folgendem Beispiel um:*

> Der Arbeiter von heute *kann* nicht mit dem Proletarier des 19. Jahrhunderts *verglichen werden.*
> Der Arbeiter von heute *ist* nicht mit dem Proletarier des 19. Jahrhunderts *vergleichbar.*
> Der Arbeiter von heute *lässt sich* nicht mit dem Proletarier des 19. Jahrhunderts *vergleichen.*

1. Der Proletarier ließ sich austauschen und ersetzen.

   a) _____ [2]

   b) _____ [2]

2. Der Plan konnte nicht durchgeführt werden.

   a) _____ [2]

   b) _____ [2]

3. Seine Zukunft war nur schwer einschätzbar.

   a) _____ [2]

   b) _____ [2]

4. Wohlstand lässt sich nicht nur materiell messen.

   a) _____ [2]

   b) _____ [2]

5. Das Problem der Arbeitslosigkeit ist nach Ansicht der Arbeitgeberverbände nur durch Verzicht auf Lohnerhöhung lösbar.

   a) _____

   _____

   _____ [2]

   b) _____

   _____

   _____ [2]

   [20]

6 *Ersetzen Sie die schräg gedruckten Satzteile durch die angegebenen Verben. Denken Sie dabei an die entsprechenden Präpositionen und Deklinationen.*

1. *Es gibt zu wenig* Studienplätze. (mangeln)

   _____ 2

2. Die Wirtschaftskrise *hatte* einen Anstieg der Arbeitslosigkeit *zur Folge.* (führen)

   _____

   _____ 2

3. Für ihr Studium *stellte* sie *einen Antrag auf* ein Stipendium in der Bundesrepublik. (sich bewerben)

   _____ 2

4. An seinem Arbeitsplatz *hat* er *den Ruf,* tüchtig und zuverlässig zu sein. (gelten)

   _____

   _____ 2

5. Griechenland *ist Mitglied* der Europäischen Gemeinschaft. (gehören)

   _____

   _____ 2

6. Viele Vereine und kulturelle Institutionen wie Theater und Opern *sind auf* staatliche Unterstützung *angewiesen.* (abhängig sein)

   _____

   _____ 2

7. Im Reisebüro *bat* er *um Auskunft über* günstige Flüge von Paris nach München. (fragen)

   _____

   _____ 2

8. Bei ihrem Nachbarn *protestierte* sie *gegen* die nächtliche Ruhestörung. (sich beklagen)

   _____

   _____ 2

9. Alle *stimmten* seinem Vorschlag *zu.* (einverstanden sein)

   _____

   _____ 2

   18

Test 4–7

7 *Ergänzen Sie das fehlende Wort, das auf den Nebensatz vorbereitet.*

> *Beispiel:* Heute beschäftigt man sich mehr *damit,* was bei der Ernährung zu beachten ist.

1. Die Nahrungsaufnahme ist eine Voraussetzung _____ , dass wir am Leben bleiben. | 1 |

2. Die Höhe des Nahrungsbedarfs hängt _____ ab, wie sehr wir uns körperlich anstrengen. | 1 |

3. Zunehmender Wohlstand verführt aber _____ , mehr zu essen, als man braucht. | 1 |

4. Wir müssen also _____ denken, dass eine zu reichliche Ernährung ernste Folgen für die Gesundheit haben kann. | 1 |

5. Deshalb sollten wir _____ verzichten, mehr zu essen, als der Körper nötig hat. | 1 |

| 5 |

Gesamtpunktzahl
Strukturen und Wortschatz: | 80 |

II. Schriftlicher Ausdruck

Sonntagsfahrverbot am Belchen im Schwarzwald

Altern (dpa) – Zum erstenmal in Europa wurde aus Umweltschutzgründen im Südschwarzwald längerfristig ein Sonntagsfahrverbot in Kraft gesetzt. Der 1414 Meter hohe Belchen darf künftig von Juli bis Mitte November sonntags nicht mehr mit dem Auto angefahren werden. Fünf Kilometer vor dem Gipfel gebieten Verbotsschilder und Schranken den motorisierten Ausflüglern Halt. (Aus: *Süddeutsche Zeitung*)

Lesen Sie obenstehende Zeitungsnotiz und nehmen Sie zum Thema des Umweltschutzes und der Umweltverschmutzung Stellung. | 20 |

Testergebnis: | 100 |

ANHANG

Zwei Kurzkrimis:

Zentrale Mittelstufenprüfung (ZMP)

Index

Quellenverzeichnis

Leonard Koop

Ein Toter macht sich auf den Weg

¹ Ganz langsam schritt Rick Blunt auf den Ausgang des Gefängniskrankenhauses zu. Sein Bein schmerzte zwar kaum mehr, aber er wollte jede Sekunde auskosten, die ihn ⁵ noch von den hohen Mauern der Strafanstalt trennte. Sie lag zwei Meilen von der Krankenstation entfernt, auf der anderen Seite des Waldstücks. Die beiden Beamten, die Blunt links und rechts an den Armen ¹⁰ festhielten, paßten sich seiner Geschwindigkeit an. Mit einem frischen Verband erhielt man eben auch gewisse Sondervergünstigungen.

Es war schon dunkel draußen, und Blunt ¹⁵ spürte einen kühlen Windstoß im Nacken. Noch trug er den gleichen Anzug wie gestern bei seiner Festnahme – mit Grauen dachte er an die Anstaltskleidung. Blunt nahm auf der Bank des Gefängnisbusses ²⁰ Platz und rieb sich die Hände. Zum Glück hielt man es nicht für nötig, ihm Handschellen anzulegen. Er war eben doch nur ein kleiner Fisch. Einer der Beamten startete den Wagen, der andere setzte sich ne- ²⁵ ben den Gefangenen. Die Straße war matschig, und der Bus rumpelte über unzählige Schlaglöcher hinweg. Plötzlich wurde Blunt mit einem heftigen Ruck halb von seinem Sitz geschleudert, ein weiterer Stoß ³⁰ ließ ihn wieder zurückplumpsen. Die gegenüberliegenden Sitzbänke befanden sich auf einmal schräg über seinem Kopf – der Bus war in einen Graben gestürzt. Blunts Bewacher regte sich nicht, sein Kopf war ³⁵ bewußtlos zur Seite gesunken.

Rick Blunt begriff seine Chance. Er nahm dem Polizisten die Waffe aus dem Halfter.

Dann rappelte er sich hoch, stieß eine Tür des Transporters auf und humpelte, so schnell es eben ging, in den Wald. ⁴⁰ Natürlich wußte Blunt, daß er nicht viel zu hoffen hatte. Die Suchtrupps waren schnell. Aber wahrscheinlich hatte der Fahrer beim Unfall auch etwas abgekriegt und konnte nicht gleich um Hilfe rufen. ⁴⁵ Immerhin kannte Blunt die Umgebung des Gefängnisses sehr gut. Schon einige Male hatte man ihn dort unfreiwillig einquartiert und im Wald bei Forstarbeiten schuften lassen. Die Wunde vom Streifschuß tat nun ⁵⁰ doch etwas weh, und Blunt hatte alle Mühe, nicht über Gestrüpp und glitschige Baumwurzeln zu stolpern. Doch in dieser Richtung mußte er bald auf die Landstraße und den Parkplatz stoßen. Wenn er nicht ⁵⁵ schnell einen Wagen auftrieb, konnte er sich auch gleich freiwillig im Gefängnis zurückmelden.

Noch während Blunt mit dem Dickicht kämpfte, hörte er einen Motor aufheulen. ⁶⁰ Einmal, zweimal, dreimal. Als er den Parkplatz am Waldessaum erreichte, sah er dort ein einsames Auto stehen. Der Fahrer hatte Probleme mit dem Anlasser. Einer der wenigen großen Glücksfälle im Leben, dachte ⁶⁵ Blunt. Er schlich von hinten an den Wagen heran, öffnete die Tür und drückte dem Fahrer die Polizeipistole an die Schläfe. Der schmächtige, junge Bursche blickte voller Angst zu ihm auf, brachte aber kein ⁷⁰ Wort heraus. Blunt machte den Wagen im Handumdrehen wieder flott, dann setzte er sich auf die Rückbank. „Fahr jetzt", sagte er. „Rechts rum."

„Was wollen Sie von mir?" fragte der junge
Mann mit schwacher Stimme. „Wollen Sie
Geld?"
„Du sollst nur tun, was ich dir sage. Dann
passiert dir nichts." Schon nach wenigen
Meilen sah Blunt, was er erwartet hatte: die
Lichterketten einer Polizeikontrolle. „Hör
mal zu", brummte er dem Fahrer ins Ohr.
„Wehe du machst denen gleich ein Zei-
chen. Ich habe nichts zu verlieren. Ich ma-
che kurzen Prozeß."
Blunt klemmte sich zwischen Vorder- und
Rücksitze und hörte auf zu atmen. Der
Wagen stoppte langsam. Der Strahl einer
Taschenlampe blitzte herein. Eine Se-
kunde, zwei Sekunden ... war er entdeckt
worden, der Wagen bereits umstellt?
Er fuhr wieder an – Blunt holte so tief Luft
wie ein Kurgast im Gebirge. „Ich bin zufrieden mit dir, mein Junge. Wenn du dich
weiterhin so gut beträgst, wird unsere Be-
kanntschaft lediglich das aufregendste
Abenteuer deines Lebens sein. Bald
kommt eine Kreuzung. Da nimmst du die
Überlandstraße nach Westen."
Heute morgen, im Krankenhaus, war
Blunt an eine Zeitung herangekommen.
Natürlich wurde groß über den Banküberfall berichtet. Der Artikel enthielt allerdings eine Fehlinformation, die Blunt jetzt
sehr zugute kam. Einer der Täter sei mit
der Beute geflüchtet, der andere aber beim
Schußwechsel mit der Polizei ums Leben
gekommen, hieß es. Hal Dorsey mußte
glauben, sein Komplize sei tot. Und ein
Toter konnte der Polizei nichts verraten.
Bestimmt hatte sich Dorsey mit dem Geld
in seinem altbewährten Versteck verkro-
chen. Dieser Dorsey war ein krummer
Hund, Blunt mußte vorsichtig sein. Sie
hatten beim Überfall zwei Fluchtwagen
benutzt, doch Blunts war nicht angesprun-
gen. Gut möglich, daß Dorsey es so einge-
richtet hatte – um Blunt loszuwerden und
um von seiner eigenen Flucht abzulenken.
Außerdem war in der Hektik „zufällig" die
ganze Beute in Hal Dorseys Wagen gelandet. Dorseys große kriminelle Erfolge waren sicherlich seiner Skrupellosigkeit zuzu-
schreiben. Er hatte bereits einige Men-
schenleben auf dem Gewissen.
Die Überlandstraße führte durch riesige
Ackerflächen, die nun ebenso schwarz waren wie die Nacht. Nur manchmal sahen
Blunt und seine Geisel die fernen Lichter
eines Gehöfts. Müdigkeit spürte Blunt
überhaupt nicht. Vielmehr schien sich sein
Puls mit jeder zurückgelegten Meile zu be-
schleunigen.
„Langsamer fahren und Fernlicht einschal-
ten", befahl er nach zwei Stunden. „Bald
muß eine Abzweigung kommen."
Wenig später bog der Wagen in einen
schlammigen, überwachsenen Weg ein.
Nach einigen hundert Metern passierte er
eine dichte Baumgruppe. Dahinter schim-
merte die weiße Farbe eines einstöckigen
Holzhauses durch das Dunkel.
„Okay, stoppen. Wir gehen das letzte
Stück zu Fuß."
Die Fenster des Hauses waren alle unbe-
leuchtet. Aber Blunt schaute auf der rück-
wärtigen Seite in den Schuppen: Hier stand
Dorseys Fluchtauto. Blunt entsicherte
seine Waffe, schob den jungen Mann vor
sich her und prüfte das Schloß der Ein-
gangstür. Wider Erwarten war sie nicht ab-
gesperrt. Rick Blunt knipste die Decken-
leuchte an. Eine Matratze lag da und ein
Schlafsack. Es gab bloß einen Stuhl, einen
wackligen Tisch, auf dem sich Proviant sta-
pelte, und einen großen Schrank. Blunt
schaute vorsichtig in den beiden Neben-
räumen nach, in denen allerlei Gerümpel
lag.
„Dorsey macht wohl gerade eine Nacht-

wanderung. Um so besser. Ich werde mich schon mal um meinen Anteil kümmern. Du setzt dich hier auf den Stuhl! Versuch ja nicht abzuhauen, ich ziele auch im Dun-
165 keln sehr gut."

Blunt inspizierte die Matratze, untersuchte die Dielen und wühlte sich durch den Müll der Nebenzimmer. Nichts. „Dorsey ist raffiniert", sagte er zu sich selbst. „Be-
170 stimmt ist das Geld an einem Platz, an dem man es am wenigsten erwartet."

Blunt klatschte sich mit der flachen Hand an die Stirn und stürzte zum Kleider-schrank. Er riß die Tür auf – und schaute in
175 die Mündung eines Revolvers.

„Du bist ganz schön beharrlich, Blunt. Dein Pech."

Hal Dorsey kam mit blinzelnden Augen heraus und drängte Blunt zurück. „Wer ist
180 das?" Dorsey deutete mit seiner Kanone auf die Geisel.

„Mein Chauffeur", sagte Blunt. „Harmlos."

„Aber du hast ihm mein Versteck verraten. Na, ist jetzt sowieso egal."
185 Dorsey steckte Blunts Waffe in den Gürtel und sagte: „Ich weiß nicht, warum du doch noch lebst und wie du denen entkommen bist. Aber hier ist Endstation. Hast du tatsächlich geglaubt, daß ich mit dir teilen will?"
190 Dorsey richtete seinen Revolver auf Blunts Stirn, sein Finger umschloß den Abzug.

„Sofort die Waffe runter! Hände hoch." Der schmächtige junge Mann war aufge-sprungen und hielt mit beiden Händen eine Pistole auf Dorsey gerichtet. Der wirbelte 195 blitzschnell herum. Ein Schuß krachte. Dorsey ging in die Knie und hielt seinen blutenden Unterarm.

„Los da! In die Ecke mit euch beiden", be-fahl der Jüngling und fesselte Blunt und 200 Dorsey fachmännisch mit Handschellen aneinander.

„Du hast doch nicht etwa einen Bullen hierhergeschleppt?" ächzte Dorsey.

„Allerdings hat er das", sagte der junge 205 Mann. „Wir hatten herausgefunden, daß der mehrfache Mörder Hal Dorsey am Bankraub beteiligt war. Um ihn endlich zu schnappen, entschieden wir uns für die Spezialaktion. Ihr Ausbruch wurde von 210 der Polizei vorbereitet, Blunt! Danach sind Sie folgerichtig zum Parkplatz gelau-fen, wo ich mit dem Motor ordentlich Krach machte. Ihr Glück, daß Sie Ihre Geisel nicht nach Waffen durchsucht ha- 215 ben. Dann hätte ich jetzt kaum Ihr Leben retten können. Aber natürlich ist mein Wagen mit einem Sender ausgerüstet, und wir werden gleich jede Menge Gäste empfangen. Leider kann ich Ihnen nicht 220 die Fesseln zum Händeschütteln abneh-men."

Leonard Koop

Eine weite Reise ins Verderben

1 Es war noch früh am Morgen, und in der kleinen Kaffeebar saßen erst wenige Gäste vor ihren dampfenden Tassen. Bruce und Frankie hatten die Nacht durchgemacht –
5 in Bars und Diskotheken. Zur eigentlich geplanten „Geschäftsbesprechung" war es nicht gekommen. Nun blickten sie sich ge-genseitig in die rotgeäderten Augen, miß-mutig und ernüchtert.

„Wir können uns nicht jeden Abend be- 10

trinken", sagte Frankie mit dunkler Stimme. „Wir müssen endlich wieder Geld heranschaffen."

„Ja, ja, ich weiß", antwortete Bruce. Er war wie sein Freund knapp unter Dreißig.

„Ich habe für uns sogar ein sehr lukratives Geschäft an der Hand. Bin noch nicht damit herausgerückt, weil es viel riskanter ist als sonst", verkündete Frankie.

„Also sag schon."

Frankie lehnte sich zurück und schaute seinen Freund bedeutungsvoll an. „Erst einmal müßten wir eine weite Reise unternehmen. Nach Kolumbien. Dort nehmen wir etwas in Empfang und bringen es zurück in die USA."

„Du meinst ... Drogen?!"

„Ja. Ich habe von einem kleinen Kokainbauern gehört, der seine Ware zum Spottpreis verscherbelt. Hier verkaufen wir sie für das Zigfache."

Die beiden Männer wußten, was ihnen blühte, wenn man sie erwischte. Doch auch nach langem Drehen und Wenden war die Verlockung größer als die Angst. Am heikelsten würde der Grenzübertritt sein. Doch Frankie hatte bereits einen Plan, der durch seine Einfachheit überzeugte.

Am nächsten Tag lag ein Haufen grüner Dollarbündel auf Frankies nachgemachtem Perserteppich. Die beiden hatten alle Ersparnisse zusammengeschmissen.

„Viel ist es nicht", sagte Frankie und strich mit seinen schlanken Fingern die grünen Scheine glatt. „Aber es reicht für die Unkosten und eine ordentliche Portion Stoff. Laß uns gehen."

Bei einer Billig-Fluggesellschaft kauften Bruce und Frankie Hin- und Rückflugtikkets nach Kolumbien. Es gab jeweils eine Zwischenlandung in Austin, Texas, wo sie auf eine andere Maschine umsteigen mußten.

„In Austin wird's dann also brenzlig", Bruce stierte nach dem Mittagessen im Fast-Food-Lokal unentwegt auf sein Tikket. „Dort findet auf der Rückreise die Zollkontrolle statt."

„Ja, aber keine Sorge", antwortete Frankie, während er mit dem Zahnstocher seine kleinen, weißen Zähne bearbeitete. „Wir sind schlauer als die."

Am Montag um acht Uhr dreißig checkten die beiden Männer am Flughafen ein. Frankie hatte sich die Haare straff nach hinten gekämmt, und im Jackett mit Schulterpolstern wirkte er wie ein junger Geschäftsmann. Bruces Anzug saß hingegen etwas zu eng auf seinem untersetzten Körper, er fühlte sich überhaupt nicht wohl.

Da beide vor Aufregung in der Nacht kaum geschlafen hatten, dösten sie auf dem Flug nach Austin die meiste Zeit. Dort tranken sie sich mit warmem Bier einen Schwips an, während sie auf die Anschlußmaschine warteten. In der Dunkelheit landete diese schließlich auf dem Flughafen von Bogotá, der Hauptstadt Kolumbiens. Bruce und Frankie mieteten sich in einem kleinen Hotel ein und schliefen zehn Stunden durch.

„Diese Hitze ist ja fürchterlich", stöhnte Bruce, als er am nächsten Tag in seinen durchschwitzten Bettüchern aufwachte.

„Es sind bloß dreißig Grad", antwortete Frankie. Er saß in Shorts und T-Shirt auf der Bettkante und studierte eine Karte. „Steh jetzt auf. Wir müssen gleich los."

Etwas unsicher stapften die jungen Männer über die südländisch regen Straßen der Millionenstadt. Frankie konnte ein paar Brocken Spanisch, die ihm sehr nützlich waren. Mit einem Mietwagen fuhren sie dann durch die endlosen, tristen Vorstädte aufs Land. Nach zweieinhalb Stunden und einigen Irrwegen über schmale Feldpisten fanden sie das hinter einem Hügel verborgene Gehöft.

Ein alter Bauer kam ihnen entgegen, und als er das Codewort „tocino" gehört hatte, lud er sie zu einem sehr bitter schmeckenden Schnaps ein. Das eigentliche Geschäft war eine Sache von Minuten. Nachdem Bruce und Frankie ihre Dollarbündel auf den Tisch gelegt hatten, übergab ihnen ein jüngerer Mann einen Beutel mit weißem Pulver. Sie schnupperten und schmeckten fachmännisch, obwohl sie überhaupt nichts von Drogen verstanden. Dann machten sich die Männer schnell davon und waren am Nachmittag wieder in ihrem Hotelzimmer.

Hier begann nun die Millimeterarbeit, die Teil von Frankies Plan war. Dazu lagen zwei ganz normale Stangen Filterzigaretten bereit. Aus den Papierhülsen der Zigaretten wurde der Tabak entfernt und statt dessen das Rauschgift hereingedrückt. Die Spitzen wurden mit Tabak getarnt. Die Zigaretten wanderten dann zurück in die Schachteln und diese wieder in ihre beiden Pappbehälter. Alles wurde sorgsam mit Spezialleim zugeklebt.

Schon am nächsten Tag waren die beiden wieder auf dem Heimflug. Jeder trug eine Plastiktüte des Flughafenshops von Bogotá bei sich, in denen sich die Zigarettenstangen befanden. Es sah so aus, als hätten sie diese vor dem Abflug ordnungsgemäß zollfrei eingekauft.

Nach der Landung in Austin schritten Bruce und Frankie als letzte durch die Paßkontrolle. Sie verlief problemlos. In einem Raum dahinter warteten bereits zwei Zollbeamte auf sie. Die beiden mußten ihre Koffer öffnen, doch die Kontrolleure blickten nur flüchtig hinein. „Zeigen Sie doch mal Ihre Plastiktüten her", befahl dann einer der Beamten.

Frankie hob seine Tüte in die Höhe. „Wir haben jeder nur eine Stange, da müssen wir doch nichts draufzahlen."

„Nein", antwortete der Beamte grimmig. „Aber die Tüten sind nicht vorschriftsgemäß versiegelt, das ist verdächtig. Nach unserer Dienstvorschrift müssen wir die Schachteln durchleuchten, es könnte Rauschgift drinnen sein, oder so. Außerdem fällt eine hohe Ordnungsgebühr an. Wenn Sie es aber eilig haben, lassen Sie die Zigaretten einfach hier, und wir vergessen die Angelegenheit."

Frankie wußte, daß es nun um Kopf und Kragen ging. Sein Profit war für ihn plötzlich das Unwichtigste von der Welt. Er spürte einen Krampf im Nacken und wie sich sein Gesicht erhitzte. Doch dann sagte er sehr gelassen: „Ja, behalten Sie das nur. Das ist es nicht wert." Daraufhin gingen die Männer ohne ihre heiße Ware in den Warteraum für ihre Anschlußmaschine.

„Sollten wir nicht lieber abhauen?" flüsterte Bruce angstvoll. „Die holen uns gleich!"

„Das wäre viel zu auffällig. Einfach weiterfliegen ist am besten. Bis jemand eine Packung öffnet, sind wir schon weit weg. Unsere Namen haben die ja nicht."

Doch die Wartezeit war eine nervliche Tortur. Pausenlos schauten die Männer auf die Uhr, sehnten sich nach dem erlösenden Aufruf ihres Fluges. Dann erstarrten beide im selben, grausigen Moment: Drei Männer kamen auf sie zu. Zwei Flughafenpolizisten und einer im Anzug, der die beiden Zigarettenstangen in Händen hielt.

„Guten Tag, meine Herren. Ich bin der Flughafendirektor. Zwei unserer Zollbeamten haben Ihnen Ihre Zigaretten abgenommen. Es sind korrupte Burschen, die wir seit langem verdächtigen, sich des Eigentums harmloser Reisender zu bemächtigen. Unter irrwitzigen Vorwänden. Ich möchte mich im Namen des Flughafenpersonals entschuldigen und Ihnen Ihren Besitz zurückgeben."

Bruce und Frankie erhoben sich zögernd und reichten dem Direktor die Hand. Frankie schaffte es mal wieder, die Fassung zu bewahren, und meinte: „Das ist sehr nett. Wir haben bereits mit dem Gedanken gespielt, Anzeige zu erstatten." Mit einem schnellen Blick vergewisserte er sich, daß die Stangen unversehrt waren.

Der Flughafendirektor lud Bruce und Frankie zu einem Kaffee ein und begann einen freundlichen Small talk. „Darf ich Ihnen Zigaretten anbieten?" fragte er und holte eine Schachtel aus seinem Jackett. „Das sind doch die passenden Friedenspfeifen!"

Bruce und Frankie nahmen lächelnd an.

Während der Direktor ihnen Feuer gab, erklärte er: „Wir haben die beiden schwarzen Schafe per Videokamera überwacht. Erst als sie die Stangen aufrissen, weil sie von Ihren Zigaretten rauchen wollten, haben wir zugeschlagen. Dadurch wurde die Überführung perfekt. Natürlich habe ich die beschädigte Stange aus eigener Tasche durch eine neue ersetzt", sagte der Direktor, zog an seiner Zigarette und bekam einen Hustenkrampf. Grüngelb angelaufen kreischte er: „Was ist denn das für ein Teufelszeug?! Es stammt aus der Stange, die ich ausgetauscht habe. Dieses vielsagende Aroma muß unbedingt überprüft werden, genau wie Sie, meine Herren!" Mit einer gar nicht mehr freundlichen Miene machte er den Flughafenpolizisten ein Zeichen. Bruce und Frankie ließen sich widerstandslos abführen.

Zentrale Mittelstufenprüfung

Auf den folgenden Seiten finden Sie einige Beispiele für Aufgaben, die Sie in der Zentralen Mittelstufenprüfung erwarten und die Ihnen einen ersten Eindruck von dieser Prüfung geben sollen.

Wenn Sie sich intensiver mit dieser Prüfung beschäftigen möchten, empfehlen wir Ihnen das folgende Buch aus dem Max Hueber Verlag:

> Roland Dittrich / Evelyn Frey
> Training ZENTRALE MITTELSTUFENPRÜFUNG
>
> Band 1: Leseverstehen und Hörverstehen
>
> 2 Audiokassetten zu Band 1
>
> Band 2: Schriftlicher und mündlicher Ausdruck
>
> 1 Audiokassette zu Band 2

Mit fünf Trainingsprüfungen bereiten Sie sich intensiv auf die ZMP vor und die Autoren erklären Ihnen genau, was in dieser Prüfung von Ihnen erwartet wird und worauf es besonders ankommt.

Leseverstehen Aufgabe 1
Arbeitszeit: ca. 15 Minuten

Aufgabe 1:
Sie suchen für 5 Deutschlernende Ratschläge, wie man Lernstrategien sinnvoll im Deutsch-unterricht einsetzen kann. Welche von den 8 Ratschlägen würden Sie für diese Lernenden aus-wählen? Nur jeweils eine Lösung ist richtig.

Aufgaben:

Sie suchen Ratschläge für ...

1 einen älteren Herrn, der glaubt, dass sein Sprachgedächtnis nachlässt
2 einen Jungen, der viel vom Lernen mit technischen Geräten hält
3 eine Studentin, die unter Prüfungsangst leidet
4 eine Hausfrau, die gern mit anderen zusammen lernt
5 einen Manager, der schriftliche Berichte in deutscher Sprache verstehen will

A Hören Sie deutsche Radiosender! Auch deutsche Fernsehprogramme sind für das Hör-verstehen wichtig – besonders gut kann man die Werbung verstehen! Imitieren Sie die Art, wie die Deutschen Dialekte sprechen. Fangen Sie selbst Gespräche in der deut-schen Sprache an, flirten Sie ruhig mal wieder in Cafés und Kneipen. Versuchen Sie sich vor-zustellen, was Ihr Gesprächspartner als nächstes sagen wird. Lernen Sie deutschen „small talk". Versuchen Sie, mehr über die Kultur der deutschsprachigen Länder zu erfahren und reisen Sie viel.

B Die Arbeit in Gruppen ist gut für Menschen, für die Lernen kein technisches, sondern ein soziales Geschehen ist. In Deutschland gibt es jede Menge Vereine, in denen auch Aus-länder organisiert sind. Besonders geeignet, um Kontakte zu bekommen, sind Kurse an den Volkshochschulen, die auch tagsüber stattfinden. Lassen Sie sich nicht isolieren! Wenn Sie etwas nicht verstehen, bitten Sie den Gesprächspartner, langsamer zu sprechen und das Gesagte zu wiederholen. Bitten Sie immer Ihre Gesprächspartner, Ihre Fehler zu ver-bessern! Es gibt keine dummen Fragen, sondern nur dumme Antworten. Besonders von den Nachbarskindern kann man gut Deutsch lernen, denn sie haben bei Sprachproblemen viel Geduld.

C Sie sollten unbedingt einen entsprechenden Vorbereitungskurs besuchen, damit Sie die Sprachprüfung bestehen! Solide Sprachkenntnisse sind für Ausländer Vorausset-zung für das Studium an einer deutschen Universität. Als Nachweis der deutschen Sprachkenntnisse für die Zulassung zum Fachstudium werden anerkannt: das Abschluss-zeugnis einer deutschen höheren Lehranstalt (Gymnasium, Fachhochschule, Studienkolleg etc.), die Sprachprüfung an bundesdeutschen Universitäten: Deutsche Sprachprüfung für den Hochschulzugang ausländischer Studienbewerber (DSH, früher PNdS), das Kleine oder das Große Sprachdiplom des Goethe-Instituts, die Zentrale Oberstufenprüfung des Goethe-Instituts (ZOP) und das Sprachzeugnis der Kultusministerkonferenz der Länder der Bundes-republik Deutschland Stufe II.

D Die Welt wächst zusammen. Es ist heute kein Problem mehr, deutsche Zeitungen im Ausland im Internet zu lesen, noch bevor sie in Deutschland am Kiosk zu kaufen sind. Man kann die Texte ganz einfach in seine Textverarbeitung herunterladen. Dann gibt es Programme zu kaufen, die sofort Lückentexte oder andere Übungsformen daraus herstellen. Wenn man einen Computer besitzt, kann man auch im Selbststudium bequem zu Hause oder im Büro mit einer CD-ROM arbeiten. Bild und Ton ergänzen sich. Wie wäre es mit einer E-Mail-Partnerschaft? Besuchen Sie mal die Homepage des Goethe-Instituts. Da gibt es jede Menge Links und Informationen: www.goethe.de

E Wenn Sie das Gefühl kennen, dass Ihnen bei einer Klausur der kalte Schweiß ausbricht, dass Ihre Handflächen feucht sind, dass die Knie zittern und Sie einen totalen „black-out" haben, dann liegt das manchmal daran, dass Sie zu intensiv gelernt haben. Stress-hormone blockieren dann Ihr Gehirn. Entspannen Sie sich lieber am Vorabend mit einem angenehmen Bad oder sanfter Musik oder gehen Sie spazieren! Sprechen Sie mit anderen über Ihre Gefühle oder schreiben Sie sie in ein Tagebuch!

F Versuchen Sie nicht, jedes einzelne Wort im deutschen Text zu verstehen! Unbekannte Wörter können Sie vielleicht aus dem Zusammenhang erraten. Oder versuchen Sie den Sinn eines Wortes zu verstehen, indem Sie es in bekannte Teile zerlegen. Schlagen Sie nicht gleich jedes Wort im Wörterbuch nach, sonst verlieren Sie zu viel Zeit! Lesen Sie möglichst viele Texte zur Unterhaltung und zum Zeitvertreib. Nutzen Sie die vielen kleinen Gelegenheiten im Stau, an Bushaltestellen, in Pausen – und warum nicht auch bei einer kleinen Sitzung auf dem WC? Besonders empfehlenswert ist ein Kurs in Wirtschaftsdeutsch, um die nötige Fachterminologie zu erlernen. Abonnieren Sie z. B. das „Handelsblatt" oder „Capital". Unterstreichen Sie neue Wörter im Text!

G Hören Sie deutsche Lieder und Schlager! Versuchen Sie, Textbücher dazu zu kaufen. Singen Sie sie unter der Dusche und im Auto! Besuchen Sie deutsche Filme, die mit Untertiteln in Ihrer Muttersprache gezeigt werden. Beginnen Sie eine Brieffreundschaft. Organisieren Sie Ihren Stundenplan so, dass Ihnen noch genügend Zeit zum Deutschlernen bleibt. Führen Sie ein Lerntagebuch, in dem Sie Ihre Fortschritte registrieren. Versuchen Sie, auf Deutsch zu denken.

H Man sollte auch so oft wie möglich die Lektionen wiederholen. Ein gutes Hilfsmittel, um sich Vokabeln einzuprägen, sind Karteikarten. Bauen Sie sich eine „Eselsbrücke" für neue Wörter. Merken Sie sich die Stellen im Buch, an denen Sie die Vokabeln zum ersten Mal gesehen haben. Verbinden Sie sie mit Körperbewegungen, sprechen Sie sie laut und machen Sie dazu passende Gesten. Oder benutzen Sie Reime, um sich neue Wörter zu merken. Verwenden Sie die Wörter immer in einem kurzen Satz und schreiben Sie sie auf! Stellen Sie sich die Schreibweise vor! Lernen Sie kleine Texte auswendig!

Erfolgsstory einer Initiative
Internationale Kampagne zum Verbot von Landminen

Zuerst saßen nur zwei Männer zusammen. Sie sprachen darüber, dass sie in Lateinamerika und Südostasien immer mehr Minenopfer versorgen müssen. Menschen, die durch die heimtückische Waffe Arme oder Beine verloren. „Wir wollten nicht nur hinterher mit Prothesen arbeiten", formuliert es Thomas Gebauer, Geschäftsführer der Frankfurter Hilfsorganisation „Medico International". Es müsse vorbeugend etwas geschehen, waren sich er und Bobby Muller von den US-amerikanischen „Vietnam Veteran" einig.

Die Idee, eine Kampagne zum Verbot von Minen zu initiieren, war geboren. Weltweit bekannt wurden die Kampagne und ihre Sprecherin Jody Williams mit einem Paukenschlag, als sie mit dem Friedensnobelpreis ausgezeichnet wurden.

1992 hatten Medico und die Veteranen mit vier Organisationen aus den Vereinigten Staaten, Frankreich und Großbritannien die „Internationale Kampagne zum Verbot von Landminen" gegründet. Mit der Kampagne nahm eine Erfolgsstory rund um den Globus ihren Lauf: Zeitungen berichteten weltweit über die Opfer, der Papst rief zum Verbot von Landminen auf, schließlich setzte sich die tödlich verunglückte Prinzessin Diana für die Ächtung der Waffe ein. Der Kampagne schlossen sich in mehr als 60 Ländern rund 1000 nichtstaatliche Organisationen an, davon 16 in Deutschland.

Mit dem entscheidenden Einfluss der Kampagne auf das in Oslo zustande gekommene weltweite Verbot von Anti-Personen-Minen begründete das Nobelkomitee die Vergabe des Friedensnobelpreises. Der Preis ist mit einer Million Dollar dotiert. Geld, das die Kampagne gut brauchen kann.

(Aus: *Sonntagsblatt,* 18.10.1998)

Ergänzen Sie in folgendem Raster die fehlenden Informationen.

0	Ziel der Kampagne	*Verbot von Landminen*
6	gesundheitliche Schäden durch Minen	_____
7	Ursache für die plötzliche Bekanntheit der Kampagne	_____
8	die Kampagne besteht seit	_____
9	prominente Personen, die die Kampagne unterstützen	_____
10	Schicksal von Diana	_____

11 Verwendung des Preisgeldes   _____

12 Namen der Initiatoren der Bewegung   _____

13 Zahl der unterstützenden Länder   _____

14 Belohnung der Kampagne durch   _____

15 Presseberichte erschienen über   _____

Leseverstehen Aufgabe 3

Arbeitszeit: ca. 20 Minuten

Aufgabe 3:
Wie werden diese Fragen von verschiedenen Personen beurteilt?

(A)   positiv
(B)   negativ bzw. skeptisch

Aufgaben:

16 von seinem Anwalt: die Aussichten, dass Mehmet wieder Straftaten begeht?
17 von den Eltern: der Wunsch, mit dem Sohn in die Türkei zurückzufahren?
18 vom Schulleiter: die Aussichten auf eine Integration und normale Entwicklung?
19 von der Freundin: das Urteil, dass Mehmet ein Jahr ins Gefängnis muss?
20 vom Bürgermeister: den Wunsch, Mehmet in ein Erziehungsheim zu stecken?

Ausländische jugendliche Gewalttäter abschieben?

Sein Name ist Mehmet. Nach den Akten ist er hoch kriminell, aber er ist erst 14 Jahre alt. Bereits im Alter von zehn Jahren begann seine kriminelle Karriere. Sicher wird niemand als Krimineller geboren. Auch bei Mehmet haben viele bei der Erziehung etwas falsch gemacht. Die Ausländerbehörde hat seine Aufenthaltserlaubnis nicht verlängert. Er soll deshalb zusammen mit seinen Eltern aus Deutschland abgeschoben werden.

1968 kommt Mehmets Vater nach Deutschland, die Mutter erst 1970. Sie haben drei Söhne und leben in einer Sozialwohnung. 1997 schreibt die Ausländerbehörde den Eltern: „Wegen der zahlreichen Straftaten ihres jüngsten Sohnes Mehmet fordern wir Sie auf, mit Ihrem Sohn Deutschland umgehend zu verlassen." Die Eltern haben aber auf ein Haus in der Türkei gespart, das jetzt fertig gebaut ist, und lehnen ab: Dem Vater fehlen noch mindestens 2 Jahre für die Rente. Er ist Fabrikarbeiter. Auch die Mutter will weiter als Zimmermädchen arbeiten. Beide verteidigen ihren Sohn. Sie sagen: „Er ist im Grunde ein lieber und normaler Junge!"
Mit zehn Jahren fiel Mehmet in der Schule wegen Körperverletzung, Erpressung und Diebstahl auf. Der Schulleiter meint, dass er Mehmet kaum wieder in einen Klassenverband eingliedern kann. 61 Straftaten hatte er noch als unmündiges Kind begangen, für die 62. wurde der 14-Jährige als Jugendlicher jetzt zu einem Jahr Haft ohne Bewährung verurteilt. Mehmet weinte bei der Urteilsverkündung im Gerichtssaal. Sein Anwalt sagte, dass die Untersuchungshaft schlimm genug für ihn war und er seine Taten bereut. Seine Freundin dazu: „Eigentlich ist er sehr lieb und hilfsbereit. Aber das passierte immer, wenn er unter Strom stand. Wenn er zu Hause wieder verprügelt worden war. Natürlich

soll er für seine Straftaten auch büßen – aber doch nicht abgeschoben werden! Viel besser wäre eine Therapie in einem Heim!"

Der Bürgermeister dagegen möchte am liebsten den Jungen loswerden. „Wir haben schon genug Probleme mit Ausländern, obwohl die meisten von ihnen ganz normale und liebenswerte Mitbürger sind. Aber wir können es nicht zulassen, dass einzelne kriminelle jugendliche Ausländer den Eindruck erwecken, dass sehr viele unserer ausländischen Mitbürger kriminell sind!"

Lesen Sie den Text. Entscheiden Sie, ob bei den Aufgaben 21–30 die Lösung a, b, c oder d passt. Nur eine Lösung ist richtig.

Freie Bahn für die Rechtschreibreform
Das deutsche Bundesverfassungsgericht weist Beschwerde ab

Das deutsche Bundesverfassungsgericht (BVG) in Karlsruhe hat den Kultusministern der Länder (0), die Rechtschreibreform an den Schulen umzusetzen. In den deutschsprachigen Ländern kann nun mit einer siebenjährigen Übergangsfrist die reformierte Schreibweise angewandt werden.

Ohne weitere Auflagen, ja geradezu triumphal ist die Politik der Rechtschreibreformer aus dem Karlsruher Verfahren hervorgegangen. Grundrechte seien nicht verletzt, erklärte das höchste deutsche Gericht bei seiner Urteilsverkündung am gestrigen Dienstag. Einer besonderen gesetzlichen Grundlage, wie von den (21) gefordert, bedürfe es nicht.

Durchbruch zur Rechtssicherheit
Der vom 1. Senat des BVG bemerkenswerterweise einstimmig (22) Beschluss war erwartet worden. Dank Karlsruhe herrscht nun Rechtssicherheit: Das Urteil des BVG bindet jedes andere deutsche Gericht. Die Befürworter der Rechtschreibreform, zumal die Vertreter der für das Bildungswesen zuständigen Kultusministerien, haben Grund (23) Jubel, denn das Gericht hat ihre Ansichten auf ganzer Linie bekräftigt und ihre Kompetenzen bestätigt.

Geringfügige Änderungen
Dass die Reform nur eine geringe Zahl von Wortschreibungen (24), haben auch ihre Gegner stets eingeräumt. Texte in neuer Schreibung sind weder unlesbar noch unverständlich. Für das Urteil der Bundesverfassungsrichter hat dies erkennbar den (25) gegeben. Aus der Geringfügigkeit der Änderungen leiten sie (26), warum weder Eltern in ihrem verfassungsmässig garantierten Erziehungsrecht noch Schüler in ihrer persönlichen Entfaltung, noch Dritte in ihrem Recht zur freien Berufsausübung durch die Reform verletzt seien. Von einem „Kommunikationsbruch" zwischen Anwendern alter und neuer Rechtschreibung kann keine (27) sein. Das Gericht rechnet daher die Reform nicht unter die „wesentlichen Entscheidungen", welche nach der Billigung der Parlamente und einer gesetzlichen Grundlage verlangen.

Österreich und die Schweiz sind dabei
Die gemeinschaftliche internationale Umsetzung hat (28) Licht erhalten. Der öster-

reichische Verfassungsgerichtshof hat bereits Bestrebungen zunichte gemacht, der Rechtschreibreform juristische Hürden in den Weg zu stellen. In der Schweiz sind juristische Streitigkeiten nicht (29) befürchten. Hier (30) man mit Rücksicht auf die siebenjährige Übergangsfrist einer behutsamen, aber konsequenten Reformierung der Orthographie nach dem neuen Regelwerk entgegen.

(Aus: *Neue Zürcher Zeitung* vom 15.7.1998, gekürzt; [Schweizer Orthographie: ss statt ß])

Beispiel:

0	a)	verboten
	b)	erlaubt
	c)	behauptet
	d)	entschieden

Aufgaben:

21	a)	Feinden		26	a)	um
	b)	Freunden			b)	über
	c)	Gegnern			c)	von
	d)	Befürwortern			d)	ab
22	a)	getroffen		27	a)	Sprache
	b)	genommene			b)	Rede
	c)	gefasste			c)	Schrift
	d)	entschieden			d)	Möglichkeit
23	a)	zum		28	a)	helle
	b)	für			b)	roten
	c)	mit			c)	grünes
	d)	auf			d)	grosses
24	a)	verwechselt		29	a)	um
	b)	umgetauscht			b)	zum
	c)	ändert			c)	zu
	d)	verkleinert			d)	muss
25	a)	Ausschlag		30	a)	sieht
	b)	Beurteilung			b)	argumentiert
	c)	Begründung			c)	tritt
	d)	Argument			d)	beurteilt

Hörverstehen Aufgabe 1

Sie hören von der Kassette einen Text und sollen die folgenden Aufgaben lösen. Beantworten Sie die Fragen nicht nach eigenem Wissen, sondern nur nach dem, was Sie gehört haben.

Notizen

Notieren Sie die Lösungen als Stichworte.

01	Name des Reisebüros:	*Traum-Paradies-Reisen GmbH*
02	Resturlaub:	*noch genau 2 Wochen*
31	gewünschtes Abreisedatum ca.	
32	gewünschte Zimmerart:	
33	Alter des Kindes:	
34	Kosten für das Kinderbett:	
35	Lage von Puerto Plata:	
36	Preis pro Erwachsener ab Basel:	
37	Flugdauer:	
38	Leistungen bei All Inclusive:	
39	Ausflugsmöglichkeiten:	
40	Lage des Reisebüros:	

Hörverstehen Aufgabe 2

Kreuzen Sie die richtige Lösung an (A, B oder C):

Beantworten Sie die Fragen nur nach dem, was Sie gehört haben, und nicht nach Ihrem eigenen Wissen über das Thema. Welche Fehler sollen nicht gemacht werden?

Fehler 1:
A) zu viel Alkohol trinken
B) zu viel Spaß haben
C) schmutzige Witze erzählen

Fehler 2:
A) die Wörter und Sätze grammatisch korrigieren
B) den Partner beim Reden unterbrechen
C) dem Partner sagen, dass man ihn verstanden hat

Fehler 3:
A) mit dem Rücken zum Partner stehen
B) den Partner auf den Fuß treten
C) keinen körperlichen Abstand halten

Fehler 4:
A) das leere Glas mit der linken Hand nach hinten werfen
B) das Glas falsch halten
C) dem Gast zur Begrüßung die falsche und kalte Hand reichen

Fehler 5:
A) den Gastgeber bitten, das Jackett abzulegen
B) in geschlossenem Zimmer ein zu warmes Jackett zu tragen
C) das Jackett offen zu tragen

Fehler 6:
A) jemand kräftig mit der Hand schlagen
B) zu wenig selbstbewusstes Auftreten
C) ein zu zarter oder zu fester Händedruck

Fehler 7:
A) zu rauchen
B) zu oft auf die Toilette zu gehen
C) Zigaretten anzubieten

Fehler 8:
A) jemand die Hand zu fest zu drücken
B) jemand die Hand auf die Schulter zu legen
C) die Hände zu lang zu schütteln

Fehler 9:
A) zu laut mit jemand zu sprechen
B) den Raum zu früh zu verlassen
C) die Musik zu laut zu spielen

Fehler 10:
A) unaufmerksam sein oder jemand aufdringlich anblicken
B) dem Partner sagen, dass man sich unwohl fühlt
C) das Gespräch in eine andere Richtung lenken

Schriftlicher Ausdruck Aufgabe 1

Arbeitszeit: ca. 70 Minuten

Wählen Sie ein Thema aus:

1 A: Sie wollen an einem Wettbewerb teilnehmen

Thema: Ein Kreativ-Wettbewerb für Ausländer im neuen Berlin

„Jugendliche Ausländer entwickeln das neue Berlin" ist ein Ideenwettbewerb und startet jetzt zum dritten Mal. Gefragt sind eure kreativen Einfälle für „Das neue Berlin".

1. Das neue Berlin
2. Wissen, Lernen, Lebenslust
3. Kreativ und Kultur verrückt
4. Unternehmer von morgen

Was wollt ihr für die Hauptstadt Berlin entwickeln?
Wie wollt ihr eure Vorschläge präsentieren?
Welches Ziel verfolgt ihr mit eurer Idee?
Wie kann eure Idee in Berlin umgesetzt werden?

Schreibt uns einfach. Es gibt tolle Preise zu gewinnen!

1 B: Formeller Brief

Thema: Bewerbung um ein Stipendium beim Goethe-Institut

Sie sind Deutschlehrer(in) und möchten Ihre landeskundlichen Kenntnisse über die neuen Bundesländer Deutschlands auffrischen. Das Goethe-Institut bietet einen zweimonatigen Landeskunde-Kurs in München an. Sie lesen in der Broschüre, dass Sie Ihre Bewerbung auf einem gesonderten Blatt begründen sollen. Ihre Aufgabe ist es, möglichst klar Ihre Motive darzulegen und Gründe zu nennen, warum gerade Sie ein Stipendium erhalten sollten.

1 C: Schriftliche Ausarbeitung eines Referats:

Thema: Gemeinsamkeiten und Unterschiede zwischen unseren Ländern

Es ist Ihre Aufgabe, anderen Kursteilnehmern davon zu berichten, inwiefern sich Ihre Landsleute von Deutschen unterscheiden oder ihnen ähnlich sind.

Schriftlicher Ausdruck Aufgabe 2
Arbeitszeit: ca. 20 Minuten

Eine junge Frau schreibt zwei Briefe: an einen Bekannten und eine Familie in München. Füllen Sie die Lücken 51–60 aus und nehmen Sie dazu die Informationen aus dem ersten Brief zu Hilfe. In jede Lücke passt ein Wort.

Lieber Peter,

erinnerst du dich noch daran, wie wir letztes Jahr Silvester in Prag auf der Karlsbrücke gefeiert haben? Stell dir vor – nun habe ich die Idee, ein Jahr in München als Au-pair-Mädchen zu arbeiten. Über eine Annonce habe ich eine nette Familie gefunden. Neulich habe ich sie nur kurz getroffen und ich glaube, wir sind uns auf Anhieb sympathisch gewesen. Die haben zwei kleine Kinder, die in den Kindergarten gehen und richtig süß sind. Den Job fände ich prima, es wäre toll, wenn es klappen würde – natürlich auch mit der Bürokratie. Denn die Sache hat einen Haken: Jemand muss für mich bürgen für den Fall, dass mir was passiert, sonst kriege ich kein Visum. Dazu muss diese Person mit dem Personalausweis zur Ausländerbehörde gehen und erklären, dass sie mich einlädt. Außerdem muss man beweisen, dass man genug verdient, um mich aufnehmen zu können. Und dazu muss man eine Reisekrankenversicherung nachweisen. Solange unser Land nicht in der Europäischen Union ist, fühle ich mich wie ein Mensch zweiter Klasse. Zumindest bei den deutschen Behörden, nicht bei dir!
Bis bald? Alles Liebe, deine

Jana aus Prag

Liebe Frau Schuster,

nach wie vor habe ich den (0), bei Ihnen als Au-pair-Mädchen zu arbeiten. Ich glaube, ich habe bei unserem kurzen (51) spontane gegenseitige (52) gespürt. Ihre beiden Kinder (53) ich auch sehr. Ich kann mir gut vorstellen, dass die Arbeit in Ihrer Familie mir sehr gut gefallen (54). Es gibt noch ein paar Hindernisse, aber es wäre wunderbar, wenn wir bald alle bürokratischen Schwierigkeiten aus dem (55) räumen könnten. Für das (56) brauche ich leider nämlich eine Verpflichtungserklärung, die Sie persönlich bei der Ausländerbehörde abgeben müssen. Bitte nehmen Sie einen Nachweis über die Höhe Ihres monatlichen (57) mit. Außerdem verlangt man eine Bescheinigung, dass ich für die Dauer meines Aufenthaltes bei einer Reisekrankenkasse (58) bin. Ich freue mich auf den Tag, wenn mein Land hoffentlich einmal (59) in der Europäischen Union wird, denn dann gibt es weniger bürokratische Probleme.

(60) Sie herzlich gegrüßt,

Ihre Jana

z. B.:
0   *Wunsch*

51   _____

52   _____

53   _____

54   _____

55   _____

56   _____

57   _____

58   _____

59   _____

60   _____

Mündliche Kommunikation Aufgabe 1

Sprechen Sie möglichst ausführlich über die beiden Fotos:
Beschreiben Sie, was dargestellt ist.
Gehen Sie dann ein auf die allgemeine Bedeutung dessen, was dargestellt ist.
Vergleichen Sie mit Ihrem Heimatland oder sprechen Sie über Ihre persönlichen Erfahrungen.

Mündliche Kommunikation Aufgabe 2

Ihr alter Computer ist kaputt, jetzt brauchen Sie einen neuen. In der Tageszeitung haben Sie den Prospekt eines Computerhändlers gefunden. Sie diskutieren die Vor- und Nachteile der beiden Angebote mit einem deutschen Bekannten.

Vergleichen Sie die beiden Angebote und begründen Sie Ihre Meinung.
Gehen Sie auch auf die Argumente Ihres Gesprächspartners ein.
Am Ende sollen Sie zu einer Entscheidung kommen.

Kompakt

und alles drin. Der iMac ist einfach genial und hat ein supermodernes Design. Er ist Platz sparend, komfortabel und sofort internetfähig. Einstecken und anschalten: Einfach überzeugend.

iMac
- Power PC, G3-Prozessor, 233 MHz
- 512K Level 2 Cache
- 32 MB Speicher
- 4 GB Festplatte
- 24x CD-ROM-Laufwerk
- 56 kbps Modem
- integrierter 15" Farbmonitor
- 2 Jahre Vor-Ort-Service

1.533,–

Schnell!

Der neue G3 spart Rechenzeit, die große Platte nimmt jede Menge Daten auf und der 17"-Schirm sorgt für Durchblick. Und das alles zu einem wirklich guten Preis.

Power Mac
- Power PC G3, 266 MHz
- 32 MB Speicher
- 24x CD-ROM-Laufwerk
- 4 GB Festplatte
- 17" Farbmonitor
- inkl. Monitor-Adapter, original Tastatur und Maus

2.044,–

Index

Quellenverzeichnis

Texte

Franz Alt, Frieden ist möglich, Piper Verlag, München (S. 97/98); Wolfgang Borchert, Lesebuchgeschichten, aus: Gesamtwerk, Rowohlt Verlag, Reinbek bei Hamburg 1960 (S. 103/104); Bertolt Brecht, aus: Gesammelte Werke, Suhrkamp Verlag, Frankfurt am Main 1967: Die Bücherverbrennung (S. 54), Die Lösung (S. 61), Wenn die Haifische Menschen wären (S. 93/94), Die Seeräuber-Jenny (S. 108/109), Ich sitze am Straßenhang (S. 251); aus: Wolf Brümmel/Carsten Klemann (Hrsg.), Die Nacht ist nicht zum Schlafen da, S. 93 und 131, Goldmann Verlag, München (S. 296); Paul Celan, Todesfuge, aus: Mohn und Gedächtnis, Deutsche Verlags-Anstalt, Stuttgart 1952 (S. 105); aus: Erich Fried, Es ist was es ist, Verlag Klaus Wagenbach, Berlin (S. 16); aus: Erich Fromm, Die Kunst des Liebens, Deutsche Verlags-Anstalt 1980, S. 11–15 (S. 99); Erich Kästner, Sachliche Romanze, aus: Gesammelte Schriften für Erwachsene, Atrium Verlag, Zürich 1969, und Thomas Kästner (S. 14); Reiner Kunze, Sechsjähriger, aus: Die wunderbaren Jahre, S. Fischer Verlag, Frankfurt am Main 1976 (S. 109); Joachim Ringelnatz, aus: Und auf einmal steht es neben dir, Diogenes Verlag, Zürich 1994 (S. 16, 267 nur eine Strophe des Gedichts); aus: Werkkreis Literatur der Arbeitswelt, c/o Heinrich Droege, Frankfurt am Main (S. 219); Kurt Tucholsky, Frauen von Freunden, aus: Gesammelte Werke, Bd. II, Rowohlt Verlag, Reinbek bei Hamburg 1960 (S. 27), Und wenn alles vorüber ist, a.a.O., Bd. III (S. 107); Karl Valentin, Vater und Sohn über den Krieg, Piper Verlag, München (S. 97); Otto Waalkes, Das kleine Buch Otto, S. 97, Hoffmann und Campe Verlag, Hamburg 1983 (S. 23); Ende des Wachstums, aus: Spiegel vom 18.10.1982 (S. 178, 179); Deutsche in Ost und West, Westdeutsche über ihre Eindrücke im Osten, Ostdeutsche über ihre Eindrücke im Westen, aus: SPIEGEL SPEZIAL 1/1991 (S. 221–223); Sterben die Deutschen aus?, aus: SZ vom 4.2.1984 (S. 9/10).

Fotos

Apple, Ismaning (S. 317); BMW Werkfoto, München (S. 146 Mitte); dpa, München (S. 231); Deutsche Telekom AG, Bonn (S. 162); Deutsches Museum, München, und Bildarchiv Preußischer Kulturbesitz, Berlin (S. 150); fotopresent, Essen (S. 29, 110, 146 unten, 226, 227, 228); Peer Koop, München (S. 316 unten); Johannes Schumann, München (S. 58, 59, 251, 269 unten, 273 oben rechts); Süddeutscher Verlag, Bilderdienst, München (S. 13, 27, 32, 54, 61, 94, 104 rechts, 146 oben, 147, 155, 181, 257, 316 oben); VW-Fotozentrale, Wolfsburg (S. 252).

Eine Fahrt durch Deutschland: Presse- und Informationsämter der Städte Hamburg, Kiel, Lübeck, Hannover, Kassel, Würzburg, Nürnberg, Prien am Chiemsee, Garmisch-Partenkirchen, Freiburg, Stuttgart, Rothenburg o. d. T., Heidelberg, Bonn, Köln, Düsseldorf, Dortmund, Münster, Bremen; Ost + Europa-Photo, Berlin (S. 271 links unten); Süddeutscher Verlag, Bilderdienst, München (S. 271 rechts oben).

Karten

Globus-Kartendienst, Hamburg (S. 8, 11, 35, 111, 178, 183, 186, 253); SPIEGEL SPEZIAL 1/1991 (S. 223).

Karikaturen und Zeichnungen

Cartoon und Karikatur, München (Wolf Hiddens, Weinheim, S. 20; Peter Kaste, Erlangen, S. 51; Gerhard Brinkmann, Bernau/Chiemsee, S. 189; Pit Grove, Cosmopress Genf, S. 25); Walter Hanel, Bensberg-Frankenf. (S. 96); E. Hürlimann, München (S. 68, 70); Elmar Kohn, Landshut, Umschlagfoto „Autogenes Training", Heyne Verlag, München 1982 (S. 99); Loriots Heile Welt. Neue gesammelte Texte und Zeichnungen, Diogenes Verlag, Zürich 1983 (S. 265); Gerhard Mester, Wiesbaden (S. 101); e. o. plauen, Im Krieg sind alle Mittel erlaubt, aus: Vater und Sohn, Südverlag Konstanz 1982 (mit Genehmigung der Gesellschaft für Verlagswerte, Kreuzlingen/Schweiz, S. 114); Kurt Reimann, Bonn (S. 191); Michaela Ryba, Lenzkirch-Grünwald (S. 262); Wolfgang Willnat, Bötzingen o. K. (S. 264); Jupp Wolter, Lohmar (S. 98).

Liebe Deutschlernende und -lehrende,

ich hoffe, die Arbeit mit „Mittelstufe Deutsch" hat Ihnen Spaß gemacht. Natürlich kann jedes Lehrwerk verbessert werden. Wenn Sie sich über etwas geärgert haben, Vorschläge machen wollen oder eigenes Übungsmaterial entwickelt haben, schreiben Sie mir. Sie erreichen mich unter der Verlagsadresse: Max Hueber Verlag, Max-Hueber-Straße 4, D-85737 Ismaning/München.

Herzlichst Ihr
Johannes Schumann